The Origins of Totalitarianism

極權主義的起源

第二部 帝國主義

HANNAH ARENDT

漢娜・鄂蘭——著

李雨鍾——譯

目次

目次

極權主義的起源
第二部　帝國主義

目次

極權主義的起源

第三部　極權主義

第二部

帝國主義

Imperialism

如果我能夠，我會吞併這些星球。

——塞西爾・羅茲（Cecil Rhodes）

前言

帝國主義時代是個不多見的案例，很少有哪一個歷史時期像它一樣，既能夠精確追溯其日期，同時代觀察者也有機會見證其明確終結的時刻。從殖民主義發展出來的帝國主義，是因十九世紀最後三十年的經濟、工業發展與民族國家系統之間的不協調而引起的；它大約在一八八四年左右開始了為擴張而擴張的政治，這種新版本的權力政治既不同於邊境戰爭中的民族征服，也不同於真正建立帝國的羅馬作風。伴隨著印度宣布獨立，「陛下的帝國的消逝」（邱吉爾曾拒絕「主導」此事）已成為既定事實，而帝國主義的終結看來已是不可避免（譯按：印度於一九四七年從大英帝國獨立）。英國自願取消殖民統治，是二十世紀歷史上最重大的事件之一，在此之後，沒有任何歐洲國家還能夠繼續保有其海外領土。唯一的例外是葡萄牙，當其他歐洲殖民強權都不得不撒手，她卻有一股奇特的能力可以繼續戰鬥，但這種能力與其歸因於薩拉查（António Salazar）的獨裁統治，還不如歸因於國家本身的落後。不只因為在同一世代經歷兩場兇殘戰爭所帶來的虛弱或疲憊，也基於道德考量與政治擔慮，發達的民族國家反對採取極端手段，亦即本可能有效粉碎印度非暴力抵抗的「行政程序式屠殺」（卡特希爾〔A. Carthill〕語）；同時各國也反對繼續

「統治臣屬種族」（克羅默勳爵〔Lord Cromer〕語），因為它們極其懼怕這會使殖民母國遭到自食其果的回彈效應（boomerang effect）。❶當法國最終（幸好當時戴高樂的權威仍未受損）果決放棄向來和塞納省一樣被當成法蘭西一部分的阿爾及利亞時，帝國主義就已一去不復返了。

如果反抗納粹德國的熱戰之後沒有緊接著發生美蘇冷戰，情況會變成什麼樣子？無論是否真的會更好，人們在回顧這二十年的局勢時，不免會將這段時期視為全球兩大超級強權之間，為爭奪先前大體上是由歐洲國家所統治的同一塊區域而進行的競爭戰。同樣地，人們也會認為美蘇之間不穩定的新緩和狀態，是因為出現了中國這個第三個潛在的世界強權，而不是因為在史達林死後，因為俄國去極權化而自然產生的良性結果。假如接下來的發展能夠證實這些嘗試性的解釋，那就意味著在歷史層面上，我們正在以極大的規模倒退回我們的起始點，也就是倒退回帝國主義時代，同時走上了那導向第一次世界大戰的衝突之路。

人們常說，英國是在一連串的不經意間成就了帝國，這是自然趨勢的結果，只是跟著可能性與吸引人的選項走，而不是出於審慎籌劃的策略。如果此言為真，那麼通往地獄的道路就是無意間開闢出來的，正如諺語所說的是由善意所鋪成。而在今日，重返帝國主義政策的客觀事實是如此牢不可破，以至於人們會相信上述陳述至少有一半是說對了，儘管無論是美國對於改變腐敗無

❶ 譯註：所謂「回彈效應」是鄂蘭在第五章提出的一個頗為特別的理論，它在近年才開始引起一些學者的重視。

能現狀的承諾，或是俄國有關民族解放戰爭的偽革命言論，雙方所擔保的善意都十分空洞。在落後地區締造國族的過程缺乏民族獨立的一切前提條件，它與四處蔓延、毫無結果的沙文主義恰成正比，導致了巨大的權力真空，並使超級強權展開的競爭越發激烈，且隨著核武的發展，以暴力手段的直接交鋒作為最終「解決」所有衝突的選項，顯然已經出局。

在這個廣大區域內，小型未開發國家間的所有衝突，無論是越南內戰或中東的國族衝突，不僅直接吸引了超級強權潛在的或實際上的干涉；甚至衝突本身，或至少是衝突爆發的時機點，都令人懷疑是被一些利益與謀略所引起，而它們與該地區自身的衝突或利益則毫無關係。在帝國主義時代，權力政治最典型的特徵，就是從國族利益那種本土的、有限的，從而也就是可預測的目標，轉變為持續不斷的無限權力追求，四處擴散、蹂躪全球，因為它沒有特定的國族、領土目標，也就沒有任何可預測的方向。在意識形態上，這種倒退也十分明顯：根據多米諾骨牌理論，美國的外交政策認為有必要為了維繫其他國家（甚至並非其鄰國）的完整性，而在某個國家發動戰爭，這顯然不過是原本「大遊戲」（Great Game）的新版而已，❷大遊戲的規則准許甚至規定：為了財富、為了統治第三國，可以將整個國家當作墊腳石，或用今天的話來說，就是抵押

❷ 譯註：通常會將 Great Game 譯作「大博弈」，它主要是指十九世紀英國與俄國因領土邊界逐漸靠近，而在中亞地區展開的帝國主義競爭。然而在鄂蘭的論述中（詳參第七章第三節），作為雇主的殖民帝國所代表的利益「博弈」，與作為實際玩家的人所代表的生命「遊戲」精神，實為兩個不同的層次，鄂蘭所重者在於後者，因此我們主要譯作「大遊戲」。

品。而這個第三國在權力擴張、累積的無盡過程中，又反過來變成了一塊墊腳石。這種連鎖反應是帝國主義權力政治的內在本質，而在人的層面上則以特務的形象為代表；吉卜林（Rudyard Kipling）在《基姆》（*Kim*）中形容為「當所有人都死去的時候，大遊戲才會結束。在此之前則永不停歇」；他的預言並未成真的唯一理由，就是民族國家的憲政制約作用，而今日我們希望這預言不要在未來成真，則只能寄託於美利堅共和國的憲政制約，以及核武時代的科技制約之上。

這不是要否認，出人意料的帝國主義政策復興乃是在已大大改變的條件與局勢下發生的。海外擴張的主導權已從英格蘭與西歐轉移到更西邊的美國，而對鄰近地區的大陸擴張也不再來自中、東歐，而全部出自俄羅斯。比起其他單一因素，帝國主義政策更是導致歐洲衰敗的主因，而政治家與歷史學家曾經預言：從東西兩邊夾擊歐洲的兩個巨人，將會成為歐洲強權的繼承者，如今看似已然成真。沒有人會再以一邊是「白人的重負」，另一邊則是團結相同族群血統者的「擴大的部落意識」（enlarged tribal conciousness）這樣的說法，來為擴張辯護；❶如今我們聽到的說法是對從屬國的承諾、強權的責任，以及與民族解放的革命運動站在一起。「擴張」（expansion）一詞已從我們的政治詞彙中消失，我們現在使用「延伸」（extension），或更批判性的「過度延伸」來表達非常類似的意涵。在政治上更重要的是，在遠方地區的私人投資原本是帝國主義發展

❶ 譯註：這兩種說法分別對應本書分析的兩種帝國主義，前者對應海外帝國主義，後者對應大陸帝國主義。

事業的首要動力，如今則被由政府直接提供的經濟與軍事上的外交援助所超越。（僅在一九六六年，美國政府就花費了四十六億美元在經濟援助與外交貸款上，外加一九五六年到一九六五年期間，每年在軍事援助上花費了十三億美元，而一九六五年流出的私人資本則是三十億九千萬美元，一九六六年則是三十九億一千萬美元。）[1]這意味著所謂美元帝國主義的時代，也就是前二戰帝國主義的美國特別版（這在政治上是最無害的），已確定終結。「上千個美國公司在上百個境外國家運作」與「集中在國外經濟最現代、最有戰略意義、發展最迅猛的領域」，這樣的私人投資活動就算沒有受到國家權力的保護，[2]也會製造出許多政治問題，然而外交援助即便純粹基於人道主義理由，它在本質上也是政治的，這恰恰是因為它的動機並非追求利益。數十億美元被花費在政治與經濟的不毛之地，在帶來任何成果前就被腐敗與無能的當局揮霍一空；這些錢已不再是那種無法在本國投資、換得產值與利潤的「多餘」資本，而是極端富強下的奇特副產物，相對於一無所有者，擁有一切的富裕國家有能力承受此種損失。換言之，在帝國主義政策上，以往就已經常被過度高估其重要性的利益動機，現在更已完全消失了；只有極其富裕、極其強大的國家，才能夠負擔捲入帝國主義事業的巨大損耗。

無論是以何種程度的自信分析、概述這些現今趨勢，可能還為時過早，也無疑超出了我的考察範圍。但即使在今日，推動某些難以控制的進程的力量，已經明顯得令人不安，這些進程可能會完全破壞在新興國族中發展憲政的希望，並摧毀舊有的共和建制。相關例子不勝枚舉，但其中

一個格外兇險、無法坐視不理的徵兆，是由情報機構所進行的「不可見的治理」（invisible government），它已把觸角伸入國內事務，伸入我們生活中的文化、教育、經濟領域，這種治理的興起直到晚近才被揭露出來。我們沒有理由懷疑艾倫．杜勒斯（Allan W. Dulles）先生的說法，亦即自一九四七年以來，美國的情報機構「在政府中享有的影響力，比全世界任何一個政府的情報機構都要更高」，[3]我們也沒有任何理由相信，自他做出上述斷言的一九五八年以來，這種影響力已有所減弱。已經有許多人指出這種「不可見治理」對「可見治理」機構造成的致命危險；但或許較少人注意到的是，帝國主義政治、「不可見治理」與特務，三者存在著密切的傳統關聯（譯按：參見第七章第三節）。人們若相信美國在二戰後創立的情報機構網，乃是為了回應蘇聯諜報網對其國家生存帶來的直接威脅，那就錯了。戰爭已將美國推上世界最大強權的位置，莫斯科主導的共產主義革命政權所挑戰的，正是這種世界強權地位，而非國家生存。[4]

無論導致美國成為世界強權的原因為何，其中都不包括外交政策的刻意追求，或是任何自命為全球統治者的企圖。在朝向帝國主義強權政治的方向上，這個國家表現的躊躇態度，可能也同樣如此，因為它的政府形式比任何國家都更不適合這種強權政治。西方國家與世界其他國家之間的巨大鴻溝，不僅僅也不主要在於貧富，更在於教育、技術知識以及普遍能力等方面；這種鴻溝自真正的世界政治開始以來，就一直是國際關係的隱患。而且近幾十年來通訊系統快速發展，地球距離已大大縮短，但這道鴻溝卻遠未縮小，反而持續加大，如今已達到真正令人警醒的規模。

「在較不發達的國家中，人口增長率是先進國家的兩倍」，[5]單單這一因素已使它們必須向有多餘食物、技術和政治知識的國家尋求幫助，但這一因素也使所有援助都遭到挫敗。很顯然，人口越多，每個人所接受的援助也就越少；真相是在二十多年的大規模援助計畫之後，所有未能（像日本那樣）自我重振的國家都變得更窮了，經濟或政治上也比以往更不穩定。這種情勢為帝國主義帶來了可怕的有利機會，原因很簡單：人數優勢問題從未如此無關緊要；南非由少數白人進行的暴政統治，在人數比例上幾乎是一比十，但如今其統治是前所未有的穩定。❶正是這種客觀情況將所有境外援助轉變為境外支配的工具，並迫使那些陷於生存困境而需要援助的國家，面臨要嘛接受某種「臣屬種族的統治」，要嘛迅速陷入無政府的衰亡的抉擇。

本書所處理的僅僅是嚴格意義上的歐洲殖民帝國主義，其終結隨著英國結束在印度的統治而到來。它講述的是民族國家解體的故事，它幾乎涵括了其後極權運動與極權統治興起所必需的一切元素。在帝國主義時代之前，還不存在世界政治（world politics）這樣的東西，而若沒有它，極權主義者要進行全球統治的主張就會毫無意義。在這一時期，民族國家體系已被證明既無法制定新規則來處理已成為全球事務的對外事務，也無法在世界其他地方推行羅馬治世（Pax

---

❶譯註：二戰後南非實行嚴格種族隔離政策，佔人口總數不到四分之一的白人壟斷了政治權力，各國雖對其進行了經濟制裁，但南非經濟卻在六〇年代迅速發展。

Romana）。它在政治上的狹隘與短視，最終帶來了極權主義的災難；極權主義前所未有的恐怖，讓發生在前一個時期的不祥事件乃至更令人不安的思想狀態，都相形失色。學術上的探究幾乎完全集中在希特勒的德國與史達林的俄國之上，卻忽略了它們之前相對無害的先行者們。除了謾罵時會提到外，帝國主義統治似乎已經快被遺忘了，這是很遺憾的，因為帝國主義與當代事件的相關性，近年已變得越來越明顯。因此，在美國對越南不宣而戰所引發的爭議中，雙方都援引了慕尼黑事件（譯按：慕尼黑事件是一九三八年因納粹德國要求吞併捷克斯洛伐克的蘇台德地區而引發的危機），或是其他三〇年代的例子。在他們援引的那個時代，極權主義統治確實是唯一清晰且當下的、甚至太過當下的危險，但今日的政策在行為與言辭上所帶來的威脅，則與一戰爆發前的行為與辯護說詞可怕地相似，在那個時候，一個僅具次要利害關係的邊緣地區所引發的小小火花，就能夠點燃一場遍及世界的戰火。

我們雖然強調這個快被遺忘的時期與當代事件具有令人不快的相關性，但這自然不代表一切已成定局、我們正進入一個新的帝國主義政策階段，也不代表帝國主義的終局必然帶來極權主義的災難。無論我們能夠從過去學習到多少東西，都無法使我們預知未來。

漢娜・鄂蘭
一九六七年七月

第 5 章

布爾喬亞的政治解放

The Political Emancipation of the Bourgeoisie

從一八八四年到一九一四年的這三十年，將十九世紀與二十世紀分割開來，前者終結於瓜分非洲與泛運動的誕生，❶後者則開啟於第一次世界大戰。這三十年正是帝國主義的階段，它在歐洲停滯而平靜，在亞洲與非洲則出現驚心動魄的發展。[1]這個時代的某些基本面向，看起來與二十世紀的極權現象如此接近，以至於將這三十年視作即將到來之災難的準備性階段，有其一定道理。在另一方面，它的平靜又使它看起來仍然非常像是十九世紀的一部分。對於這個既接近又遙遠的過去，我們很難避免投以某種過於睿智的目光，好像我們已經知道這個尚在發展中的故事的結局，好像我們早在兩千多年前就已經知道它會在西方歷史上引發一個幾乎徹底的斷裂。但是我們也必須承認自己對那個仍可被稱作「安定的黃金時代」的時代懷抱某種鄉愁，因為在那個時代，甚至連恐怖也仍帶有某種溫和的色調，並為體面風尚所節制，因此能夠與合乎人情的普遍表象聯繫起來。換言之，無論這段過去離我們多麼近，我們都完全能夠意識到，集中營與死亡工廠的經驗，和其所發生的那個時代的總體氛圍截然不同，就和跟其他西方歷史階段的差距一樣大。

在帝國主義時代，歐洲內部發生的核心事件乃是布爾喬亞的政治解放；直至當時，布爾喬亞

❶ 譯註：鄂蘭所定義的十九世紀與二十世紀，跟嚴格意義上的紀年有所不同。她認為在災難真正來臨的二十世紀之前，還有三十年的過渡期，從而與真正的十九世紀隔開。作為這個過渡期的開端，瓜分非洲始於一八八四年歐洲列強所召開的柏林會議，雖然在此之前就有西方強權在非洲殖民，但在柏林會議後，眾多強權共同爭搶非洲的速度驟然加快。對於鄂蘭來說，瓜分非洲引發了西方人面對異民族的全新經驗，詳參本書第七章第一節的分析。

乃是歷史上第一個取得經濟主導地位，卻不尋求政治統治的階級。布爾喬亞一直在民族國家內部與之共同發展，而民族國家則幾乎在定義上就統治著、並超出了階級分化的社會。甚至當布爾喬亞已然將自身確立為統治階級的時候，它也將所有的政治決定都交給國家。只有到了民族國家已證明不再適合作為資本主義經濟進一步成長的政體框架時，國家與社會的潛在鬥爭才公開成為一場權力之爭。在帝國主義時期，無論是國家還是布爾喬亞都沒有贏得決定性的勝利。帝國主義粗暴、猖狂的渴望自始至終都被國族機構所抵擋，而布爾喬亞利用國家及其暴力工具達到自身經濟意圖的嘗試，則總是只取得部分成功。這種局面後來改變了：德國布爾喬亞將一切押在希特勒身上，並渴望在暴民的幫助下取得統治，卻很快發現為時已晚。布爾喬亞成功摧毀了民族國家，卻只是贏得了一場得不償失的勝利；事實證明，暴民完全能夠自己來打理政治，也能將布爾喬亞連同所有其他階級、機構，都清除殆盡。

一、擴張與民族國家

「擴張就是一切」，塞西爾．羅茲（Cecil Rhodes）如是說；他常常陷入絕望，因為他每個夜晚都舉頭望見「我們無法抵達的那些星辰……那些浩瀚無垠的世界。如果我能夠，我會吞併這些星球。」[2]他已經發現了這個新興的帝國主義時代的運作規則（在不到二十年間，大不列顛的殖

民領土就增加了四百五十萬平方英里，也增加了六千六百萬居民，而法國則增加了三百五十萬平方英里、兩千六百萬居民，德國則獲得了一個有一百萬平方英里、一千三百萬居民的新帝國，比利時則通過國王而獲得了有八百五十萬人口的九十萬平方英里領土）；[3]而且他在這靈光一閃間，也同時意識到它內在的瘋狂，以及它與人類處境的矛盾。很自然地，無論是洞見或悲傷都沒有改變他的方針。對於一個具有明顯自大傾向且野心勃勃的商人來說，這種超出其正常能力範圍的靈光一閃，對他並沒有什麼用處。❶

「一個國家投身於世界政治，就如同一個人變得狂妄自大」，[4]里希特（Eugen Richter）這位德意志進步黨的領導人，在差不多同一歷史時刻說道。但是他在國會中又反對俾斯麥提議設立貿易海運站點來支持私人企業的主張，這清楚顯示出，他對於當時國家經濟需求的理解，甚至比俾斯麥還要更少。看起來，那些反對或忽視帝國主義的人（比如德國的里希特、英國的格萊斯頓〔William Gladstone〕、法國的克里孟梭）就像是全都與現實脫節了，沒有意識到貿易與經濟已將每一個國家都捲入了世界政治之中。國族原則導致狹隘無知，而理智所進行的戰鬥也已一敗塗地。❷

❶ 譯註：羅茲是大英帝國在南非殖民地的總理，在鄂蘭看來，他無疑是帝國主義的典型代表，而南非則是鄂蘭分析西方殖民經驗的核心案例。

❷ 譯註：這裡所謂的「世界政治」對應著帝國主義原則，旨在向全世界進行擴張、爭奪，因此與堅守既定領土、人口範圍的國族原則相衝突。

堅持反對帝國主義擴張的政治家們，只得到了延緩與混亂的結果。例如俾斯麥在一八七一年拒絕了法國以其非洲領地來交換亞爾薩斯－洛林的建議，而二十年後，則又以烏干達（Uganda）、贊吉巴（Zanzibar）、維都（Vitu）來向英國換得黑爾戈蘭島（Heligoland）；就如德國帝國主義者們告訴他的，這是用兩個王國來換一個浴缸，此說法並不為過。❸又例如在八〇年代，克里孟梭反對法國的帝國主義政黨派遣遠征軍前往埃及對抗英國，而三十年後，他卻不惜為了締結法英同盟，而將摩蘇爾油田讓給了英國。又例如格萊斯頓，他被埃及的克羅默勳爵譴責為「一個不能夠將大英帝國的命運安全託付給他的人」。❹

主要以既定的國族領土基準來思考的政治家們，總是懷疑帝國主義是否足夠正當，除非其中除了他們所謂的「海外冒險」外，還包含更多東西。他們憑著本能而非洞察力意識到，這種新的擴張運動只會摧毀民族國家的政治體；在這種運動中，「賺錢（Huebbe-Schleiden）就是最好的

---

❸ 譯註：雖然「鐵血首相」俾斯麥因統一德國的偉業而不免讓世人認為他野心勃勃，但是他在統一後的對外政策上極為謹慎，長期以來都希望避免介入英法等國的海外殖民競爭，因此他樂於用較大的烏干達等海外領土（兩個王國）來換取位於德國近海的小群島（浴缸）。對於俾斯麥這種態度，可參見德國著名史家哈夫納的精闢分析，哈夫納著，周全譯，《從俾斯麥到希特勒：回顧德意志國》（台北：左岸文化，二〇一七年）。

❹ 譯註：數度出任英國首相的格萊斯頓，是第三章所討論的迪斯雷利的競爭對手，相較於後者在帝國主義政策上的積極態度，他向來反對帝國主義。

[125]

愛國主義表達方式」，而國族旗幟則是一種「貿易資產」（羅茲）。征服就像帝國締造一樣，已因為充分的理由而變得聲名狼藉。只有像羅馬共和國這樣主要立基於法律上的政府，才有可能成功，因為在征服之後，它可以強行施加共通法律，來統合南轅北轍的各個民族。然而民族國家是立基於同質性人口對其政府的積極同意（「每日舉行的公民投票」[5]），它缺乏一個統合性原則，因而在征服上，它只能同化（assimilate）而不能統合（integrate），只能強制推行同意而非正義，也就是說，它不得不蛻變為暴政。當羅伯斯比做出如下宣言時，他已充分意識到了這一點：「如果那些殖民地會讓我們付出榮譽、自由的代價，就放棄它們吧。」

帝國主義的核心政治理念，就是把擴張作為政治上的永久最高目的。由於它既不意味著暫時的劫掠，也不意味著更持久的征服同化，因此它在政治思想與政治行動的漫長歷史上，完全是一個新的概念。它之所以能具有這種令人訝異的原創性（令人訝異是因為在政治中，全新的概念十分罕見），理由很簡單：因為這個概念根本不屬於真正的政治領域，而是源自商業投機領域，在這個領域中，擴張意味著工業生產與經濟交易的持久擴大，這即是十九世紀的典型特徵。

在經濟領域，擴張是一個恰如其分的概念，因為工業成長是一種生產上的事實。擴張意味著供應使用、消費的商品在實際產量上的增長。生產過程就像人類生產、建立、供應、改善人類世界的能力一樣不受限制。只要生產過程取決於被組織在迥然不同的各種政治體下的各族人民，且產品為他們所共同消費，則就算生產與經濟增長減緩，也更多是基於政治而非經濟上的限制。

當統治階級在資本主義生產中的經濟擴張遭遇到國族界線的阻撓時，帝國主義就誕生了。布爾喬亞基於經濟上的必要性而開始關心政治；因為如果他們不想放棄以持續經濟增長作為其固有法則的資本主義系統，他們就必須將此法則強加於母國的統治之中，並宣稱擴張乃是對外政策的終極政治目標。

伴隨著「為擴張而擴張」的口號，布爾喬亞試圖說服國族政府踏上世界政治之途，並取得了部分成功。由於有多個國家同時且彼此競爭地開啟擴張事業，這似乎一度讓他們提出的新政策達到了自然限制與均衡狀態。帝國主義在初始階段，確實仍可以被形容為「相互競爭的帝國」間的鬥爭，且與古代及中世紀世界的帝國理念有所不同，古代的帝國乃是「異質各邦國的聯邦……遍佈在已知的整個世界中。」[6]且這樣的競爭只是過去時代的眾多殘餘之一，是對於當時仍然盛行的國族原則的讓步，在國族原則下，人類是由競爭以求出類拔萃的眾民族所組成的大家庭；或者它是對於自由主義信念的讓步，在自由主義信念下，在一個競爭者消滅其他所有競爭者之前，競爭會自動設立好穩定的預設限度。然而，這種良好均衡幾乎不可能是神祕經濟法則的必然結果，而是必須強烈依賴政治機構、乃至警治機構，來阻止競爭者使用暴力武器。在全副武裝的商業集團——「帝國」——之間的競爭中，如何能夠不以一方勝利、餘者全滅的方式告終？這是難以理解的。換言之，競爭就和擴張一樣，它不是一項政治原則，且它渴望政治權力，就如它渴望取得控制與約束。

與經濟結構相反，政治結構不能無限擴張，因為它不是建立在確實沒有限制的人類生產力之上。在所有人類的政府和組織形式中，民族國家是最不適合無限制增長的一種，因為民族國家是建立在真心同意（genuine consent），這一基礎無法無限延伸，而且要從被征服的民族那裡贏得這種同意，不僅十分罕見更極為困難。沒有任何民族國家能夠問心無愧地去征服異民族，因為除非征服者民族確信自己是在將更優越的法律施恩於野蠻人，否則不可能做到。[7]然而民族國家相信，自身的法律乃是產生自獨一無二的國族實體，它若超出自身人民、自身領土界線之外，就會變得無效。

一旦民族國家作為征服者出現，它就會在被征服的民族中間喚起國族意識與對主權的渴望，從而使所有建立帝國的企圖潰敗。因此法國人雖然將阿爾及利亞吞併為母國的一個省份，卻不能將自身的法律施加於一個阿拉伯民族之上。而是尊重伊斯蘭法律，並賦予其阿拉伯公民「個人地位」，這就在一塊有名無實的法國領土上製造出了無意義的混種；在法律上，這塊領土就像塞納省一樣是法國的一部分，但是其居民卻並非法國公民。

早期的大英「帝國締造者們」相信征服可以成為持久的統治方法，卻從未能將他們最近的鄰居愛爾蘭人整合到版圖遼闊的大英帝國或大英國協組織之中；但是在二戰後，當愛爾蘭被賦予自治地位、並成為大英國協中的正式成員時，這種嘗試的失敗縱然並不明顯，卻是真確無疑。這個最古老的「領地」兼最新自治領在拒絕參與戰爭的同時，（在一九三七年）單方面廢除了它的自

治領地位，並切斷了跟英國的所有連結。英國通過永久征服來進行的統治「就是無法摧毀」愛爾蘭（卻斯特頓的說法），英國在喚醒自身「沉睡的帝國主義天份」上達到的成就，[8]還比不上它喚醒愛爾蘭民族抵抗精神的程度。

英國的國族結構，使它不可能去快速同化、整合被征服的民族；大英國協（British Commonwealth）從來就不是「各國族的共同體」（Commonwealth of Nations），而是聯合王國的繼承者，是散佈全球的**一個國族**。擴散與殖民並沒有擴展它的政治結構，而是移植了它的政治結構，其結果就是新聯邦體的成員們基於共同的過去與共通的法律等貌似合理的原因，始終緊密連結著它們的共同母國。愛爾蘭的例子，證明了英國是多麼不適合建立一個讓眾多迥異民族安然共存的帝國結構。[9]事實證明，大不列顛國族並不擅長羅馬式的帝國締造藝術，而是更長於希臘的殖民模式。英國殖民者並不是征服異民族並將自身法律施加其上，而是定居在新近獲得的世界各處領土上，並繼續作為同一個大不列顛國族的成員。[10]大英國協令人敬佩地將單一國族散佈全球而建立的聯邦結構，是否足夠靈活去平衡一個國族在建立帝國時會遭遇的固有困難，並持久地允許非大不列顛的各民族在大英國協中以正式「事業夥伴」的身份存在，仍有待觀察。印度當前的自治地位（戰時的印度民族主義者曾斷然拒絕這種地位）通常只被視為一種暫時的、過渡性質的解決辦法。[11]

國族政治體與作為政治手段的征服之間的內在矛盾，從拿破崙的夢想失敗之後已變得顯而易

見。征服後來之所以受到官方譴責，並且在調解邊界衝突時扮演次要角色，正是基於這種經驗，而非人道主義的考量。拿破崙將歐洲團結在法國旗幟之下的失敗嘗試，清楚表明一個國族所進行的征服，若非導致被征服民族的國族意識充分覺醒、進而反抗征服者，就是導向暴政。暴政由於不需要獲得同意，或許能夠成功統治異民族；但即便如此，暴政只有首先摧毀掉其本國人民的國族制度，才能夠維持其權力。

與英國人以及其他歐洲國族相反，法國人在晚近時代試圖將公民權（ius）與統治權（imperium）結合起來，並建立一個古羅馬意義上的帝國。至少只有他們嘗試將國族的政治體發展為帝國的政治結構，並且相信「法蘭西國族正在傳播法國文明福祉的道路上前進著」；他們想要通過將被征服民族「同時視作兄弟與臣民」來將海外領土整合進國族體（national body）之中：「在共同的法蘭西文明的博愛上是兄弟，在作為法蘭西文明的信徒與法國領導的追隨者上是臣民。」[12]這種嘗試取得了一定的成果，有色人種的代表在法國議會中獲得了席位，阿爾及利亞則被宣布為法國的一部分。

這一大膽計畫的結果是，為了國族，出現了對海外領土尤其粗暴的壓榨。與一切理論說法相反，法蘭西帝國實際上是從保衛國族的角度來考量一切，[13]殖民地被視為戰士之土，能出產一種用來保衛法國居民、抵抗國族敵人的黑色力量。彭加勒（Raymond Poincaré）在一九二三年提出一個著名的說法：「法國不是一個有四千萬人口的國家；她是一個有一億人口的國家。」這種說

法指的是：人們發現了「一種經濟形式的炮灰，且以大規模生產的方法維持」。[14]克里孟梭在一九一八年的和平談判桌上堅稱，他唯一關心的就是「未來法國若遭到德國攻擊，能擁有不受限的權利徵召黑人軍隊，來保衛法國在歐洲的領土」[15]；雖然總參謀部執行了他的計畫，但如我們現在不幸地知道的，他未能拯救法蘭西國族免於德國的入侵；但他給予了法蘭西帝國那曖昧不明的可能性致命一擊。[16]相較於這種盲目而絕望的民族主義，讓步接受託管制的大英帝國主義者們看起來則像是民族自決的捍衛者。儘管他們立即以「間接統治」來濫用託管制，允許行政官員們「不直接統治一個民族，而是以該民族自己的部落與當地權威作為中介來進行統治」。[17]

英國人將涉及文化、宗教、法律等方面的事務，都留給被征服民族自行管理，並且在傳播英國法律與文化方面維持超然、克制的態度，試圖避開在國族建立帝國的企圖中危險的不相容性。但這並未阻止原住民發展國族意識、要求主權與獨立，即使它或許多少延緩了此一過程。但是卻大大增強了一種新的帝國主義意識，這是一種根本而不只是暫時的意識，是一個人凌駕於另一個人、「高等種族」凌駕於「低等種族」的意識。這反過來激怒了臣屬民族起而爭取自由，也讓他們無法看到英國統治所帶來的明顯好處。殖民地的行政長官們「雖然真誠地尊重原住民民族，在某些情況下甚至對其（大多是針對特定個人）愛護有加，卻不相信他們可以、或總有一天可以在不受任何監督的情況下，進行自我治理」；[18]正是行政官的這種高傲態度，使「原住民」只能得出結論：他們永遠被排除、隔絕在其他人類之外了。

帝國主義並非帝國締造，擴張也並非征服。英國征服者，那些舊時代的「印度的法律破壞者」（伯克的說法），與英國的資金輸出者或印度各族的行政管理者之間，並無多少相同之處。如果後二者從執行命令變成制定法令，他們也可能會成為帝國締造者。然而關鍵在於大英國族對此毫無興趣，也不會予以支持。情況是，在胸懷帝國主義的商人之後到來的行政人員，想要讓「非洲人繼續當個非洲人」，而其中許多人尚未脫離如哈羅德．尼可森（Harold Nicclson）所說的「少年理想」，[19]亦即想幫助他們「成為更好的非洲人」，[20]不管這句話到底是什麼意思。他們絕不會「將自己國家的行政、政治系統應用在治理落後人口上」，[21]也不會將英國皇權所擁有的幅員遼闊的領土，與大英國族本身連結。

在真正的帝國結構中，母國的政府機構會以各種方式將殖民地整合到帝國裡，而帝國主義則與之相反，其典型特徵是國族機構即便能夠管控殖民地的行政，卻仍與之保持分離。這種分離的動機，乃是傲慢與尊重的奇特混合：在海外面對「落後人口」或「低等種族」的行政官員的新型傲慢，在母國的老派政治家那裡發現了志同道合者，後者認為沒有任何民族有權利強加自己的法律在異民族身上。就事情的本質而言，傲慢實為一種統治手段，而保持全然消極的尊重則並沒有帶來一種讓各民族共同生活的新方式，而僅僅是在一定限度內，通過法令來維持無情的帝國主義統治。無論非歐洲的各族人民曾在西方統治下能夠獲得什麼好處，我們都將之歸功於對國族機構與政客們的有益限制。但殖民地的行政官員始終抗拒「無經驗的多數」（國族）的干涉，後者試

圖強迫「有經驗的少數」（帝國主義行政官員）「朝向效仿（母國）的方向」，[22]，也就是採取與母國的普遍正義、自由標準一致的治理方向。

在定義上，民族國家比任何政治體都更受限於征服的界線與限制，而為擴張而擴張的運動竟然是在民族國家之中產生，這不失為一個範例，它揭示出因果之間看似荒謬的不相稱性，這種現象已成為現代歷史的標誌。現代歷史術語的混亂只是這些不對稱的副產品。通過與古代帝國相比較，通過將擴張誤認為征服，通過忽視國協（Commonwealth）與帝國的差異（前帝國主義歷史學家稱之為移民地〔plantaitons〕與領土的差別，或是殖民地與屬地的差別，或是更晚的殖民主義與帝國主義的差別[23]），換言之，通過忽略輸出（英國）人民與輸出（英國）金錢的差別，[24]歷史學家們試圖消除一個惱人的事實，亦即現代歷史中如此眾多的重要事件，看起來都像是積土成山、不經意間就木已成舟地發生。

同時代的歷史學家們面對著這樣的景象：一些資本家掠奪性地在全球尋求新的投資商機，並投合極端富有者的利潤動機與極端貧窮者的賭博本能；歷史學家想要將帝國主義披上羅馬帝國與亞歷山大大帝那古老的偉大輝煌，這種輝煌將使隨後發生的所有事件在人性上更可忍受。因果之間的不一致在以下這個著名且不幸為真的評論中表露無遺：大英帝國乃是在不經意間建成的；這在我們這個時代已變得再明顯不過：我們竟需要用一場世界大戰來擺脫希特勒，這件事本身的滑

稽，恰恰造就了它的可恥。某些類似的事情已在德雷福事件中顯現，為了結束一場鬥爭，需要動用國家中最優秀的那部分人，然而這場鬥爭卻以怪誕可笑的陰謀開端、並以一場鬧劇終結。

帝國主義唯一的豐功偉業，在於它讓民族國家在對戰中敗下陣來。這種半真半假的對抗所造成的悲劇，並不在於許多國族代表都被新興帝國主義商人所收買；比腐敗更糟糕的是，清廉之輩也確信帝國主義乃是引領世界政治的唯一道路。由於所有國家都需要海上站點與獲得原物料的途徑，他們遂相信吞併與擴張是為了拯救國家。他們是最早一批未能理解舊式貿易建設以及貿易海上站點的建設，與新的擴張政策之間存在根本差別的人。他們都相信羅茲告訴他們的說法：「認清事實吧，你若沒有世界貿易，就無法生存」，「你的貿易就是世界，你的人生就是世界，而不僅是英格蘭」，因此他們「必須處理有關擴張與保存世界的問題」[25]。雖然他們不是出於自願，有時甚至一無所知，但他們不僅成了帝國主義政治的同謀，還成為最早一批因「帝國主義」而受到譴責與攻擊的人。克里孟梭的情況正是如此，由於他對法蘭西國族的未來憂心忡忡，盼望以殖民地的人力保衛法國公民對抗入侵者，而成為了「帝國主義者」。

在擁有殖民領土的歐洲國家（無論是英國、法國、比利時、德國或荷蘭）中，由議會與自由出版界所代表的國族良知都發揮著影響力，並深受殖民地行政官員痛恨。在英國，為了區分位於倫敦並由議會控制的帝國政府與殖民地行政機構，這種影響力被稱作「帝國因素」（imperial factor），從而為帝國主義賦予了它本渴望予以清除的正義痕跡。[26]這種「帝國因素」在概念上被

政治性地表達為：原住民不僅被英國人、被「帝國議會」所保護，而且還以某種方式被代表著。[27]在此，英國人的行為十分接近法國人的帝國締造實驗，即便他們從未給予臣屬民族實質代表權。即便如此，他們顯然希望國族整體能夠成為被征服民族的受託管者，而它也確實總是盡最大的努力，來避免最糟的情況發生。

「帝國因素」（或更應該稱作國族因素）的代表與殖民地行政官員的衝突，構成了一條貫穿大英帝國主義歷史的軸線。一八九六年，克羅默在擔任埃及行政官期間，向索爾斯伯利侯爵（Lord Salisbury）提出訴求：「請將我從英國政府部門中解救出來。」[28]這訴求一再重複，直到本世紀二〇年代，國族及其所有象徵物，都由於喪失印度的危險，而遭到極端帝國主義政黨的公開責備。帝國主義者們總是深感不滿地認為：印度殖民政府本該要「在英國公眾輿論面前證明自身存在的理由及其政策的正當性」；如今這種管控已使他們不可能再推動「行政程序式屠殺」[29]這類措施，在一戰結束後，這類措施隨即就在其他地方成為平亂的激進手段，[30]它或許原本確實可以阻止印度獨立。

在德國，一種類似的敵意盛行於國族代表與非洲的殖民地行政官員之間。在一八九七年，卡爾·彼得斯就因其對待原住民的暴行，被調離他在東南非德國殖民地的職位，並不得不從政府機構辭職。而在一九〇五年，部落酋長們第一次向帝國政府發出抱怨，其結果是殖民地行政官員要把他們關進監獄時，德國政府出面予以干預。[31]

法國的統治也同樣如此。由巴黎政府所任命的地方治理長官，若不是像在阿爾及利亞那樣屈服於殖民地居民的強大壓力，就是乾脆拒絕改革對待原住民的方式，宣稱這種改革是受到了「(母國) 政府的軟弱民主原則」的鼓動。[32]在每個地方，帝國主義行政官員們都覺得，對國族政府的管控是一種難以承受的負擔，對他們的統治也是一種威脅。

帝國主義者的感覺完全是正確的。比起一些既抗拒以命令與粗暴官僚體系實行治理、又希望永久維繫領土以添國族榮耀的人，帝國主義者更了解如何統治臣屬民族的現代條件。帝國主義者也比民族主義者更清楚知道，民族國家的政治體沒有能力建立帝國。他們完全明白，如果任由國族繼續前進、繼續征服異民族，並遵循自身固有的法則，結局將會是各民族奮起爭取國族地位，而征服者則會遭到失敗。因此法國的方法遠不如英國的方法成功，前者總是試圖結合國族願景與帝國締造，而後者自十九世紀八〇年代以來，雖然受到保留著國族民主機構的母國約束，但已經公然採納了帝國主義。

二、權力與布爾喬亞

帝國主義者實際想要的，是不需要以政治體為基礎的政治權力擴張。帝國主義擴張是由一種奇特的經濟危機引發的：資本的過度生產、「多餘」資金的出現，以及不再能在民族國家內部進

行生產性投資的過度儲蓄。這是史上頭一遭，權力投資並沒有為金錢投資鋪平道路，而是權力輸出乖乖跟在金錢輸出的隊伍之後，因為在遙遠國家的不可控投資，恐怕會把大量的社會底層人口轉變為賭徒，並將整個資本主義經濟從生產系統轉變為金融投機系統，並用佣金利潤取代生產利潤。帝國主義時代之前的十年間，也就是十九世紀的七〇年代，見證了詐欺、金融醜聞、股市豪賭等現象前所未有的增長。

前帝國主義發展過程中的先行者，乃是那些在資本主義系統外獲得財富的猶太金融家，成長中的民族國家需要他們，因為他們具有獲得國際擔保之貸款的能力。[33]後來隨著穩固的稅務系統開始建立，以支持更健全的政府財政，這個群體開始擔心自己很可能遭到消滅。數百年來，他們都通過從事委託代理的活動來獲利，因此當國內市場的資本無法再獲得盈利時，他們自然會是首先動念想要去轉移這些資本的人。猶太國際金融家確實似乎格外適合從事這種本質上是國際商務的活動。[34]更何況各國政府在某種程度上，也需要依靠遙遠國度的投資活動的助益，這些政府一開始也更青睞著名的猶太金融家，而非國際金融界的新手（其中許多人都是投機份子）。

多餘財富在國內生產的狹小市場中閒置無用，而當金融家向它們打開資本輸出的渠道之後，很快就可以明顯看出，這些不在當地的股東顯然並不在乎承擔巨大風險，因為風險越是巨大，利潤的增幅也越高。賺取佣金的金融家即便有國家的慷慨相助，也沒有足夠的力量來擔保這些風險：這唯有國家權力的實質權力才能夠做到。

一旦人們清楚看出，在金錢輸出後，必然會跟隨著政府權力的輸出，金融家的普遍地位，尤其是猶太金融家的地位，就大大削弱了，而帝國主義商業交易事業的領導權，則逐漸被本土布爾喬亞所掌控。在這方面，羅茲的南非事業很具有啟發性，他作為一個完全的新來者，竟能夠在短短數年間就取代了第一線的那批強大猶太金融家。在德國，布萊希羅德在一八八五年仍是德國東非公司的共同創立者，然而十四年後，當德國開始通過在帝國主義事業中成長起來的巨頭（西門子與德意志銀行）來建設巴格達鐵路時，他和赫茲便一起被取代掉了。無論如何，政府不願意授予猶太人真正權力的態度，與猶太人不願意介入具有政治意涵之商業活動的立場一拍即合，從而在賭運氣、賺佣金的最初階段結束之後，縱然猶太群體仍擁有巨大財富，也並未出現實際的權力鬥爭。

商業活動被轉化為政治議題、少部分群體的經濟利益被等同為國族利益的趨勢，這一趨勢不斷增長，各國政府都心懷憂慮。但若不進行權力輸出，似乎就只得有意識地犧牲掉大量國家財富。唯有擴張國家暴力工具，才能合理化國外投資活動，也才能將那賭上所有積蓄的多餘資本之瘋狂投機，重新整合到國家經濟系統當中。國家擴張了它的權力，因為面對眼前的兩個選項：任何國家經濟體都無法承受的損失，以及只靠自己的任何人都難以想像的巨大收益；它只能選擇後者。

權力輸出的第一個後果，是國家的暴力工具——亦即存在民族國家框架之內，並由其他的國

家機構所掌控的警察與軍隊——從國家政治體中分離出來，並且被提升為未開化國度或弱小國度中的國族代表。在這裡，在缺乏工業與政治組織的落後區域裡，暴力得到了比在任何西方國家中更大的自由，而所謂資本主義法則則被允許去創造現實。只要金錢仍不得不經過漫長的生產投資之路，布爾喬亞所期待的如同人類生育後代一般的錢生錢的空洞渴望，就仍然只是一個醜陋的夢想；生出金錢的並非是錢，而是人們製造出了事物與金錢。新式幸福圓滿的祕密在於，經濟法則已不再阻礙有產階級的貪婪。金錢之所以最終能生出金錢，是因為權力全然無視一切的法則（無論是經濟的還是倫理的），它可以佔用財富。唯有當輸出的金錢成功推動了權力輸出時，金錢才得以完成其擁有者的規劃。唯有無限制的權力累積，才能帶來無限制的資本累積。

國外投資、資本輸出，原本是作為一種應急措施，而一旦它受到權力輸出的保護，就成為所有經濟系統的持久特徵。根據帝國主義的擴張概念，擴張就是目的本身，而非暫時手段，當權力擴張明顯成為民族國家最重要、最持久的特徵之一時，這種擴張概念成為了一種政治思想。國家所僱用的暴力工具掌控者們很快就在各國族內部形成一個新的階級，雖然他們的活動地域距離母國十分遙遠，卻仍對母國政治體具有重要影響力。由於他們實際上除了暴力的執行官僚外什麼也不是，因此他們只能用權力政治的語彙來進行思考。他們是最早宣稱權力乃是所有政治結構之本質的階級，而且還援引他們的日常經驗作為支撐。

這種帝國主義政治哲學的新特徵，並不是給暴力提供了主要的運作場所，也不是發現了權力

乃一項基本的政治現實。暴力向來是政治行動中的最後手段，而權力向來是統治與治理的可見形式。但是這兩者都從未成為政治體的自覺目標，或任何特定政策的最終目的。因為若僅憑權力本身，唯一能獲得的就是更多權力，而為了權力（而非法律）而行使的暴力，則會成為一種破壞性力量，不把一切都破壞殆盡，它就不會停止。❶

然而，這種由此產生的權力政治所內蘊的矛盾，如果放在據說除自身之外再無任何目的、目標的永久過程之中來理解，則它就會呈現出一種有意義的外表。使得檢驗其成果變得沒有意義，而權力則被設想為所有政治行動永無止境、自給自足的動力來源，這正對應著傳說中錢生錢的無窮累積過程。僅憑無限制擴張的概念，就能滿足無限資本累積的願望，並帶來無目的的權力累積，這使新政治體的創建變得不再可能（直至帝國主義時代為止，這種創建通常都是征服的結果）。事實上，無限制擴展的邏輯後果，就是摧毀所有既存共同體，無論是被征服的各民族還是母國的共同體，皆難逃此命運。因為無論新舊，每一政治結構自身都會發展出阻止持續轉變、擴張的穩定化力量。因此當被視作不斷增長的永恆權力之流的一部分時，所有政治體看起來都會像

❶ 譯註：對鄂蘭有所瞭解的讀者會發現，鄂蘭在這裡並未像在後來的《人的條件》（*The Human Condition*）中那樣提出一種以眾人聚集為前提的獨特權力概念，此處的權力概念及其與暴力的關係，毋寧說接近於韋伯式的定義，也就是暴力乃國家權力所壟斷的工具。不過我們可以注意，鄂蘭認為問題在於，當權力超出民族國家的國內法律體系之外時，就會衍生出缺乏限制的暴力，這其中似乎仍隱含著她後來區分權力與暴力的線索。

是暫時的障礙。

在過去那種尚有節制的帝國主義時代，握有穩定增長之權力的行政官員們甚至不打算去統合被征服的領土，他們也任由落後政治共同體存在下去，視之如同居住過往生靈的空洞廢墟，然而他們的極權主義後繼者們，卻消解、摧毀了一切具政治穩定性的結構，無論是他們自己的還是異民族的。純然的暴力輸出使奴隸變成了主人，卻沒有賦予他們主人的特權：即創造新事物的可能性。在母國，暴力的集中壟斷與巨大累積，使奴隸成為破壞過程中的積極參與者，直至極權最終擴張成一種摧毀國族、也摧毀人民的力量（譯按：尤其可參見第十章第一節、第十二章第一節）。

當權力從它本該為之服務的政治共同體中分離出來時，就成了政治行動的本質與政治思想的核心。這誠然是某種經濟因素帶來的結果。但隨之而來的想法，亦即將權力視為政治的唯一內容、將擴張視為政治的唯一目標，若沒能完美回應經濟上與社會上的統治階級所懷有的隱密慾望與祕密信念，就很難得到如此普遍的贊同，而隨之而來的國族政治體的消解，也不會只遭遇如此微小的反抗。布爾喬亞曾長期因為民族國家、因為他們自身對公共事務的興趣缺缺，而被排除在政府之外，如今他們則藉由帝國主義獲得了政治解放。

我們必須以布爾喬亞政治統治的最初階段，而非資本主義的最後階段，來看待帝國主義。眾所周知，有產階級對於參與政府工作向來意願低落，而且對於每一種他們相信可以保障財產權利的國家類型都十分支持。的確，對他們而言，國家往往只是一股組織良好的警察力量而已。然而

這種錯誤的節制，導致布爾喬亞階級始終處於政治體之外的奇特結果；在他們作為君主國的臣民或共和國的公民之前，他們首先在本質上是私人意義上的個人（private persons）。這種私人性、這種以賺錢為首要關懷的態度，已發展出一系列行為模式，並表達在如下俗語中：「勝利乃勝利之母」、「強權就是公理」、「便利即是正義」等等；這些都必然會從競爭者社會的經驗中產生出來。

在帝國主義時代，商人成為政客並被擁戴為政治家，而政治家則只有在使用成功商人的語言、「思考各大洲問題」的時候，才會被認真看待，在此狀況下，上述那些私人活動與手段，就逐漸轉化為指導公共事務的規則與原則。這個價值重估的過程始於十九世紀末，至今仍具影響力，與此相關的重大事實是：它開始於布爾喬亞的信條被應用於國外事務，接著慢慢延伸到國內政治。因此被捲入其中的各國幾乎沒有發覺，盛行於私人生活中的冒進精神（違背於向來必須保衛自身及其公民個體的公共政治體），即將被提升為一種公開受到表彰的政治原則。

有一個意義重大的事實：現代的權力信徒們完全符合唯一一位試圖從私人利益導出公共善的大思想家的哲學，這位思想家為了私人之善，而構想、勾勒出一個將權力累積作為基礎與終極目的的共同體。霍布斯的確是布爾喬亞可以正確地宣稱專屬於他們的唯一一位大哲學家，即便他的原則在很長一段時間裡並沒有被布爾喬亞階級辨認出來。霍布斯的《利維坦》（*Leviathan*）[35]所

揭示的政治理論，乃是唯一一種不需要將國家建立在某種法律建制（無論是神法、自然法還是社會契約法）之上，藉以從公共事務來決定個人利益之對錯的政治理論，這種理論主張國家立基於個人利益，因而「私人利益就跟公共利益是同一回事」。[36]

很少有哪一條布爾喬亞式的道德準則，不曾為霍布斯無與倫比的宏大邏輯所料見。他幾乎完美地描繪了布爾喬亞人（而非人〔Man〕）的圖像，這套分析三百年來從未被淘汰或超越。「理性無非就是計算（Reckoning）」；「自由主體、自由意志都是無意義的語詞；也就是荒謬的語詞」。作為一個沒有理性、沒有追求真理之能力、沒有自由意志的存有者，也就是作為一個沒有責任能力的存有者，人在本質上乃是社會的一個功能，從而是根據他的「價值……他的價格，也就是他可以提供多少可用力量」來予以評判。這種價格由社會來進行評估與重估，而能否獲得「他人的尊重」，則取決於供需法則。

根據霍布斯的說法，權力乃是一種累積的控制，它允許個人以任何對自己有利的方式來確定價格、調控供需。個人會在完全的孤立中，也就是從絕對少數的觀點來考慮他的利益；接著他會意識到，唯有在某種多數的幫助下他才得以追求並得到利益。因此，如果人在實際上僅僅是由自身的個人利益所驅動，那麼對權力的慾望就必然是人的根本渴望。它支配了個體與社會的關係，也支配了其他所有的野心，因為財富、知識、榮譽都會隨之而來。

霍布斯指出，在為權力而進行的鬥爭中，在與生俱來的追求權力的能力上，所有人都是平等

的；因為人與人的平等建立在這一事實之上，亦即每個人生來就都有足夠的力量（權力）殺死另一個人。就算是弱小者，也可以通過狡詐來彌補不足。眾人作為潛在謀殺者的這種平等，將所有人都放置在同樣不安全的處境當中，由此產生了建立國家的需求。國家的存在理由就是個體感覺自己受到所有同伴的威脅，進而產生的某種對安全的需求。

在霍布斯描畫的人之圖像中，其關鍵特徵完全不是近代以來廣受讚譽的那種現實主義式悲觀論調。因為倘若人果真是如霍布斯所描述的那種存有者，那麼他便完全沒有能力建立任何政治體。霍布斯確實未能成功將這種存有者明確整合進政治共同體之中，他甚至並未想要做到這一點。霍布斯所描畫的人對國家毫無忠誠可言；如果國家戰敗，而他不巧淪為階下囚，那麼他的任何背叛也都無可厚非。那些生活在國家之外的人（比如奴隸）對於其同胞的義務，除了盡可能去殺戮外，就再沒有別的了；然而反過來說，「沒有人擁有為了保護另一個人而反抗國家武力的自由，無論他要保護的人是有罪還是無辜」，這意味著人與人之間既不存在同袍之誼，也不存在責任。將他們維繫在一起的是共同利益，例如「某種會讓每個人都被處死的重大罪行」；在這一情況下，他們就有權「反抗國家武力」、有權「共同參與、抵抗、保護他人……因為他們只是在保衛自己的生命」。[1]

---

[1] 譯註：霍布斯原本的脈絡是：若人們擁有為保護他人而反抗國家的自由，則會破壞主權者保護人民的能力，因為人們本以將保護自己生命的任務授權給主權者，但是涉及自身生命的情況下則另當別論。

因而對霍布斯來說，在任何形式的共同體中，成員資格都只是暫時、有限的，在本質上並不會改變個體孤立、私人的特質（「在沒有任何權力來震懾眾人的地方，個體在同伴間只會感覺到許多痛苦，毫無歡樂可言」），也不會在他與同伴之間創造持久的紐帶。由此看來，似乎正是霍布斯所描畫的人之圖像，挫敗了他為國家提供基礎的意圖，還反而提供了一種具有一貫性的態度模式，它會輕易摧毀掉所有真正的共同體。這種結果存在於霍布斯式國家那固有且被允許的不穩定之中，這個國家概念中本就包含了自身的瓦解：「當敵人在戰爭（無論是國際還是國內的）中獲得了最終勝利……則國家就會瓦解，每個人都有保護自己的自由」；這種不穩定極為明顯地成為霍布斯一再重複的首要宗旨，它是為了確保最大的安全與穩定。

如果我們將這幅人的圖像視作心理學現實主義或哲學真理方面的嘗試，則恐怕會是對於霍布斯及其作為哲學家之尊嚴的巨大不公。實際上，霍布斯對這兩者都不感興趣，他所關注的僅僅是政治結構本身，而且他是根據利維坦的需要來描畫人的特徵。他之所以用這樣的方式來呈現政治綱領，只是為了進行論辯與說服他人，這種方式使他看起來彷彿是從對於人的現實主義洞見（人作為「不斷渴求權力」的存有者）出發，彷彿是從這一洞見中得出了最適合這種渴望權力的動物的政治體規劃。然而實際的推演過程卻恰恰相反，只有在這種推演過程中，他的人之概念才能產生意義，並超越預設人類是邪惡的俗套說法。

這個新的政治體，是為了十七世紀出現的新興布爾喬亞社會的利益而構想出來的，而這種人

之圖像所描畫的，也正是適合這種政治體的新形態的人。這種國家建立在權力（而非權利）的委讓之上。國家獲得生殺大權，並為人們提供了免於被害的有條件保護作為交換。安全是由法律所提供的，而法律則是國家獨斷權力的直接體現，而不是人根據人類的對錯標準所建構出來。由於法律直接源自絕對權力，因此它在生活於其中的個體眼中代表著絕對的必要性。從國家法律，也就是從國家所壟斷的社會累積性權力來說，對錯問題並不存在，唯一存在的是絕對的服從，也就是布爾喬亞社會盲目的奉從主義。

對這些個體來說，公共的、公務的生活披著必要性的外衣，他們雖然被剝奪了政治權利，卻在私人生活、個人命運上不斷獲得新的利益。個體從涉及所有公民的公共事務管理中被排除，也就喪失了他在社會中的正當位置，喪失了他與同胞的自然聯繫。他如今若要評判自己個人的私人生活，就只能與他人生活進行比較，並對社會同胞採取競爭態度。一旦由披著必要性外衣的國家來掌控公共事務，競爭者們的社會生活或公共生涯就得任憑機運擺佈。在一個由個體所組成的社會中，所有人生來就都具備了獲得權力的平等能力，也平等地由國家保護、免受他人傷害，因此決定誰會成功的，就唯有機運。[37]

根據布爾喬亞的標準，那些徹底不幸、失敗的人會自動從競賽中出局，這就是社會生活。好運等同於榮譽，厄運則等同於羞恥。通過將政治權利轉讓給國家，個人也就將自己的社會責任委託給了國家：他要求國家讓自己擺脫關心窮人這一負擔，就如同他要求國家保護自己免於侵犯。

[142]

窮人與罪犯之間的差別消失了，因為兩者同樣處於社會之外。失敗者被剝奪了古典文明遺留給他們的美德，而不幸者則再也無法籲求基督教的博愛。

如果國家不關心那些被社會排除的人（失敗者、不幸者、罪犯），霍布斯就會將他們從一切社會義務與國家義務中解放出來。他們或許會放縱他們的權力渴望，並被告知要充分利用他們既有的殺戮能力，從而恢復那被社會僅出於權宜而掩蓋起來的天生平等。霍布斯預見並證實了：布爾喬亞道德哲學合乎邏輯的結果，就是社會上的多餘者將會組織成一夥殺人犯。

由於權力在本質上只是達成目的的手段，因此一個純然建立在權力上的共同體若處於有序、穩定的平靜中，就必定會衰亡；它的完全安定乃是建立在流沙之上。只有獲得更多權力，它才能維持現狀；只有持續擴張自身權威，只有通過權力累積的過程，它才能維持穩定。霍布斯的共同體是一個搖擺不定的結構，總是必須為自身提供新的外來支持者；否則它將會在一夕之間崩塌為（它所源出的）各種私人利益所組成的無目的、無意義的混亂狀態。霍布斯將權力累積的必要性呈現在自然狀態的理論中，也就是所有人對抗所有人的「永久戰爭狀態」（condition of perpetual war），在其中，各個國家仍與其他國家維持敵對狀態，就如同其臣民個體在服從於國家權威之前的狀態（譯按：即霍布斯所說的自然狀態）。[38]這種永遠存在的戰爭可能性，為國家保障了持久的前景，因為它讓國家通過犧牲其他國家來擴大自身權力的行為成為可能。

在霍布斯的個體安全訴求與其共同體的內在不穩定之間，存在一種明顯的不一致，如果我們

只看到其中的表面意義，就是犯了錯誤。在這裡，他再次試圖說服人們、試圖訴諸某些尋求安全的基本本能，他完全知道，只有在利維坦的臣民絕對屈服於「恐嚇所有人」的權力時，這種安全本能才可能在他們身上保留下來；這種恐嚇乃是一種籠罩一切、壓倒一切的恐懼，這完全不是安全狀態下的人會有的基本情緒。霍布斯真正的起點，乃是敏銳洞察到崛起中的布爾喬亞新興社會體的政治訴求，這些布爾喬亞對於財產累積之無窮過程的基本信念，將會消除所有的個體安全。當霍布斯提出政治方面的革命性改變時，他從社會與經濟行為模式中得出了必然的結論。他勾勒出的是唯一能夠符合新興階級的新需求與新利益的新政治體。他實際上得到的人之圖像乃是：一個人如果想要適應即將到來的布爾喬亞社會，就必須成為、必須如此的圖像。

霍布斯堅持主張權力乃是天界與人間所有事物的原動力（甚至連神對人的統治也「並非源自創世，而是源自不可抵抗的權力」），這一主張源自一個在理論上無可辯駁的命題，亦即永不停息的財產累積必須建立在永不停息的權力累積之上。與這種建立在權力之上的共同體的內在不穩定性相關聯的哲學，則描繪出一幅永無止境的歷史過程的圖像，為了與權力的持續增長維持一致，它無情地將眾個體、諸民族乃至全人類都捲入其中。資本累積的無限過程需要能確保如此「無限制之權力」的政治結構，以便藉由持續增強權力來保護增長的財產。鑑於這一新興社會階級的變動不定，人們可以正確地推論出「若不能攫取更多，他就無法確保維持當前幸福生活的權力與手段」。大約三百年來，既沒有一個主權者曾「將這一思辨上的真理轉變成實踐上的效

益」，也沒有任何一位布爾喬亞在政治上足夠自覺、在經濟上足夠成熟，可以公然採納霍布斯的權力哲學。但這完全不會改變霍布斯此種結論的一致性。

永不停息的權力累積過程是為保護永不停息的資本累積所必需，這決定了十九世紀晚期的「進步主義」意識形態，也預見了帝國主義的興起。使進步不可抵抗的，不是財產無限制增長的幼稚錯覺，而是人們意識到唯有權力累積才能保障所謂經濟法則的穩定性。十八世紀的進步觀念（比如大革命前的法國），打算以批判過去作為掌握當下、掌控未來的手段；進步以人的解放為終點。但是這種觀念與布爾喬亞社會的無止境進步過程並無多大關聯，後者不僅不想要人的自由與自主，而且已準備要為了所謂歷史的超人類法則而犧牲所有事物、所有的人。「我們稱之為進步的乃是一陣風，它無從抵抗地將歷史的天使推向他所背對的未來，而他面前的瓦礫則越堆越高，聳入雲霄」。[39]十八世紀觀念的最後（即便是烏托邦式的）軌跡，僅僅出現在馬克思的無產階級社會夢想中，用喬伊斯（James Joyce）的話來說，這個無產階級社會將把人類從歷史的噩夢中喚醒。

因無法吞併群星而煩惱的帝國主義思維商人們意識到，為了權力自身而組織起來的權力，將會生出更多的權力。當資本累積已到達其自然的國族極限時，布爾喬亞們知道，唯有通過「擴張就是一切」的意識形態，唯有通過一種相應的權力累積過程，才有可能重啟舊馬達。然而與此同

時，當永久運作的真正原理被人們發現的時候，進步意識形態那格外樂觀的心態卻動搖了。這並不是因為有任何人開始懷疑該進程本身的不可抵抗，而是許多人開始看到那使羅茲感到驚恐的東西：對於一個無法停止、無法穩定下來的進程來說，人類的處境以及地球自身的限制無疑會構成嚴重的障礙，且它一旦到達極限，就只會開啟一系列破壞性災難。

在帝國主義時代，權力哲學成為了菁英的哲學，菁英很快就發現對權力的渴望只能藉由破壞來止渴，並且為接受這一事實做好了充分準備。這正是催生他們的虛無主義（在世紀之交的法國、本世紀二〇年代的德國尤其顯著）的根本緣由。虛無主義以同樣庸俗的命定迷信取代了進步的迷信，並大力鼓吹自動滅絕，其熱情程度不下於自動進步之幻想家曾鼓吹經濟法則之不可違抗。霍布斯這位「成功」的偉大偶像，花了三百年才獲得成功。這部分是基於法國大革命的緣故，因為法國大革命提出的人作為立法者與公民的觀念，幾乎成功阻止了布爾喬亞充分發展出歷史是一個必然過程的觀念。但這也部分是由於霍布斯指出共和國（Commonwealth）所具有的革命意涵，它與西方傳統產生了無畏的決裂。❶

於是出現了這樣一台機器，它的唯一目標就是增生與累積權力，任何不為其終極目標服務、不服從這一目標的人或思想，都會是危險的麻煩。霍布斯判定「古希臘人與古羅馬人」的書籍是

---

❶ 譯註：此處所謂共和國的革命意涵，指的是下一段所分析的霍布斯為暴政辯護的共和國構想。

有害的，因為基督教的「至善……會被以古老道德哲學家的談論方式」來教導，或是依循「一個人做出任何違背自己良知的事情，都是罪」這樣的教條，以及「法律即公正與不公的律則」這樣的觀念。如果我們記得他想要做的不過是為暴政辯護，那麼他對整個西方政治思想傳統的深深不信任，就不會讓我們如此訝異；暴政雖然在西方歷史上曾多次出現，卻從不曾享受過擁有哲學基礎的榮耀。霍布斯驕傲地承認：利維坦實際上意味著暴政的持久統治：「暴政之名恰恰意謂主權之名……我認為若容忍對暴政的公然仇恨，就是縱容人們仇恨普遍意義上的共和國……」

霍布斯不愧為哲學家，他在布爾喬亞崛起之際，就已經能夠覺察出這個新興階級的所有反傳統主義特質，雖然這些還要再過三百多年的時間才會充分發展出來。他的《利維坦》所關心的不是對新政治原則的無用沉思，也不是對統治共同體之民的智慧的古老追尋；它嚴格來說是在社會中出現新興階級之後的「後果計算」，而這種在本質上與財產緊密捆綁的階級生存方式，則是資產生產的一種新型動態手段。使布爾喬亞得以誕生的所謂資本累積，改變了財產與財富的概念本身：它們不再被視為累積與獲利的結果，而是累積與獲利的開端；財富變成一個永不停息的變得更加富有的過程。將布爾喬亞界定為有產階級，這只在表面上正確；因為這個階級的一項特徵在於：任何人只要將生活視為一個變得更加富有的永久過程，只要將金錢視作神聖之物，絕不僅僅把它當成消費商品，就可以隸屬於這個階級。

然而財產就其自身而言，本是要被使用、消費的，因此總是持續減少。最徹底也是唯一安全

的佔有形式就是破壞，因為唯有我們所摧毀之物才會永遠安全地為我們所有。那些不進行消費，而是努力擴大其資產的財產所有者們，不斷發現一個非常不便的限制，亦即人終有一死這個不幸的事實。死亡乃是財產與獲利永遠無法成為真正的政治原則的實際原因。一個本質上立基於財產的社會系統，除了所有財產的最終崩解外，就不再可能通向其他任何結局。個人生命的有限性，是將財產當作社會根基的嚴重挑戰，正如地表的侷限是將擴張當作政治體根基的嚴重挑戰。然而，人們構想出一種自動持續增長的財富，它超越了所有的個人需求與消費可能，就此而言，私人財產已超越了人類生活的限制，被塑造成一項公共事務，並脫離了純粹的私人生活領域。私人利益在本性上是暫時的，並且受到人的自然生命長度所限，然而如今私人利益卻得以遁入公共事務領域之中，並從中借得持續累積所必需的無限時間長度。由此創造的社會似乎非常類似螞蟻與蜜蜂的社會，在其中「公共之善與私人之善無異；人們在本性上趨向其私人利益，卻也由此達成了公共利益」。

然而，由於人既不是螞蟻也不是蜜蜂，因此整件事情就只是個錯覺。公共生活構成了私人利益總體當中的虛假面向，彷彿這些利益能夠藉由純粹的加法來創造出新的平等。一切政治上的所謂自由主義概念（也就是一切前帝國主義的布爾喬亞政治觀念），諸如不受限制的競爭是由競爭活動整體的祕密平衡來調控；追求「開明的自利」乃是當之無愧的政治美德；無限制的進步內在於事件的純粹延續之中；這些概念都有一個共通之處：它們都將私人生活與個人利益加總起來，

並將其總和呈現為歷史的、經濟的、或政治的法則。然而自由主義概念雖然表達出布爾喬亞對公共事務本能的不信任與內在敵意，卻僅僅是西方文化的舊有準則與新興階級將財產視為自我運動原則的信念之間，所暫時達成的妥協。舊有準則退讓到了如此地步，以至於自動增長的財富實際上已取代了政治行動。

雖然從未被完全承認，但霍布斯無疑是真正的布爾喬亞哲學家，因為他意識到，被設想為無盡過程的財富攫取，唯有通過獲取政治權力才能得到保衛，這是由於累積過程早晚都必須突破所有既定的領土界線。他預見到，一個已踏上永不停息的攫取之路的社會，將不得不設計出一種動態的政治組織，以便掌控與之相應的永不停息的權力增殖過程。他甚至僅僅憑藉純粹的想像力量，就得以勾勒出那種新型人類的主要心理學特徵，他們將會適應這樣的社會及其專橫政治體。他預見到，這種新型人類必然會對權力本身產生偶像崇拜，預見到他們將會因為被稱為渴望權力的動物而沾沾自喜，即便社會實際上會強迫他們放棄自身所有的自然力量、所有的美德與惡習，即便社會將使他們成為窮困溫馴、甚至連反抗暴政的權利都沒有的小傢伙；他們遠非是在為權力而奮鬥，而是屈從於一切既有政府，甚至當最好的朋友淪為不可理解之國家理性的無辜受害者時，也不為所動。

建立在從所有個體成員那裡累積、壟斷而來的權力之上的國家，必然要讓每一個人變得毫無權力，並剝奪其自然的人類能力。它把人降格為權力累積機器的齒輪，並任意用該機器之終極命

運的崇高思想來安撫人，而這個機器的構造方式就是單憑自身的固有法則，就可以吞噬整個地球。

這個國家的終極破壞性目標，至少在哲學性地將人類平等詮釋為一種殺人的「平等能力」時，就已經被揭示了出來。它與其他所有國家一起生存在「永久戰爭的狀態下」，時刻處在戰爭的臨界點，始終陳兵邊界，並將砲口對著周邊鄰國，從而它除了「最有利於自身」外，別無其他法則，而且它將會逐漸吞食較弱的政治組織，直到那場「所有人不是勝利就是滅亡」的終局之戰來臨。

通過「不是勝利就是滅亡」的口號，利維坦的確能夠克服與其他民族共存的一切政治限制，將全球都籠罩在其暴政之下。但是當終局之戰來臨，當所有人都被捲入其中的時候，最終的和平將不會降臨大地上：若沒有權力累積機器，利維坦就無法持續擴張，在其永不停息的運作過程之中，權力累積機器需要吞食更多物質。如果最終勝利的國家不能繼續「吞併群星」，那麼它就只能繼續摧毀自身，以便重新開啟永不停息的權力增殖過程。

三、暴民與資本的聯盟

當帝國主義隨著八〇年代的瓜分非洲而登上政治舞台時，商人們倡導它，當權政府們激烈反

對它，而數量驚人的有教養階級則歡迎它。[40]對於後者來說，它宛如上帝的恩典，是所有邪惡的解方、解決所有衝突的萬靈丹。而帝國主義在某種意義上也確實沒有讓這些期待落空。它將新的生命出借給那些已明顯受到新興社會、政治力量威脅的政治社會結構，這些結構若不是由於帝國主義發展的干預，就不會歷經兩次世界大戰方才壽終正寢。

實際狀況是，帝國主義帶走了所有的麻煩，並製造出騙人的安全感，這種安全感在戰前歐是如此普遍，唯有最敏感的心靈才能不為它所騙。法國的貝璣與英國的卻斯特頓都本能地知道，他們生活在一個充滿空洞假象的世界，其中最大的假象就是這個世界的安穩。直到一切開始破碎之前，這些明顯過時的政治結構確實仍具有穩定性，而這種頑固而無動於衷的長壽，似乎讓那些感到腳下地基顫動的想法不攻自破。這個謎題的答案就是帝國主義。歐洲的國際秩序為何允許這種邪惡傳播，直到一切事物無論好壞都遭到毀滅？對於這個致命問題的回答是：因為所有政府都清楚知道自己的國家正在祕密地崩解，知道政治體正從內部被摧毀，知道它們乃是在借來的光陰裡偷生。

擴張最初出現的時候，是頗為單純地作為過剩資本生產的出口管道，同時提供一種補救性的資本輸出。[41]在建立在不均分配之上的社會系統中，由資本主義生產所製造出的巨幅增長的財富，最終導致了「過度儲蓄」，也就是在國家既有的生產、消費能力範圍內注定閒置無用的資本累積。這種金錢雖然為一個成長中的階級所有，實際上卻是多餘的，也沒有任何人需要它。在帝

國主義時代[42]之前的數十年間，連續發生的危機與蕭條在資本家們心中深深烙印下這樣一種想法，就是他們整個經濟生產系統所仰賴的供需結構，從此之後必須來自「資本主義社會之外」。[43]只要資本主義系統尚未以它全部的生產能力來控制所有的階級，這樣的供需結構就還可以源自國家內部。當資本主義盛行於整個經濟結構，所有社會階層都進入其生產、消費系統的時候，資本家們顯然就不得不做出決定：要麼目睹整個系統崩塌，要麼就是找到新的市場，也就是進入那些尚未臣服於資本主義、從而能提供一個新的非資本主義供需結構的國家。

六〇、七〇年代的大蕭條引發了帝國主義時代，而其中的關鍵在於，它們迫使布爾喬亞首次意識到，純然掠奪這種原始罪行必須再次重複，以免累積的動力驟然消失，而正是數百年前的掠奪使「資本的原始累積」（馬克思的說法）得以可能，也開啟了所有的進一步累積。[44]面對這種危險，這種不僅威脅到布爾喬亞還危及整個國家生產的災難性破壞，資本主義生產者們瞭解到，其生產系統的形式與法則「從一開始就是以整個地球為根據來籌劃的」。[45]

面對母國市場飽和、原物料匱乏以及不斷增長的危機，人們的第一個反應就是輸出資本。多餘財富的擁有者們起先嘗試不借助擴張與政治控制的海外投資，結果造成了規模空前的詐欺、金融醜聞以及股市投機，尤其引起驚慌的是海外投資的增長速度遠比國內投資迅速得多。[46]過度儲蓄產生的巨額資本為小額資本、小規模的勞動產品開闢了道路。國內企業為了與海外投資的高利潤同步，同樣轉向了詐欺的方法，並吸引了越來越多滿懷奇蹟般發財的希望，而將錢拋進水裡的

人們。法國的巴拿馬醜聞、德國與奧地利的大騙局（Gründungsschwindel）皆是經典案例。巨額損失源自巨額利潤的許諾。小額資本所有者遭受了如此重大、如此迅速的虧損，以至於在這個某種意義的戰場上，擁有多餘資本的大戶們很快就發現只剩下他們自己。他們既然已無法將整個社會都轉變為一個賭徒共同體，就只能再度變成多餘者，並被排除在正常生產過程之外；至於其他階級，無論是否承受貧困、憤怒，都會在經歷騷亂之後平靜地回歸到生產過程之中。[47]

這樣的資本輸出與國外投資並非帝國主義，也不必然會導向擴張的政治方針。只要多餘資本的所有者仍樂於「將他們的大部分財產投資在國外」，即便這種趨勢「違背了過去所有的民族主義傳統」，[48]也只是確認了他們與國家體的疏離，他們在其中總是作為寄生蟲而存在。只有在要求政府保護他們的投資時（他們在最初的詐欺階段注意到可以利用政治來對抗投機風險），他們才會重新進入國家生活。然而在這種訴求中，他們依循了布爾喬亞社會的既存傳統，只將政治機構視作保護個人財產的工具。[49]僅僅是由於新興資產所有者階級的興起，幸運地與工業革命相契合，才使布爾喬亞成為生產的製造者與推動者。只要他們履行現代社會（本質上是一個生產者共同體）的這一基本功能，他們的財富對於國家整體就具有重要作用。多餘資本的所有者們是該階級中第一批想要獲利、卻不想履行某種真正的社會功能（即便這是一種剝削生產者的功能）的人，其結果是連警察也無法挽救他們免受人民的怒火。

於是，擴張不僅對於多餘資本而言是一種逃避。更重要的是，對於多餘資本所有者繼續保持

全然多餘、寄生狀態會面臨的凶險前景，它提供了某種保護。它將布爾喬亞從分配不均的後果中拯救出來，並且在財富於國族框架內不再能作為生產因素，而跟共同體整體的生產理念發生衝突時，它也讓布爾喬亞的所有權觀念重獲生機。

資本主義生產的另一種副產品，比多餘財富更為古老：在每個工業成長階段總有危機緊隨其後，並從生產社會中永久清除出殘餘者。變得永遠閒置的人們，就像多餘財富的所有者一樣，對共同體而言是多餘之人。他們是社會的實質威脅，這一點在整個十九世紀早已人盡皆知，而他們的輸出也有助於繁衍加拿大、澳大利亞以及美國版圖上的殖民人口。在帝國主義時代出現的新事實乃是，這兩股多餘力量（多餘資本與多餘勞動力）一起攜手離開了母國。擴張的概念、政府權力的輸出，以及吞併國人投入了財富或勞力的所有領土，似乎是彌補日益擴大的財富、人口損失的唯一選擇。帝國主義及其無限制擴張的理念，似乎一勞永逸地治癒了積弊已久的罪惡[50]

很諷刺的是，第一個聚集起多餘財富與多餘之人的國家，其自身也曾變得多餘。為了確保通往印度的海上航線，南非自十九世紀初就成為了英國的領地。然而隨著蘇伊士運河開通，以及隨後在行政程序上達成的征服埃及，好望角這個舊有貿易站的重要地位大大降低了。英國人很可能會撤離非洲，正如一旦印度的領土與貿易利益消失，所有歐洲國家也就撤離了非洲。❶

❶ 譯註：當時歐洲各國的重點貿易對象就是印度，而南非好望角則位於從歐洲繞經非洲前往南亞這條海上航線的中點，因此成為重要站點。然而蘇伊士運河開通後，就出現了比繞過好望角更近的航行路線。

在南非出人意料地發展為「帝國主義的文化溫床」[51]的過程中，一種尤為諷刺、且在某種意義上深具象徵意義的情形，就是當它對正常帝國不再有價值的時候，卻忽然獲得了某種吸引力：七〇年代發現了鑽石礦，八〇年代又發現了大量金礦。不計代價牟利的新形態慾望，首次結合了舊式的機運獵人。淘金者、冒險家以及大城市的渣滓們，紛紛隨同資本從工業發達的國家移民到黑色大陸。此後，由巨大資本累積所生的暴民，也帶著這些資本踏上探索之旅，此旅程除了新的投資機會外，就沒有其他的發現了。多餘財富的所有者們，是唯一能夠利用那些來自世界各個角落的多餘者的人。他們一起建立了寄生蟲的第一個樂園，其命脈乃是黃金。帝國主義，這個多餘資本與多餘之人的產物，通過製造最多餘也最不真實的貨物，開啟了它驚天動地的事業（譯按：參見本書第七章第二節）。

如果說，擴張僅僅是為那些無論如何都已置身國家共同體之外的多餘力量，提供一條危險的解決之道，那麼我們仍然有理由懷疑，對於非帝國主義者來說，擴張這個萬靈丹是否具有那麼大的誘惑力？所有議會政黨在帝國主義計畫上的合謀關係，早已記錄在案。在這方面，英國工黨的歷史幾乎可謂是完整驗證了羅茲的早期預言：「工人們發現，美國人雖然極其喜愛他們，而且才剛與他們建立了兄弟之情，卻仍然排斥他們的貨物。工人們也發現在俄羅斯、法國、德國當地，人們也在做同樣的事情，因此他們意識到如果自己不多加留意，在這個世界就會找不到任何可以進行貿易的地方。因此工人們成為了帝國主義者，而自由主義政黨則緊隨其後。」[52]在德國，自

由主義者（而非保守主義政黨）乃是著名的海軍政策的實際推動者（譯按：指十九世紀末德國以超越英國海軍為目標的海軍擴建政策），這一政策對於一戰的爆發具有重大的推動作用。[53]社會主義政黨則搖擺在積極支持帝國主義的海軍政策（一九〇六年後，它一再投票支持撥款建立德國海軍）與完全忽略所有外交政策之間。這個政黨雖然時而會警告一下流氓無產階級（*Lumpen-proletariat*），時而也可能拾取帝國主義餐桌上的麵包屑來賄賂一部分工人階級，卻未能更深刻地理解到帝國主義計畫對其黨內成員的巨大號召力。以馬克思主義的觀念來看，暴民與資本結盟這一新現象是如此地不自然、如此明顯地與階級鬥爭的教義相衝突，以至於帝國主義企圖的實質危險竟完全被忽視了；帝國主義的企圖在於，將人類劃分成主人種族與奴隸種族、高級血統與低級血統，以及有色人種與白人，這些都是企圖在暴民的基礎上統合人民。甚至在一戰爆發時，國際團結的崩壞都並未擾亂社會主義者的合謀結構，也並未影響他們對這些無產階級的信任。當社會主義者還在探討帝國主義的經濟法則，與此同時，帝國主義者卻早已不再服從這些法則，在海外國家，這些法則也因「帝國因素」或「種族因素」而被犧牲掉了，只有一些坐擁巨額財產的老紳士還相信不可動搖的利潤率。

大眾對帝國主義的反對之所以異常軟弱，自由主義政治家身上之所以會出現數不清的矛盾與徹底破產的承諾（它們往往被歸咎於機會主義或賄賂），其實還有更深層的緣由。無論是機會主義還是賄賂，都無法說服像格萊斯頓這樣的人去打破他的承諾：作為自由黨黨魁的他曾承諾當上

首相後要撤離埃及（譯按：卻基於下述信念而食言）。這些人雖然並未完全自覺、也從未清楚表達，卻都與民眾共享如下信念：國族本身已如此嚴重地分裂成各個階級，而階級鬥爭又是普遍的現代政治生活特徵，因此國家的凝聚力顯然岌岌可危。只要擴張能夠為國家整體帶來某種共同利益，它就再度成了救命靈藥，也正是因為如此，帝國主義者才被允許成為「愛國主義的寄生蟲」。[54]

當然，這樣的希望仍部分屬於古老的糟糕方法，亦即以異國冒險來「治療」國內衝突。然而兩者的差異仍很明顯。冒險事業在本性上受限於時間與空間；它們或許會在克服衝突上取得暫時的成功，即便作為通則來說它們是失敗的，而且容易加深衝突。從一開始，帝國主義的擴張冒險看起來就像是一勞永逸的解決方案，因為人們相信擴張是無限制的。更甚者，帝國主義並非通常意義上的冒險事業，因為它更多建立在看似牢固的經濟利益基礎上，而非民族主義的旗幟之上。在一個充滿利益衝突的社會中，共善就等同於個人利益的總和，因此這樣的擴張看起來可能正是國家整體的共同利益。由於有產階級與統治階級已讓所有人相信，經濟利益與佔有某物的渴望，乃是政治體的合理基礎，因而當一項共同經濟利益出現在人們的視野之中，甚至連非帝國主義政治家們都會被輕易說服而讓步。

這就是為什麼民族主義會如此明顯地朝向帝國主義發展的原因，儘管這兩種原則存在內在矛盾。[55]國族越是在整合異民族（他們自身政治體的體制與該民族相悖）方面遭遇相斥不契，就越

是禁不住要壓迫他們。在理論上，民族主義與帝國主義之間存在著鴻溝；在實踐上，這種鴻溝能夠且已然被部落民族主義與徹底的種族主義所跨越。從一開始，各國的帝國主義者就都宣揚、誇耀他們「超越了政黨」，而且是唯一代表了國家整體的人。尤其對於那些只有很少或沒有海外領土的中東歐國家來說，情況確實如此；在這些地方，暴民與資本的聯盟都發生在母國，並且他們甚至更強烈地憎恨（且更猛烈地攻擊）國家機構以及所有國家政黨。[56]

帝國主義政客對國內議題的輕蔑漠視，在各地都顯而易見，但在英國尤甚。雖然像櫻草花聯盟（Primrose League）這樣「凌駕政黨的政黨」只具有次要的影響力，但帝國主義無疑是兩黨制度退化為前座（the Front Bench）制度（譯按：英國議會中，執政黨與反對黨的主要成員都坐於前排座位的制度）的主要原因，後者導致議會中的「反對力量縮減」，而「對抗下議院的內閣權力」有所增強。[57]當然，這也是作為一項超越黨派與利益之爭的政策來執行的，且執行者宣稱要為國族整體發聲。這樣的語言注定會吸引、誘騙到那些仍保有一點政治理想主義的人。聯合在一起的呼籲，就像是那些總是將各族人民引向戰爭的戰鬥號召；而且沒有人在這普遍而永久的聯合體中，覺察出普遍而永久的戰爭病原體。

政府官員比其他任何團體都更積極地要打造帝國主義的民族主義式形象，而且要為帝國主義與民族主義之間的混淆負上主要責任。民族國家創造了作為永久公務員團體的行政機構，並仰賴於它，這些公務員提供的服務是無關乎階級利益與政府變遷的。他們的職業榮譽與自尊（尤其在

[154]

英國與德國），源自於他們乃是國族整體的公僕。在支持國家獨立於各階級、各派系的要求上，他們是唯一一個直接利害相關的群體。在我們的時代，民族國家的權威深深仰賴於行政機構的經濟獨立與政治中立這件事，已變得顯而易見；國家的衰敗總是始於其穩固行政系統的崩壞，始於人們普遍相信行政官員已不是從國家而是從有產階級那裡領取薪水。在世紀之末，有產階級已變得如此具有統治力，以至於一位國家僱員若還想假裝是在為國家服務，只會顯得荒唐可笑。階級分化將他們遺棄在社會體之外，迫使他們形成自己的小圈子。他們在殖民機構中逃避國族體的解體。通過統治遙遠國度的異族人民，他們能夠比留在母國更好地偽裝成國家的英雄公僕，「其服務榮耀了不列顛種族」[58]。殖民地已不再像彌爾（James Mill）所描述的那樣，僅僅是「為了讓上層階級向外疏散的宏大系統」；殖民地即將成為英國民族主義的支柱，後者在對遙遠國度的支配與對陌生民族的統治中，發現了服務於英國且是完全服務於英國利益的唯一道路。這些殖民機構真的相信，「每個國族的獨特才能都最為清晰地展現在他們如何安置臣屬種族的制度之中」。[59]

實情是，只有遠離母國，一個英國的、德國的或法國的公民，才能夠成為一個純粹的英國人、德國人或法國人。在自己的國家裡，他會深陷於經濟利益或社群忠誠之中，以至於比起本國另一個階級的成員，他可能會對外國與自己同階級的人更感親近。擴張給民族主義帶來新的生命，從而成為國族政治的工具。新殖民社會的成員以及帝國主義聯盟覺得自己「遠離了黨派鬥爭」，而且越是遠離，他們就越是堅信自己「代表的僅僅是國族的意志」。[60]這顯現出歐洲各國

在帝國主義之前的絕望狀態，顯示出它們的政府機構已變得多麼脆弱，而它們的社會系統在面對日益增長的人類生產能力時，又顯得多麼落伍。它們自我維繫的手段同樣也是絕望的，最終，這種補救手段被證明比它無力治癒的邪惡還要更糟。

在每一個徹底的帝國主義政策的產生過程中，都可以看到資本與暴民的結盟。在某些國家，尤其是在英國，這種過於富有者與過於貧窮者之間的新聯盟仍然僅限於海外領土。英國政策這種所謂的偽善，源自英國政治家們的傑出見識，他們在殖民地模式與國內正常政策之間劃了一條清楚界線，從而成功避免了帝國主義對於母國可怕的回彈效應。而在其他國家，尤其是在德國與奧地利，這種聯盟則以泛運動的形式發生在母國，它也以所謂殖民政策的形式，以較輕的程度發生在法國。可以說，這些「運動」的宗旨乃是將整個國族（而不僅僅是其中的「多餘」部分）帝國主義化，並且以某種方式結合國內政策與國外政策，以便組織發動國族，去掠奪海外領土、長久奴役異民族。❶

人們很早就觀察到暴民從資本主義組織中興起的現象，而所有十九世紀的偉大歷史學家們也

❶ 譯註：鄂蘭在此已預告了第八章中「大陸帝國主義」的生成原理，這種思潮尤其發生在殖民地與母國之間缺乏地理距離的奧地利與俄羅斯，在這些地方，民族主義發生了朝向帝國主義的扭曲，而英國則如這裡所說的，藉由區隔成功地避免了殖民地帝國主義對母國的回彈效應。

都認真而憂慮地留意著它的成長。從布克哈特（Jacob Burckhardt）到史賓格勒（Oswald Spengler）的歷史悲觀主義，在本質上就是源自於這種考察。但是只顧著為這種現象悲慟的歷史學家們卻未能看出，暴民不能與成長中的工業工人階級混為一談，當然也不能與全體人民混為一談，它實際上是由各階級中的渣滓所組成。這個合成體使暴民及其代表看起來像是取消了階級差異，使那些身處階級分化的國族之外的人們看起來就像是人民本身（納粹後來會稱之為民族共同體〔*Volksgemeinschaft*〕），而非人民的扭曲與醜化。歷史悲觀主義者們知道，這一新興社會階層在本質上是不負責任的，他們也正確地預見到民主有可能會轉為暴政，而暴君正是崛起於暴民之間，並仰賴暴民的支持。他們所不理解的是，暴民不僅僅是渣滓，而且還是布爾喬亞社會的副產物，它直接由後者製造出來，兩者從未完全分離。出於這一原因，他們未能注意到上流社會日益讚賞底層社會，這一趨勢貫穿了整個十九世紀，也未能注意到上流社會在所有道德問題上都步步倒退，並且越來越偏好其後代們（譯按：即暴民）的無政府犬儒主義。在十九、二十世紀之交，德雷福事件顯示出法國的底層社會與上流社會已密切地交織在一起，以至於人們很難將反德雷福派中的任何「英雄」角色明確歸於任何一邊。

這種親緣關係，這種前輩與後代勾結的狀況，在巴爾扎克的小說中早已有經典的呈現，其預見到了所有經濟、政治以及社會的實踐活動，並讓人們回憶起霍布斯在三百年前勾勒出的新型西方人的那些基本心理特徵。但正是主要由於布爾喬亞在帝國主義之前經歷了危機與蕭條，並從中

[156]

獲得了不少洞見，上流社會才最終做好了準備，要來接受道德準則上的革命性改變，這種改變曾為霍布斯的「現實主義」所建議，如今則再度由暴民及其領袖們所提出。「原始資本累積」的「原罪」還需要附加上其他的罪惡，才能夠維持系統運作，這一事實在說服布爾喬亞擺脫西方傳統的束縛方面，遠比哲學家或底層社會更為有效。它最終誘使德國布爾喬亞拋棄偽善的面具，公然承認它與暴民的關係，並號召後者來保護其財產利益。

頗具意義的是，這本就理當發生在德國。在英國與荷蘭，布爾喬亞社會的發展進行得相對平靜，這些國家的布爾喬亞數百年來也享有免於恐懼的安全與自由。而布爾喬亞在法國的興起則被一場偉大的人民革命所打斷，阻礙了布爾喬亞獨享至高權威。此外，在德國，布爾喬亞晚至十九世紀後半才獲得充分發展，它從一開始就伴隨著工人階級革命運動的成長，後者的傳統幾乎跟布爾喬亞自身的傳統一樣悠久。布爾喬亞階級越是在自己的國家裡感到不安全，當然也就越是禁不住要卸下偽善的重負。在法國，上流社會與暴民的聯姻比在德國更早顯現（譯按：參見第四章的德雷福事件分析），但在這兩個國家卻最終達到了同樣的強度。然而由於其革命傳統以及相對缺乏工業化，法國只產生了一個規模較小的暴民群體，因此法國的布爾喬亞最終被迫要在國界之外尋求幫助，被迫要與希特勒德國結盟。

在各種各樣的歐洲國家裡，無論布爾喬亞之漫長歷史演進的確切性質為何，我們在帝國主義意識形態與極權主義運動中所遭遇的暴民政治原則，都洩露出它與布爾喬亞社會的政治態度（如

果它洗淨了偽善面目，且未因對基督教傳統讓步而受汙染的話）具有驚人的密切關係。在更晚近的時代，暴民的虛無主義態度之所以會在智識上如此強烈地吸引布爾喬亞，是基於一種遠遠超出暴民的實際出身的原則（譯按：即不僅僅是由於暴民本身是布爾喬亞的產物這一事實）。

換言之，因果不一致之所以是帝國主義之誕生的典型特徵，自有其原因。過度累積所創造的多餘財富，需要依靠暴民的幫助來尋找安全而有利可圖的投資；這一機緣推動了一股總是被安置在布爾喬亞社會基本結構中的力量，縱使它被更高貴的傳統、被受祝福的偽善（拉羅希福〔La Rochefoucauld〕稱其為「為贏得美德而不吝恭維的惡習」）所隱藏。同時，只有當脫離了所有原則，且其數量大到超出了國家與社會的照顧能力的一大群人可供利用時，完全無原則的權力政治才玩得起來。事實上，唯有帝國主義政客才能利用這種暴民，也唯有種族學說才能鼓動他們，這使情況顯得好似只有帝國主義才有辦法處理現代重大的國內、社會、經濟問題。

霍布斯的哲學事實上並不包含任何現代種族學說，這些學說不僅煽動了暴民，而且在其極權主義形式中清晰地勾勒出某些組織形式，藉由這些形式，人性執行推動資本與權力累積的無盡過程，直至其自我毀滅的邏輯終點。然而，霍布斯至少為政治思想提供了種族學說的所有必要條件，也就是在原則上排除了國際法中唯一的規範性理念，亦即人性理念。霍布斯假設，對外政治必然會跳脫人類契約，並捲入所有人對抗所有人的永久戰爭，也就是「自然狀態」的法則之中；由此，霍布斯為自然主義意識形態提供了最佳的理論基礎，讓它們得以主張國族即部落，主張各

國族在本性上就是彼此分離，彼此也沒有任何關聯，不知人類團結為何物，他們唯一的共通點，就是與動物世界無異的自我保護本能。人性理念最具決定性的象徵就是人類物種的共同起源，如果人性理念已不再有效，那麼看似最合理的理論就會是：棕皮膚、黃皮膚或黑皮膚種族，乃是遺傳自猿猴中某些跟白皮膚種族不同的物種，而這些物種在本性上就注定要彼此戰爭，直至他們都從地表消失。

如果事實證明，我們的確都被囚禁於霍布斯的無盡權力累積過程之中，那麼對暴民的組織，將不可避免地採取將國族轉變為種族的方式，因為在處於累積過程的社會裡，身處權力累積與擴張過程的個人已喪失了與同胞的所有自然連結，彼此再無聯繫紐帶可言。

種族主義或許的確承載著西方世界的命運，因而或許也承載了整個人類文明的命運。當俄羅斯人成為斯拉夫人，當法國人自詡為黑色力量指揮官（commander of a force noire），當英國人轉變為「白人」，就彷彿敲響了要讓所有德國人變成雅利安人的災難鐘聲，這種轉變將象徵著西方人的終結。因為無論知識淵博的科學家會怎麼說，種族在政治上都不是人性的開端，而是其終結；不是各民族的起源，而是其衰敗，不是人的自然出生，而是他的非自然死亡。

譯者識

作為「帝國主義」部分的開端，本章的核心概念是「擴張」，它既預示了後來極權主義的無限擴張機制，也確立了民族國家的崩解原理。鄂蘭所謂結晶成極權主義的諸元素，在本章中就出現了三個，分別是擴張、民族國家的崩解以及暴民，唯一欠缺的元素種族主義，則構成了後兩章的主要線索。值得注意的是，本章所分析的內容其實構成了「反猶主義」部分討論猶太人與國家之間關係演變的重要背景，正是因為布爾喬亞在帝國主義擴張過程中變得熱衷於政治權力，才讓猶太人原本的國際金融地位逐漸喪失。

本章第一節圍繞擴張與民族國家展開，鄂蘭強調兩者在原則上具有根本性衝突，並比較了英國與法國兩種不同的殖民路線。第二節則是對所謂權力政治的分析，權力政治源自布爾喬亞階級的無限財富累積慾望，而鄂蘭認為霍布斯的思想正是一種布爾喬亞哲學，其中已預示了後來極權主義無限擴張的毀滅性樣態。第三節則從具體的社會經濟條件出發，分析了暴民（多餘之人）與資本（多餘財富）的結合原理，同時為下一章的種族線索埋下伏筆。

值得注意的是，本章的前身〈擴張與權力哲學〉（"Expansion and the Philosophy of Power", 1946）一文，只大體具備前兩節的內容，也就是說，第三節的內容是鄂蘭在正式寫作本書時新寫的章節，從而頗具整合性功能。在章節架構上，本章頭兩節直接開始分析擴張所造成的結果，而第三節則為擴張問題追補了更具體的社會經濟學分析，同時其中聚焦的暴民現象則呼應、接續了本書第四章中初露端倪的一條線索。

第 6 章
種族主義之前的種族思想

Race-Thinking Before Racism

如果種族思想（race-thinking），如人們一度主張的是德國人的發明，那麼在納粹開始進行征服世界這一注定會招致災難的嘗試之前，「德國思想」（無論那是什麼）早已在精神世界的許多區域高唱凱歌。二十世紀三〇年代，希特勒主義之所以會在國際上、在歐洲國家間產生強大的吸引力，是因為種族主義雖然只在德國成為國家學說，卻早已在各處的公眾輿論中成為一股強大的潮流。在一九三九年德國坦克開始那毀滅性的進軍之前，納粹的政治戰爭機器早已在運作了，在政治戰中，種族主義被評價為一種比受僱代理人或第五縱隊（譯按：通敵者）祕密組織更強大的同盟力量。經過了在各國首府差不多二十年的實踐加強，納粹相信他們最好的「宣傳」是種族政策本身，縱然經過許多方面的妥協、違背了許多承諾，但他們從未因權宜之計而偏離此種政策。[1]種族主義並不是什麼新武器或祕密武器，即便它之前從未被如此徹底、如此始終一貫地使用。

歷史的真相是，種族思想深深根植於十八世紀，並於十九世紀同時出現在所有西方國家。自本世紀初以來，種族主義已成為帝國主義政策的強大意識形態。它無疑吸收並復興了種族觀點的一切舊有模式，然而這些模式自身本不足以創造出或蛻變為作為世界觀（Weltanschauung）或意識形態的種族主義。在十九世紀中葉，人們仍是以政治理性的尺度來評判種族觀點：托克維爾在寫給戈比諾（Arthur de Gobineau）的信中如此評論對方的學說：「它們很可能是錯誤的，而且無疑是有害的」。[2]直至十九世紀末，人們才將尊嚴與重要地位賦予了種族思想，彷彿它已成為西

方世界的一項主要精神成果。3

在「瓜分非洲」的災難時日之前，種族思想都還只是普遍的自由主義框架下的眾多自由觀點之一，它們要彼此論辯、爭鬥以贏得公眾意見贊同。❶ 4 其中只有一部分觀點成為成熟的意識形態，亦即建立在單一觀點之上的系統，該觀點足夠強大，能夠吸引、說服大部分人，也足夠普遍，能夠在現代日常生活的各種經驗與情境中指導人們。意識形態與純粹觀點的差別在於，前者不是宣稱它握有歷史的鑰匙、「宇宙所有謎題」的解答，就是宣稱它完全通曉那被認為統治著自然與人的隱祕宇宙法則。在說服大眾的困難競爭中贏得優勢地位的意識形態並不多，其中又只有兩種得以登峰造極，並在根本上擊敗所有的對手：一種將歷史詮釋為各階級間的經濟鬥爭，另一種則將歷史詮釋為各種族間的自然鬥爭。這兩者都對大量群眾產生了強烈的吸引力，從而讓它們獲得國家支持，並成為國家的官方學說。但是自由的公眾輿論對它們接納到了此等地步，以至於如果有人要提出過去或當前與這兩種觀點不一致的任何事實，那麼不僅是知識份子，連廣大民眾也不會接受，這種情形已遠遠不是這兩者業已發展為強制性思想的說法足以解釋。

我們時代的主要意識形態之所以會蘊含巨大的說服力量，這並非偶然。要產生說服力，就要

❶ 譯註：本章曾在一九四四年作為單篇論文刊登，而在該版本中，此處本來有兩段討論意見持有者的古代模式與現代模式的差異，這方面的討論被部分改寫進本書第一章論及真理與意見的段落中。

訴諸經驗或欲望，換言之，就是要訴諸政治需求。在這些問題上，合理性既非來自科學事實，就如達爾文主義的各種流派想要我們相信的，也非來自歷史法則，就如歷史學家們在探索文明興衰法則時假裝發現的。每一種成熟意識形態之創造、延續、提升，都是作為一種政治武器，而非作為一種理論學說。的確，有時候（種族主義的情形就是如此）一種意識形態會改變其原初政治意義，但若不與政治生活直接關聯，則我們就無法想像任何一種意識形態。它們的科學面向是次要的，這一面向首先源自於人們渴望提供滴水不漏的論證，其次則是由於它們的說服力同樣俘虜了科學家，他們不再對自己的研究結果感興趣，而是匆匆離開實驗室，跑去向大眾宣講他們對生活與世界的新詮釋。[5]今日任何一門科學的分類系統中都少不了種族思想的深入滲透，這件事更應該歸咎於這些「科學」宣講者，而非科學發現。這也使得歷史學家錯將某些語言學或生物學研究結果，視作種族思想的起因而非後果，[6]而其中有些歷史學家已禁不住要主張科學應為種族思想負責。真相恐怕恰好相反。事實上，強權即正義的學說花費了數百年的時間（從十七世紀到十九世紀）才得以征服自然科學，並生產出適者生存的「法則」。再舉一個例子，如果說邁斯特（Joseph de Maistre）與謝林（Friedrich Schelling）有關野蠻部落係早先民族的衰敗殘餘的學說，既契合十九世紀的政治路線，也符合進步理論，那麼我們同時卻很可能根本沒聽說過什麼「原始人」的事情，也沒有科學家會浪費時間去尋找猿猴與人類之間的「失落環節」。我們與其責備這種科學，還不如責備某些科學家，他們被意識形態催眠的程度，並不亞於其公民同胞。

種族主義乃是帝國主義政治的主要意識形態武器，這一事實如此顯而易見，以至於許多研究者彷彿是乾脆避而不談這種老套說法。反倒是一種舊有的錯誤認識則仍然盛行，這就是將種族主義視為誇大的民族主義。許多有價值的研究著作（尤其是在法國）已經證明，種族主義不僅是一個全然不同於民族主義的現象，而且還有摧毀國族政治體的傾向，然而這些著作卻被普遍忽視。種族思想與階級思想為統治現代人的頭腦而展開了驚世大戰，一些見證此現象的人，在其中一方中看到國族潮流，在另一方中看到國際潮流，並且相信一方是為了國族戰爭做思想準備，另一方則是為內戰服務的意識形態。這種看法是可能的，因為第一次世界大戰正是舊有國族衝突與新興帝國主義衝突的奇特混合物，其中舊有的國族旗幟仍比所有帝國主義目標都更強烈地吸引相關國家的大眾。然而在最近那次戰爭（譯按：即二戰）中，傀儡政權（Quislings）與協力者（collaborationists）滿天下的現象業已證明，種族主義可以在每一個國家引發內部衝突，它是為發動內戰而發明的最巧妙的手法之一。

真相乃是，種族思想進入活躍的政治舞台時，歐洲人已準備好且在一定程度上實現了新的國族政治體。從一開始，種族主義就深思熟慮地繞開了所有的國族疆界，無論疆界是由地理、語言、傳統還是其他任何標準所界定，或由類似的國族政治所界定。歐洲國際秩序的發展伴隨著一個始終存在的陰影，它最終成長為摧毀這些國家的強大武器；這種陰影不是階級思想，而是種族思想。在歷史上，種族主義者在愛國方面的負面紀錄，比其他所有國際意識形態加起來的結果還

更糟糕；也只有種族主義者始終否定那種各族人民的國家組織賴以建立的偉大原則，亦即由人類理念所保衛的各民族平等、團結的原則。

一、貴族「種族」對抗公民「國族」

在十八世紀，法國對於與自己最不同、最陌生乃至野蠻的民族的興趣不斷增長。在這個時代，人們欣賞、模仿中國繪畫，《波斯人信札》（*Lettres Persanes*，譯按：法國啟蒙思想家孟德斯鳩的名作）是該世紀最著名的作品之一，最受社會歡迎的讀物則是旅行報導。野蠻、未開化民族的誠實與純樸，與文明世界的世故與輕浮恰成對照。早在十九世紀大幅拓展的旅行機會將非歐洲世界引入每個普通公民家庭之前，十八世紀的法國社會就已嘗試要在精神上理解那些遠離歐洲疆域的各種文化、眾多國家。對於「人類新樣本」（赫爾德）的巨大激情，填滿了法國人革命英雄們的心胸，他們與法蘭西國族要在法國的旗幟下解放所有膚色的人民。這種對於陌生異國的激情在博愛的使命中臻於頂峰，因為它乃是由這樣一種慾望所激發：要在每一個令人訝異的新「人類樣本」中，證明拉布魯耶（La Bruyère）的古老格言：「無論在何種環境條件下，都存在理性。」

我們正是必須將那些後來發展成摧毀國族、滅絕人性的種族主義力量的病原體，溯源到這個創建國族的世紀、這個熱愛人性的國家。[7] 值得注意的是，第一位設想不同血統的不同民族如何

在法國共存的作者，同時也是第一位創立明確階級思想的人。德・布蘭維勒伯爵（Comte de Boulainvilliers），這位在十八世紀初寫作、死後其作品才得以出版的法國貴族，他將法國歷史詮釋為兩個不同民族的歷史，其中一個民族擁有日耳曼血統，它征服了更古老的居民「高盧人」，將自己的法律施加於他們身上，並奪取了他們的土地，以統治階級與貴族的身份定居下來，它所享有的至高權利建立在「征服者的權利」之上，建立在「永遠必須服從最強者」上。[8] 布蘭維勒之所以要發明一些論述，主要是為了對抗崛起的第三等級及其代言人（由文人與法律人所組成的新團體）的政治力量，但他同時也必須與君主鬥爭，因為法國國王不再想要身為代表貴族的首席貴族，而是想要代表國族整體；在國王身上，新興階級曾一度找到它最強有力的保護人。為了替貴族重獲那無可爭辯的優先地位，布蘭維勒建議他的貴族同胞否定法國人民的共同起源，打破國族統一體，並主張一個原初的、從而是永恆的區分。[9] 布蘭維勒比許多後來的貴族捍衛者更加大膽，他否定了與這片土地的任何命定連結；他讓步地承認「高盧人」（Gaules）在法國居住了更久，而「法蘭克人」（Francs）則是陌生人與野蠻人。❶他的學說完全建立在征服者的永恆權利之上，並且毫無困難地主張「菲士蘭（Friesland）乃是法蘭西國族真正的搖籃」（譯按：菲士蘭位

❶ 譯註：在古羅馬時代，今法國土地上生活著所謂的「高盧人」，而在羅馬帝國崩解之後，原本生活在北方的日耳曼人（尤其是其中的「法蘭克人」）入侵，與「高盧人」融合、形成了現在的法國人；由於當時日耳曼人進入了現今多個西歐國家內，因此也就衍生出了後面會提及的國際貴族聯盟說。

於今荷蘭境內，是日耳曼人的早期居住地之一）。在帝國主義式種族主義實際發展出來之前的數百年，他僅僅依循概念的內在邏輯，就得以從現代意義上看待法國本土的原住民，或是以他自己的用語來說，是從「臣民」的意義看待他們：他們並不是國王的臣民，而是從征服者民族那裡繼承了優越地位的所有人的臣民，是根據與生俱來的權利就能夠被稱作「法國人」者的臣民。

布蘭維勒深受十七世紀的強權即正義學說的影響，而且他無疑是當時最忠實的史賓諾莎（Baruch Spinoza）信徒之一；他曾翻譯史賓諾莎的《倫理學》（*Ethics*），還分析過《神學政治論》（*Traité théologico-politique*）。在他接受、應用史賓諾莎政治觀念的過程中，力量（might）被轉化為征服，而征服則在眾人、眾民族的自然特質及人間特權方面，扮演獨一無二的仲裁角色。在此，我們或許能夠探查出強權正義學說之後將經歷的自然主義轉型的最初軌跡。這並非毫無根據，布蘭維勒乃是當時出類拔萃的自由思想家，他對天主教會的攻擊並不僅僅是出於反教權主義而已。

然而布蘭維勒的理論處理的仍然是民族（peoples），而非種族（races）；它將高等民族的權利建立在征服這一歷史業績之上，而非建立在一項物理事實之上，即便該歷史業績已經影響了被征服民族的自然特質。它在法國內部發明了兩個不同的民族，以便反制新的國族理念，後者在某種程度上由君主專制與第三等級的聯盟所代表。在國族理念尚被視為新穎、富有革命性，並且還未像它在法國大革命時那樣顯示出與政府的民主形式關聯密切的時候，布蘭維勒就已是一位反國

族（antinational）者。❶布蘭維勒為他的國家籌備好了內戰，卻不知道內戰意味著什麼。許多貴族不將自己視作國族代表，而是自視為一個獨立的統治階級，認為比起本國同胞，自己與身處「同樣的社會與條件」下的異民族有更多相同之處。這些反國族潮流在流亡貴族的環境中發揮其影響力，並最終在十九世紀後期被新興的、公開的種族主義學說所吸收。

一直要到法國大革命爆發，大量法國貴族被迫流亡德國、英國之時，布蘭維勒的這些觀念才開始顯出它們作為政治武器的威力。與此同時，他對法國貴族的影響力仍長盛不衰，這一點可以從另一位杜布阿・南塞伯爵（Comte Dubuat-Nançay）的著作中看出，[10]後者甚至想要將法國貴族與其歐陸兄弟更緊密連結。在法國大革命前夕，這位法國封建制度的代言人感到極度不安，因而寄望於「創建某種蠻族血統貴族的國際聯盟」，[11]而且由於唯一可以指望提供幫助的是德國貴族，於是連法蘭西國族的真正起源也被假定與德國一致（譯按：兩者的起源皆被視為日耳曼貴族）；法國的低等階級雖然早已不是奴隸，卻並非生而自由，而是要通過解放、通過那些生而自由者即貴族們的恩典，才得以自由。❷若干年後，法國流亡者還試圖打造一個貴族國際聯盟，以阻擋那

❶ 譯註：布蘭維勒在同一個國家中發明出兩個不同的民族的想法，正與後來倡導國家由單一民族構成的「國族」理念相悖反，而國族理念在法國大革命之後則與人民主權產生明確的關聯。

❷ 譯註：在此，種族與國族的關係頗為複雜，簡言之，從貴族的角度來說，是日耳曼人這種跨國「種族」進入法國後，構成了法蘭西「國族」的起源，而從第三等級或後來的法國大革命者的角度來說，則是法國國內的全體（大多數）國民構成了法蘭西「國族」。後一種是鄂蘭筆下的正統國族，而前一種則是實為反國族的種族式國族。

些他們視為異族奴隸者的反叛。而且雖然其中比較具體的實踐經受了瓦爾密戰役（譯按：確立法國大革命對外勝利的一場戰役）的驚人災難，但是流亡貴族仍不承認失敗，像是在一八〇〇年左右以「高盧羅馬人」對立於日耳曼人的維利耶（Charles de Villiers），還有在十年後夢想建立一個由所有日耳曼人民共組之聯邦的阿爾特（William Alter）。[12]他們很可能從不覺得自己是叛國者，他們深信法國大革命就如基佐（François Guizot）很久之後的評論所述，乃是一場「異族人民之間的戰爭」。

在不那麼動盪的時代裡，布蘭維勒尚能以帶著平靜的公正態度將貴族的權利完全建立在征服者的權利之上，而未直接貶低被征服民族的本性，然而蒙特羅西耶伯爵（Comte de Montlosier）這位頗為可疑的法國流亡貴族，卻公然表達他對這個「起源於奴隸……混合了所有種族與所有時代的新民族」的蔑視。[13]時代顯然已經改變，而不再屬於未被征服種族的貴族也不得不改變。他們放棄了布蘭維勒、甚至孟德斯鳩都十分珍惜的舊觀念，亦即只有征服——包含武器與財富——決定人們的命運。貴族在意識形態上的瓦爾密戰役（譯按：法國大革命擊退國外入侵者的關鍵性戰役）也到來了：西耶斯（Abbé Siéyès）在他著名的小冊子中告訴第三等級，要「將所有繼續假裝繼承自征服種族並繼承其權利的家族，都送回法蘭克森林裡去」。[14]

在早先階段，法國貴族在與布爾喬亞的階級鬥爭中，發現他們屬於另一個國族，有著另一種系譜學起源，並且與某種跨國階級（international caste）之間的連結，比法國土地更為密切；頗

為奇特的是，自此之後，所有法國的種族理論都支持日耳曼主義，或至少支持北歐民族在對抗本國國人時的優越地位。如果說支持法國大革命的人在心靈上認同自身為羅馬人，這不是因為他們要以第三等級的「拉丁主義」來對抗貴族的「日耳曼主義」，而是因為他們覺得自己是羅馬共和的精神繼承者。這種與貴族的部落式認同相反的歷史主張，或許是阻止了「拉丁主義」成為種族學說的原因之一。無論如何，雖然聽起來很弔詭，但事實上，法國人比德國人或英國人更早主張日耳曼優越論這一固定觀念。[15] 一八〇六年普魯士戰敗之後，為了對抗法國人而誕生的德國種族意識也並未改變法國的種族意識形態進程。在十九世紀四〇年代，蒂埃里（Augustin Thierry）仍然堅持將階級與種族等同，並區分「日耳曼貴族」與「凱爾特布爾喬亞」。[16] 而另一個貴族，雷穆薩（Rémusat）伯爵則歌頌歐洲貴族所具有的日耳曼血統。最終，戈比諾伯爵將一個已經被法國貴族廣為接受的觀點發展為一套成熟的歷史學說，他宣稱自己已經洞察文明興衰的祕密法則，並已將歷史提升到自然科學的威嚴地位上。種族思想在他手上完成了第一階段，並開始其第二階段，後者的影響直到本世紀二〇年代仍然存在。

二、以種族統一替代國族解放

在舊普魯士軍隊被拿破崙擊敗之前，德國並未發展出種族思想。它的興起更多要歸功於普魯

士愛國者與政治浪漫主義，而非貴族及其代言人。❶種族思想的法國分支乃是服務於內戰、用於割裂國族的武器，而德國種族思想則是基於團結人民來對抗外國支配的意圖被發明出來的。其始作俑者們並不尋求超出國界外的聯盟，而是想要在人民身上喚起共同起源的意識。這實際上就排除了貴族及其臭名昭著的世界主義式關係網（cosmopolitan relations），然而比起其他歐洲貴族，容克貴族本就更少以這種關係網為特徵；無論如何，它避免了將這種種族思想建立在最具排他性的階級之上。

由於在統一多個德意志邦國的嘗試上長期遭遇挫敗，德國種族思想在早期階段仍與更普遍的國族情感密切相連，以至於很難去區分純然的民族主義與明確的種族主義。人們用今日所知的種族主義語彙，來表達無害的國族情感，甚至連那些將二十世紀的德國種族主義視為獨特的德國民族主義語言的歷史學家，也被奇怪地誤導了：他們把納粹主義錯當作德國民族主義，從而讓人們嚴重低估了希特勒式宣傳的國際吸引力。要直到一八七〇年德國統一真正實現，且德國種族主義與德國帝國主義得到充分發展之後，德國民族主義的這些特殊條件才有所改變。然而，德國種族思想的重要特徵中，仍有不少是從早先階段留存下來的。

❶ 譯註：在普魯士於一八七〇年統一德國之前，中歐德語區（大體為舊神聖羅馬帝國疆域）主要有普魯士與奧地利這兩個大國，以及許多小邦國。一八〇六年，拿破崙擊敗了普魯士，並佔領其大部分領土，從而首次激起了德意志民族主義的思潮，也就是鄂蘭在本節所說的為抵抗外國支配而發明的民族主義。

與法國相反，普魯士貴族感到他們的利益與君主專制密切相連，而且至少從腓特烈二世時代以來，他們就希望被承認為國族整體的合法代表。除了普魯士改革（一八〇八年到一八一二年）的那幾年，普魯士貴族並不害怕可能圖謀掌權的布爾喬亞階級之興起，也沒有為中產階級與統治家族之間的聯盟感到恐懼。儘管改革者們多方努力，但普魯士國王直到一八〇九年仍是國家最大的地主，並且仍維持首席貴族的身份。因此，種族思想是在貴族之外發展為某些民族主義者的武器，這些民族主義者想要統一所有說德語的人，因此主張共同起源論。他們尤其反對普魯士容克貴族的排他性統治，在此方面他們可稱得上是自由主義者。只要這種共同起源是由共同語言來界定，就很難稱其為種族思想。[17]

值得注意的是，要到一八一四年之後，人們才開始頻繁使用「血緣關係」、家族紐帶、部落團結、純淨血統等語彙來描述這種共同起源。這些界定方式幾乎同時出現在天主教的戈雷斯（Josef Goerres），以及像阿恩特（Ernst Moritz Arndt）、雅恩（F. L. Jahn）這樣的民族主義自由派的書寫中，它們見證了希望在德國人民身上喚起真正國族情感的徹底挫敗。由於未能將民族提升至國族地位，由於缺乏共同的歷史記憶，以及明顯對未來的共同命運抱持普遍反感，自然主義的吸引力開始產生，它訴諸的是部落式本能（tribal instincts），以便去替代全世界都已見證的法國

式國族地位的輝煌力量。❶人們需要用國族統一（national unity）的意識形態定義，來替代政治國族（political nationhood），因而發明出主張「每個種族都是一個獨立、完整的整體」的有機歷史學說。[18]正是民族主義的挫敗，導致阿恩特主張德國人顯然是發展為有機統一體的最後一群人，因此有幸成為純粹不雜的種族、一個「真正的民族」（a "genuine people"）。[19]

用有機自然主義來定義各民族，乃是德國意識形態與德國歷史主義的顯著特色。儘管如此，他們依然不是實質上的種族主義者，因為使用這些「種族」語彙的人仍抱持真正的國族理念核心，即所有民族的平等。從而在比較各民族法律與動物生存法則的同一篇文章中，雅恩主張各民族具有真正的平等多元性，且唯有這一多元狀態保持完整，人類理念才得以實現。[20]而日後強烈同情波蘭與義大利的國族解放運動的阿恩特，則大聲疾呼：「任何鎮壓、統治異民族者都應該受到詛咒。」[21]由於德國的國族情感不是真正國族發展的結果，而毋寧是對外來佔領的反應，[22]就使得其國族學說具有一種獨特的消極特質，它注定要建起一道環繞其人民的城牆，以替代那些無法在地理或歷史上清楚界定的邊界。

如果說在法國貴族政治的早期形式中，種族思想是為了分裂內部而發明的工具，並變成一種

❶ 譯註：鄂蘭認為法國式的國族是以自由平等的觀念為前提，而未能實現這種國族的德國人則轉而訴諸更接近原始部落的血緣、種族等生理因素，以塑造德意志民族／種族本為有機整體的凝聚力；在鄂蘭的架構下，這兩者存在人文主義與自然主義的對立。

內戰的武器，那麼德國種族思想的這種早期形式，就是為了內部國族統一而發明的武器，並最終成了國族戰爭的武器。如果不是第三共和國的敵人使它復活，則作為法蘭西國族之重要階級的法國貴族的衰落，本已使這一武器變得毫無用處（譯按：此呼應德雷福事件，可參看本書第四章）；同樣地，若不是現代帝國主義的籌劃者想要復活它，以便吸引人民、並以民族主義的體面外觀掩飾他們的醜惡嘴臉，那麼隨著德國國族統一的完成，有機式的歷史學說也本該失去意義。不過上述說法並不適用於德國種族主義的另一個源頭，它雖然看似遠離政治舞台，卻對後來的政治意識形態發揮了更加強大的真實影響。

人們早已指責政治浪漫主義是種族思想的發明者，正如它也已被、或可能被指責為任何一種不負責任觀點的發明者。在現代思想的普遍遊戲態度中，幾乎任何觀點都能獲得一個暫時的根據，繆勒（Adam Mueller）與施萊格爾（Friedrich Schlegel）正象徵這種態度的最高層次（譯按：兩人皆為十九世紀初德國浪漫主義代表人物）。在擁抱一切、毀滅一切的狂熱中，沒有任何真實事物、任何歷史事件、任何政治理念是安全的，而這些早期文人向來可以憑藉這樣的狂熱，尋找新的原創機會，來發明新鮮、令人著迷的觀點。「世界必須被浪漫化」，諾瓦利斯（Novalis）如是說；他想要「為尋常之物帶來更高的意義，為平凡事物施加神祕的樣貌，為眾所周知之事賦予未被發掘的尊嚴」。[23]被浪漫化的對象之一正是人民，這一對象可以在一瞬間轉變為國家、家族、貴族，或任何其他事物；在早期階段，這些事物會是與某位知識份子的心靈偶然相遇的對象，而

在他們年齒稍長，略知日常生計之事後，則會是某位恩主剛好有所需求的某樣東西。[24] 整個十九世紀驚人地充斥著自由競爭的各種觀點，如果要研究它們的發展，就幾乎不可能不觸及德國浪漫主義。

這些最初的現代知識份子所醞釀的，與其說是任何單一觀點的發展，更毋寧是現代德國學者的普遍心靈狀態；之後這些人不只一次證明了，只要唯一的現實（這是連浪漫主義者都無法忽視的），也就是攸關他們地位的現實陷入危機，那麼幾乎沒有什麼意識形態是他們不願意屈服的。浪漫主義憑藉它對個體「個性」無節制的偶像化（其任性恰恰成為了天才的證據），為這種特殊行為提供了最出色的藉口。任何能夠服務於所謂個體創造力，亦即服務於其「想法」全然任性之遊戲的事物，都能夠變成整個人生觀與世界觀的中心。❶

內在於浪漫主義式個性崇拜中的這種犬儒主義，使知識份子的某些現代態度得以出現。其最貼切的代表者正是墨索里尼這位該運動的最後繼承者之一：他將自己同時描述為「貴族派與民主派、革命與反革命、無產階級與反無產階級、和平主義者與反和平主義者」。浪漫主義無情的個

---

❶ 譯註：值得注意的是，鄂蘭在此重點參考了德國著名政治思想家卡爾・史密特（Carl Schmitt）《政治浪漫派》一書。一度成為納粹桂冠法學家的史密特向來極具爭議性，他早年撰寫的這本小書批評了浪漫派脫離政治現實、停留於無限可能的趨向，並為他那以決斷為核心的政治神學奠定了理論基礎。鄂蘭與史密特的政治思想有根本性的分歧，而兩人在批評德國浪漫派方面的立場一致性，頗值得玩味。

人主義，除了「每個人都有創造自己意識形態的自由」外，就再也沒有更嚴肅的意義了。墨索里尼實驗的新穎之處在於，他「用盡一切可能的力量來實現它」。25

由於這種固有的「相對主義」，浪漫主義對於種族思想的直接貢獻幾乎可以被忽略不計。在這無政府式的遊戲中，其規則是允許每個人在任何時間都至少可以提出一種個人且任意的觀點，此時幾乎肯定會出現的情況就是，每一種我們想像得到的觀點都會被構想出來，並堂而皇之地公諸於世。遠比這種混亂狀態更具代表性的想法，是從根本上就相信個性本身乃是終極目的。在德國，貴族與新興中產階級的衝突從未在政治舞台上發生，因此人們發展出個性崇拜，這是唯一至少還能獲得某種社會解放的手段。國家統治階級坦率地顯露出蔑視商業活動的傳統態度，並表示即便商人的財富與地位不斷增長，它也不願與其結盟，因此要贏得某種自尊絕非易事。在德國經典成長小說（Bildungsroman）《威廉・麥斯特》（*Wilhelm Meister*）中，出身中產階級的主角就是由貴族與演員來進行教育，因為布爾喬亞在社會中是沒有「個性」的，這一案例充分展現了此種處境的無助。❷

德國知識份子雖然很少為了自己所屬的中產階級推動政治鬥爭，但為了爭取社會地位，卻不憚於進行痛苦的戰鬥（且不幸頗為成功）。甚至那些曾寫文章為貴族辯護的人，也在涉及社會等

❷ 譯註：這種對「個性」與教育的推崇，可對照本書第三章有關啟蒙時代的猶太人的討論。

級問題時，發覺這攸關自身的利益。為了跟與生俱來的權利與身份競爭，他們創造出「先天個性」（innate personality）這種新概念，以爭取布爾喬亞社會內部的普遍支持。就像繼承自古老家族的貴族頭銜一樣，「先天個性」生來即備，非後天成就所得。正如在形塑國族一事上，人們用自然主義的有機發展概念來克服共同歷史的缺乏，而在社會領域中，若政治現實拒絕提供頭銜時，就改由自然本身來提供。自由派作家們很快就自誇為「真正的貴族」，以與破敗的男爵頭銜或其他無關緊要的頭銜分庭抗禮，並暗示他們的天生特權，比如「力量或天賦」，不能被溯源到任何具體的人為功業。[26]

這種新的社會概念所提出的區分方式馬上就被人們肯認了。在社會反猶主義的長期階段裡，它引導人們發現了猶太仇恨可作為一種政治武器。在這一階段中，區分普通商人的行為與其猶太同行的，正是後者缺乏「先天個性」、生來機智不足、缺乏先天創造力，並且生來就有商賈氣等等。布爾喬亞狂熱地試圖召喚自身的某種驕傲，來對抗容克貴族的階級傲慢，卻不敢挺身爭奪政治領導權，打從一開始，與其說他們有意輕視的是本國的下層階級，不如說他們是輕視是其他民族。這些嘗試中，最有意義的乃是布倫塔諾（Clemens Brentano）的一部文學小作品，[27]該作品是為一個厭惡拿破崙的俱樂部而寫，並在那裡宣讀，這個俱樂部的成員在一八〇八年以「基督—德意志聚餐會」（Die Christlich-Deutsche Tischgesellschaft）的名義聚集。布倫塔諾機智詼諧地指出，「先天個性」、溫良個體跟「市儈」（他直接等同為法國人及猶太人）存在矛盾。此後，貴族

貶斥為典型布爾喬亞風格的那些特質，德國布爾喬亞都會試圖將之歸給其他民族：首先是法國人，接著是英國人，且猶太人總是名列其中。至於「先天個性」天生具有的那種神祕特質，德國布爾喬亞則就像真正的容克貴族那樣，主張它為自身所有。

在此狀況下，雖然貴族的標準影響了種族思想的興起，但容克貴族本身卻很少對於這種心理狀態的形成有什麼貢獻。這時期唯一發展出一套政治理論的容克貴族是馬維茨，他從未使用種族主義的概念。根據他的說法，各國族藉由語言（一種精神上而非物質上的差異）來進行區隔，而且即使他強烈反對法國大革命，但是面對一個國族有可能侵犯另一個國族的情況，他卻說出跟羅伯斯比類似的話：「意圖擴張其邊界者，應當被視作整個歐洲諸邦共和國（the whole European republic of states）的叛徒」。[28] 繆勒主張純正血統乃是貴族的試金石，而哈勒（Ludwig von Haller）在主張弱者應該被強者支配乃是自然法則時，則偏離了有權力者統治被剝奪權力者這一明顯事實。當貴族聽說自己對權力的侵占不僅是合法的，而且還符合自然法則，自然會熱烈支持，而這種布爾喬亞式界定的後果之一，就是在整個十九世紀，貴族甚至比以往更加嚴格地避免「門不當戶不對的婚姻」（mesalliances）。[29]

德國民族主義者在一八一四年的戰爭期間及之後，構想出了這種將共同部落起源視作國族地位之本質的主張，而浪漫主義則強調先天人格與天生貴族，這些都在智識上為德國的種族思想鋪好了道路。前一種觀念中產生了有機式的歷史學說及其自然法則；後一種觀念則在十九世紀末催

生了天生就注定要統治世界的怪異超人模型。只要這些潮流仍只是平行發展，它們就只不過是逃避政治現實的暫時手段。但一旦它們接合在一起，就會形構出成熟種族意識形態的基礎。然而這最初並未發生在德國，而是發生在法國，且完成它的並不是中產階級知識份子，而是一個擁有不凡秉賦卻屢受挫敗的貴族：戈比諾伯爵。

三、歷史的新鑰匙

一八五三年，戈比諾伯爵出版了《人類種族不平等論》（*Essai sur l'Inégalité des Races Humaines*），僅僅在約莫五十年後的世紀之交，這部著作就成為種族理論歷史的標準參考書。這部四卷本著作的第一句話寫道：「文明的衰落是所有歷史現象中最顯著的，同時也是最晦暗不明的。」[30]清楚揭示出作者基本上頗為新穎、現代的旨趣，也揭示出瀰漫全書的一種全新的悲觀論調，這是一種足以統合以往所有因素、所有衝突觀點的意識形態力量。自遠古以來，人類確實就想要盡可能地了解各種過去的文化、衰亡的帝國、消逝的民族；但是在戈比諾之前，還從未有人想過可以在任何地方的文明興衰中，都發現某種單一原因、單一力量。衰落學說似乎與種族思想之間存在某些密切連結。另一個早期的「種族信徒」迪斯雷利同樣為文化衰落現象所吸引，這當然並非偶然，而在另一方面，黑格爾的哲學雖然有很大部分涉及歷史發展的辯證法則，卻從未對

這樣的文化興衰問題、或對能夠解釋民族衰亡的法則感興趣：戈比諾所論證的正是這樣的法則。這位歷史學家並未受到達爾文主義或其他演化理論的影響，他自誇已將歷史引入了自然科學的大家族之中：他在所有事件的進程中洞見了自然法則，將所有的精神表達或文化現象，都還原為某種「可以借助精確的科學讓我們的眼睛看見、耳朵聽見、雙手觸碰」的事物。

這個理論最令人訝異的面向在於，雖然是在樂觀的十九世紀中葉提出，作者卻深受文明的衰落所吸引，而很少關心其興起。在寫作該書的時候，戈比諾也很少考慮到他的理論有可能會被當作現實政治中的武器，因此他仍敢於描畫出內在於衰落法則的凶險後果。與僅僅預言西方文化之衰落的史賓格勒（Oswald Spengler）相反，戈比諾以「科學的」精確性，預見人（Man，或用他自己的話來說，就是人類種族）必定將從地球表面消亡。他如此總結這四卷的人類歷史書寫：「人們很難不將人類對地球的統治，設定一個一萬兩千年到一萬四千年的總體時段，其中分為兩個階段：已經過去的第一階段是青年期……而第二階段已經開始，並將見證朝向衰老的墜落過程。」

我們可以觀察到，比尼采還早三十年的戈比諾已經開始關注「沒落」（décadence）的問題。[31] 但他們仍然存在這樣的差別：尼采對歐洲沒落擁有基本體驗，他寫作時正跟法國的波特萊爾（Charles Baudelaire）、英國的斯溫伯恩（Algernon Swinburne）、德國的華格納（Richard Wagner）一起經歷這種沒落運動的頂峰；而戈比諾則並不了解現代「厭世」（taedium vitae）之多樣性，而

且應當被視為布蘭維勒與法國流亡貴族的最後繼承者，他並沒有複雜的心理問題，而僅僅是情有可原地為貴族階層的命運感到恐懼而已。他帶著某種天真，幾乎原原本本地接受了十八世紀有關法國國族起源的學說：布爾喬亞是高盧—羅馬奴隸的後裔，貴族則是日耳曼人的後裔。[32]他在主張貴族的國際化特質時，情況也是如此。某些事實揭示出其學說更為現代的面向，這就是他有可能是個冒名頂替者（他的法國貴族頭銜頗為可疑），他擴大並過度延伸了舊有學說，使其荒謬變得更赤裸裸；他宣稱自己的身世系譜可以跨越斯堪地納維亞海盜、直達奧丁：「我也屬於眾神的種族。」[33]但他真正的重要性，乃是在進步意識形態的潮流中預見了厄運，預見了慢性自然災難下的人類終結。當戈比諾在布爾喬亞國王路易．菲利普時代開始寫作，貴族的命運看起來就已經注定。貴族不再需要恐懼第三等級的勝利，因為它已然發生，他們也只能抱怨而已。如戈比諾所表達的，他們的悲痛有時十分接近頹廢詩人的偉大絕望，後者在數十年後會為所有人間事物（比如舊歲之雪〔les neiges d'antan〕譯按：典出法國中世紀詩人維庸）的脆弱而歌唱。如果這僅僅關乎戈比諾自己，那麼這種親緣性就十分偶然；不過值得注意的是，這種親緣性一旦被建立起來，就讓本世紀初那些非常值得尊敬的知識份子們，比如法國的德雷福（Robert Dreyfus）、德國的湯瑪斯．曼（Thomas Mann），禁不住要認真對待這位奧丁後裔。早在恐怖與荒謬之物滙集為人性難以理解的混合物（它已成為本世紀的標誌）之前，那荒謬就已失去了讓人捧腹大笑的力量（power to kill）。

戈比諾姍姍來遲的名聲也要歸功於這種獨特的悲觀心境，歸功於十九世紀最後幾十年間盛行的絕望。然而，這並不意味著他自身就是「死亡與貿易的歡樂舞蹈」（康拉德語）世代的先行者。他既不是相信商業的政治家，也不是歌頌死亡的詩人。他只是落敗貴族與浪漫主義知識份子的奇特混合體，幾乎是偶然地發明了種族主義。他發現自己不能只是簡單地接受法國內部存在兩個民族這樣的舊有學說，而且就業已轉變的形勢來看，他也不得不修正最優秀者必然位居社會頂端的舊式路線。他不得不痛心地悖反他的老師們的說法，解釋為什麼貴族作為最優秀的人，卻甚至無法期待重獲先前的地位。他一步一步地將自己階層的衰落等同為法國的衰落、西方文明的衰落，乃至整個人類的衰落。於是他提出了那個讓後世作者、傳記家激賞萬分的發現，這就是文明的衰落要歸因於種族的退化，而種族的衰敗則要歸因於混血。這意味著在每一次混血中，低等種族總會佔據上風。這種主張雖然自本世紀初以來幾乎已是老生常談，卻並不契合戈比諾同時代人的進步主義思想，後者很快就擁抱了另一種定見，即「適者生存」。勝利的布爾喬亞懷抱自由主義的樂觀心態，想要一個新版本的強權理論，而非歷史的鑰匙或不可避免之衰敗的證明。戈比諾為了贏得更多聽眾，徒勞地試圖援引美國黑人議題，或取巧地將其整個系統建立在白人與黑人的基本衝突之上。他必須再等上五十年才能在菁英人士間獲得成功，而他的著作則要到第一次世界大戰以及伴隨而來的那一波死亡哲學，才得以廣泛普及。[34]

戈比諾在政治中實際尋求的，是定義、創造出「菁英」，以取代貴族。他所提出的不是君

王，而是一個「王的種族」（race of princes），亦即雅利安人；他認為雅利安人正處於被低等的非雅利安各階級通過民主方式吞噬掉的危險之中。種族的概念使人們有可能把德國浪漫主義所說的具「先天個性」者組織起來，並將他們界定為注定要統治所有人的自然貴族成員。如果種族與種族混血是對於個體最具決定性的因素，而且戈比諾並沒有預設「純粹」血統的存在，那麼無論當下的社會處境如何，任何個體都有可能假裝自己演化出了生理上的某種優越性，任何例外份子也都能假裝成墨洛溫家族倖存下來的真正後裔，假裝成「諸王的子孫」。多虧了種族，「菁英」得以形成，並要求獲得封建家族的古老特權，而這只需要聲稱他覺得自己像個貴族即可；接受這樣的種族意識形態的人，就會擁有決定性的證據，證明他「有教養」，有「藍血」流遍全身（譯按：舊說貴族擁有藍血），而其優越的血統意味著優越的權利。因此從貴族衰敗這一政治事件中，這位伯爵引導出兩個相互矛盾的後果：人類種族的衰敗與一個新的自然貴族的形成。但是他未能活著看到其教義的實踐應用，這種應用解決了其中固有的衝突：新的種族貴族通過毀滅人類的無上努力，確實引發了人類「不可避免的」衰亡。（譯按：此處指納粹後來試圖通過消滅其他低等種族，來淨化出高等種族的毀滅行為）

戈比諾追隨其先行者（法國流亡貴族）的範例，不僅在種族貴族身上看到對抗民主的堡壘，還看到對抗愛國主義之「迦南巨獸」（Canaan monstrosity）的堡壘。[35]由於法國仍然是典型的「祖國」（patrie），其政府（無論是王國、帝國還是共和國）仍建立在人與人的根本平等之上，最

糟的是，她也是當時唯一一個黑皮膚者也享有公民權利的國度；因此戈比諾自然不會將其忠誠獻給法國人民，而是先獻給英國人，在一八七一年法國戰敗之後，則又獻給德國人。[36]這樣毫無尊嚴的行為不應被稱作偶然，這種機會主義亦非不幸的巧合。勝利乃勝利之母的古老諺語，正適用於那些習慣於各種武斷意見的人。假裝自己握有解答歷史之鑰匙的意識形態專家，被迫根據最新發生的事件來改變、扭曲他們看待單一案例的觀點，而且絕對無法承受自己與變幻不定的上帝或真實產生衝突。對於那些單單依靠信念去證立一切情境的人，期望他們變得可靠，無疑是荒謬的。

我們必須承認，納粹在自我構建為種族菁英的過程中，對包括德國人在內的所有民族，都公然表示輕蔑，法國的種族主義才是最具有一貫性的，因為它從未陷入愛國主義的弱點之中。（這種態度甚至在二戰中也沒有改變；「雅利安本質」的確不再是德國人的專利，而是被歸給盎格魯—撒克遜人、瑞典人、諾曼人，但是國族、愛國主義、法律仍然被視為「偏見、虛構之物、微不足道的價值」。）[37]甚至泰納也深信「德意志國族」優越的天賦，[38]而赫南（Ernest Renan）很可能是第一個以決定性的「人類種屬區分」將「閃米特人」與「雅利安人」相對立的人，儘管他主張文明乃是足以摧毀在地原生性與原生種族差異的超卓力量。[39]這些鬆散的種族言論構成了一八七〇年後法國作家的典型特色[40]，而且即便這些作家在嚴格意義上並非種族主義者，他們也都依循著反國族的前德國式路線。

如果說戈比諾主義那首尾一貫的反國族趨勢，為法國民主（之後則是第三共和國）的敵人，提供了超出其國家邊界的真實或虛構的聯盟，那麼種族概念與「菁英」概念的具體結合，則在心理學層面為國際知識階層提供了令人興奮的新玩具，讓他們在歷史的大遊樂場上玩耍。戈比諾的「諸王子孫」乃是十九世紀晚期的浪漫主義英雄、聖人、天才、超人們的近親，這些角色無一能夠隱藏他們源自德國浪漫主義的血統。內在於浪漫主義觀念的無責任性，在戈比諾的種族混血說那裡受到了新的刺激，因為這種混血說揭示出，一個過往歷史事件能夠被追溯到一個人的自我深處。這意味著內在經驗可以被賦予歷史意義，意味著一個人的自我已成為歷史戰場。「自從讀了那本論著，每當某種衝突激起我生命中的潛在因素，我就感到一場永不休止的戰爭在我的靈魂中進行，那是黑種人、黃種人、閃米特人與雅利安人之間的戰鬥。」[41] 這類重要自白正反映出現代知識份子的心態，他們是浪漫主義真正的繼承者；無論他們秉持什麼樣的觀點，都顯示了那些可被任何意識形態所驅使的人，他們本質上的無害，以及政治上的天真。

四、「英國人的權利」與人權的對決

德國種族思想的種子是在拿破崙戰爭期間播下的，而後來發展出的英國種族思想，其開端則出現在法國大革命時期，而且或許還可以追溯到那個將大革命猛烈譴責為「迄今世界上發生過最

驚悚的危機」的人，亦即伯克（Edmund Burke）。[42]其著作對於英國、乃至德國政治思想的巨大影響，如今已廣為人知。然而我們必須強調的事實是，德國與英國的種族思想之所以相似，是因為它們都與其法國分支相反。這兩個國家都擊敗了法國大革命的三色旗，因此傾向去區隔於異國發明的「自由、平等、博愛」理念。由於社會不平等乃是英國社會的基礎，因此英國保守派對「人權」（rights of men）理念感到大為不適。根據十九世紀托利黨廣為信奉的觀點，不平等深植於英國的國民特質之中。迪斯雷利「在英國人的權利中發現了比人權更好的東西」，而對於史蒂芬（James Stephen）爵士來說，「法國人竟為人權這種東西激動，歷史上很少有什麼比這更可悲了」。[43]因為如此，他們在十九世紀末之前，仍能夠沿著國族路線來發展種族思想，然而在法國，同樣的觀點則從一開始就顯示出真正的反國族面貌。

伯克反對法國大革命「抽象原則」的主要論證，包含在如下文句中：「主張我們的特殊權利／自由（liberties）乃是繼承自我們祖先的遺產，並且應當傳承給我們的後代，這已是我國憲法的統一政策；屬於本國人民的階層，無需訴諸其他任何更普遍或先天的權利。」繼承（inheritance）概念被用來解釋自由的本質，構成了英國民族主義自法國大革命以來，得以奇特地觸發種族情感的意識形態基礎。這個由一位中產階級作家構想出來的概念，象徵著直接接受了封建式的自由概念，將其視為連帶頭銜與土地一起繼承而來的特權總和。在不侵犯英國內部的特權階級權利的前提下，伯克將這些特權原則擴大到整個英國人民，並把他們打造成諸國族中的某種

貴族。由此，他對那些聲稱參政權乃是人權的人嗤之以鼻，在他看來，這些權利只適合稱為「英國人的權利」。

在英國，民族主義的發展並未伴隨著對舊封建階級的嚴厲攻擊。之所以如此，是因為自十七世紀以來，英國士紳階層持續增長，已同化了上層布爾喬亞，從而有時甚至普通人也可以獲得爵位。在這一過程中，普通階層的許多特質與貴族的傲慢便日漸消失，同時也創造出對國族整體的重大責任感；但基於同樣原因，封建的觀念與想法在英國也更容易影響下層階級的政治觀念。因此人們幾乎原封不動地接受了繼承理論，並應用於整個英國「族群」。這種貴族標準的同化作用，導致了英國種族思想幾乎都執著於繼承理論及其現代對應物：優生學。

自從歐洲各民族試圖用他們的人性觀來涵括大地上的所有民族，並開始與其實際接觸以來，就困擾於自己與其他大陸的民族之間的巨大生理差異。[44]十八世紀對多樣性充滿激情，因為多樣性才能表現出人類本性與理性無處不在的一致性；但這只能為關鍵問題提供極為薄弱的論證：既然提倡人人團結且平等的基督教教義，是建立在人類源出同一對父母的基礎上，那麼如果出現了一些部落，他們從未在文化行為或習俗上表現出充分的人類理性或人類激情，而是只發展出一些水準低落的人類制度，這時究竟是否還要抱持著原本的基督教教義呢？隨著對非洲部落的知識越來越詳細，這一新問題便躍上了歐洲與美洲的歷史舞台，並且尤其在美國以及某些英國領土上引發了一種倒退，退回某些據信已被基督教明確消滅的社會組織形式。即便奴隸制實際上建立在

嚴格的種族基礎上，但在十九世紀之前卻並沒有讓蓄奴民族產生種族意識。整個十八世紀，美國的奴隸主僅僅將其視為一種暫時制度，並想要逐漸廢除它。他們之中的大部分人很可能會說出跟傑佛遜（Thomas Jefferson）一樣的話：「上帝是公平的，這個念頭使我戰慄。」

在法國，黑人部落的問題面對的則是同化與教育的慾望。偉大的科學家布豐（Leclerc de Buffon）取得了第一個種族分類成果，他以歐洲各民族的差異為基礎，對所有民族進行分類，並以嚴格的並列形式來傳遞平等的教義。[45]用托克維爾令人讚賞的準確表述來說，十八世紀「相信種族多樣性，但是以人類物種的統一為前提」。[46]在德國，赫爾德拒絕將種族這個「可恥的詞彙」應用在人類身上；甚至連第一個使用物種分類體系的人類文化歷史學家克萊姆（Gustav Klemm），[47]也仍然將統一人類的理念奉為其研究工作的基本框架。

但是在美國與英國，人們必須解決廢除奴隸制之後的共同生活問題，於是事情就不那麼容易了。除了南非這個例外（該國直到八〇年代的「瓜分非洲」之後，才開始影響西方種族主義），這些國家首先是在實際政治事務中碰到種族問題。奴隸制的廢除並未解決既存的難題，反而強化了固有的衝突。在英國尤其如此，在那裡「英國人的權利」並未被一種宣揚人權的新政治方向所取代。一八三四年英國領土廢除奴隸制，以及美國內戰之前的爭論，都在英國的公眾輿論引起了高度混亂，而這就為那幾十年間的各種自然主義學說提供了興起的沃土。

其中最早的代表是多元發生論者（polygenist），他們挑釁地把《聖經》稱為一部充滿虔誠謊

言的書，否定人類「種族」之間具有任何關係；他們的主要成就，是摧毀了將所有人、所有民族聯繫在一起的自然法理念。即便他們並沒有預設先天的種族優越性，但仍然武斷地通過人類不可能相互理解、溝通的生理鴻溝，將所有民族都與其他民族分離開來。多元發生論者對「為何東方人會是東方人，西方人會是西方人；而且兩者不應該相遇」的解釋，也大大有助於阻止殖民地的異族通婚，促成對混血個體的歧視；根據多元發生論者的說法，這些混血者不是真正的人類；他們不屬於任何單一種族，而是一種怪物，其「身上的每一個細胞都是發生內戰的戰場」。48

雖然多元發生論對於英國種族思想的影響頗為長久，但在十九世紀的公眾輿論上，它很快就被另一種學說擊敗了。這種學說同樣從繼承原則出發，但為其添加了進步這種十九世紀政治原則，由此得出了相反的、卻也更加令人信服的結論：首先，人不只與其他人有所關聯，而且與動物生命也有關聯；其次，低等種族的存在清楚證明了在人與野獸之間存在漸進式差異，而為求生存所進行的強力鬥爭，支配著所有生物。達爾文主義尤其因為依循了舊有的強權正義路線而得到強化。雖然這種學說在被貴族壟斷時，曾說著征服者的傲慢語言，而如今則已轉化成某種悲苦的語言：使用這種語言的人已體驗到為每日生計奮鬥的滋味，並努力朝相對安定的暴發戶生活前進。

達爾文主義之所以會獲得壓倒性的成功，是因為它在繼承論的基礎上，為種族統治、階級統治提供了意識形態武器，而且它既可以為種族歧視所用，也可以用來對抗種族歧視。在政治上，

這樣的達爾文主義乃是中性的，它的確既可以導出各種和平主義與世界公民主義（cosmopolitanism），也可以導出最尖銳的帝國主義意識形態形式。[49]在上個世紀七〇、八〇年代，達爾文主義仍幾乎完全掌握在英國的效益主義派反殖民政黨手中。而第一個演化論哲學家史賓塞（Herbert Spencer）則將社會學視為生物學的一部分，並相信天擇有助於人類演化，也會帶來永久和平。達爾文主義帶給政治討論兩個重要概念：一是為生存而進行的鬥爭，這同時伴隨著對必然而自發的「適者生存」的樂觀宣稱，二是從動物到人類的演化過程中，似乎存在各種不確定的可能性，這就開啟了優生學這門新「科學」。

最適者必然生存的學說，連同社會頂層最終就是「最適者」的意涵，在英國的統治階級或英國在殖民地的統治，都已不再是絕對安全，而那些今日所謂「最適者」是否到了明日仍是最適，也令人懷疑的時候，就終究如同征服學說一樣消亡了（譯按：意指最適說與征服說都遭遇到現實的反駁）。同時，達爾文主義的另一部分，亦即從動物生命到人的系譜學，卻不幸倖存了下來。優生學承諾能克服適者生存學說中麻煩的不確定性，後者的問題在於，它既不可能預見誰最終會成為最適者，也不能提供讓各民族發展出持久適應性的手段。在二〇年代的德國，史賓格勒的《西方的沒落》（*Decline of the West*）所引發的反響，尤其反映出適用優生學可能帶來的後果。[50]只需要將天擇過程從在人們背後運作的自然必然性，轉變為一種「人為的」、有意識地使用的生理工具。獸性總是內在於優生學之中，海克爾（Ernst Haeckel）早期的一個觀點就十分典型地體現出

這一點，他認為仁慈的死亡可以「為家族與國家省下無意義的浪費」。[51]最終，達爾文主義在德國的最後信徒們決定徹底離開科學研究領域，遺忘了要探索人與猿之間的遺失環節的任務，取而代之的是，他們開始嘗試將人轉變為達爾文主義者所認為的猿猴模樣。❶

但是在納粹試圖以其極權政策將人變成野獸之前，還存在許多試圖在嚴格的遺傳基礎上將人進化成神的努力。[52]不只史賓塞，所有的早期演化論者與達爾文主義者都「對於人類未來會成為天使一事，具有跟對於人的猿猴起源同樣強大的信念」。[53]人們相信選擇性遺傳會產生「遺傳的天賦」，[54]而貴族再度被認為是自然結果，它並非政治的，而是天擇與純淨血統的結果。挫敗的自由主義知識份子夢想著透過非政治的手段，用新的「菁英」取代舊有統治階級，他們製造出來的眾多「理念」之一，就是將整個國族轉化為自然貴族，而其中被挑選的典範將會進化成天才與超人。在上個世紀末，作家理所當然地使用生物學、動物學的語彙來表述政治議題，而動物學家寫下「我們外交政策的生物學觀點」，就好似已經為政治家們偵察出一個永遠不會失敗的指導原則。[55]這些人全都提出了新的方法，試圖控制、調整「適者生存」原則，以符合英國人民的國族利益。[56]

這些演化論學說最危險的面向在於，它們把遺傳概念與在個人成就及個體性格上的觀點結合

❶ 譯註：意指後來納粹試圖通過集中營來改變人類本性，參見本書第十二章「極權支配」一節。

了起來，後者對十九世紀中產階級的自尊來說極為重要。中產階級想要的是這樣的科學家，他們要證明國族的真正代表不是貴族，而是偉大人物，在他們身上「種族的天賦」得以個性化。當這些科學家「證明」了迪斯雷利早期所說的偉大人物乃是「種族的個性及優選模範」時，就形同提供了一條逃避政治責任的完美路線。當另一個演化論信徒索性宣稱「英國人就是超人（Overman），英國歷史就是他的演化過程」時，我們就為這種「天才」的發展進程找到了它的邏輯結果。[57]

對於英國與德國種族思想而言，有一件事情相當重要，這就是演化論起源於中產階級作者，而非貴族，而且它誕生於一種將貴族所擁有的利益擴大到所有階級的慾望，並藉由真正的國族情感滋養成長。在這方面，對於卡萊爾有關天才與英雄的觀念，我們與其頗為不公地譴責為「大英帝國主義之父」，還不如視作「社會改革」的武器。[58]他那在英國與德國都贏得了廣大受眾的英雄崇拜說，與德國浪漫主義的個性崇拜是出自同樣的思想資源。他們同樣不吝擁護、表彰獨立於社會環境的個體性格當中的天生偉大。從十九世紀中葉直到該世紀末帝國主義實際爆發，所有曾經影響過殖民地運動的人，都脫不了卡萊爾的影響，但其中也沒有人能被指責為是在鼓吹赤裸裸的種族主義。卡萊爾在他自己有關「黑鬼問題」的文章中，關注的是如何幫助西印度群島產生「英雄」。戴里克（Charle Dilke）的《更偉大的不列顛》（*Greater Britain*, 1869）有時會被視作帝國主義的開端，[59]而他本人則是一個走在前端的激進份子，他將英國殖民者表彰為大不列顛國族

的一部分，並反對那些看不起他們、僅僅將其土地視為殖民地的人。西萊爵士（J. R. Seeley）一八八三年的《英格蘭的擴張》一書不到兩年就暢銷了八萬本，而作者本人則仍然將印度教徒當作一個異民族來尊重，並將他們與「野蠻人」明確區分。弗勞德（J. A. Froude）對波耳人的稱讚則顯得有些可疑，因為波耳人是最早明確信奉種族主義式部落哲學的白人民族，但甚至連他也反對賦予南非過多權利，因為「在南非，自治只不過意味著由在地歐洲殖民者來治理原住民，這實際上並不是自治」。60

英國民族主義跟德國的情況十分類似，它同樣也是因中產階級而誕生、激發，而這種中產階級從未完全從貴族觀念下解放出來，因此就孕育了種族思想最初的病原體。但德國是因為缺乏統一，才必須用一道意識形態之牆來取代歷史或地理事實，而英倫三島的狀況則有所不同，它們完全是因自然邊界而與周遭世界隔絕，同時作為一個國族的英國又必須發明一套理論，來團結那些生活在海外遼闊殖民地、且與母國相隔數千英里的人民。他們之間唯一的連結就是共同的祖先、共同的起源以及共同的語言。美國的獨立已顯示出這些連結本身並不能確保統治；而且不僅僅是美國，其他殖民地雖然沒有採取同樣的暴力方式，但也同樣強烈傾向於沿著與母國不同的憲政路線來發展。為了挽回這些前英國國民，深受卡萊爾影響的戴里克提出「撒克遜王國」（Saxondom）這個似乎甚至能將美國人民重新挽回大英帝國的說法，該書也有三分之一的內容正是為美國而寫的。作為一個激進份子，戴里克的說法似乎不把獨立戰爭當作兩個國家之間的戰

爭，而是英國式的十八世紀內戰，對於後者，他有點晚地站在共和派（譯按：應指英國內戰中與保皇派相對的議會派）這一邊。這裡存在一個使社會改革者與激進份子驚人地成為英國民族主義推手的原因：他們之所以想要保留殖民地，不僅僅是因為把它們視為底層階級的必然出路；而是想要為這些更為激進的英倫子女們，保留他們能對母國施加的影響力。這樣的動機在弗勞德身上十分強烈，他希望「保留殖民地，是因為他殖民地可能創造出比工業化的英格蘭更簡單的社會狀態、更高貴的生活方式」，[61]這明顯影響了西萊的《英格蘭的擴張》：「當我們已經習慣將整個帝國一起考慮，而且將它統稱為英格蘭時，我們也應看到還有個美國。」無論後來的政治作家將「撒克遜王國」做何用途，在戴里克的作品中，這個詞彙對於一個不再繫諸有限國家疆域的國族，具有真實的政治意義。「在旅行期間，有個想法馬上成為我的夥伴與嚮導，它是解鎖隱藏在陌生新土地之物的鑰匙：我們的種族已輝煌地環繞了全球，且注定終有一天要覆蓋整個大地。」（前言）對戴里克來說，共同起源、繼承以及「種族的偉大」既不是客觀事實，也不是歷史的鑰匙，而是當前世界亟需的指引，是在一個無邊無際的空間中唯一可信賴的連結。

由於英國殖民者已遍佈全球，因此民族主義中最危險的概念，亦即「國族使命」的觀念，在英國尤其強大。雖然在人民渴望國族地位的所有國家中，這樣的國族使命的發展，長久以來都未曾沾染到種族的影響，但事實最終證明它與種族思想之間有某種獨特的緊密親緣關係。從後來的經驗來看，上述英國民族主義者或許可以被視作非典型案例。他們本身並沒有比法國的孔德

（August Comte）這樣的人更有害，後者曾表達希望在法國的領導下，建立統一的、有組織的、新的人性（humanity）。[62]他們沒有放棄人類（mankind）的理念，即便他們認為英國是人性的最高捍衛者。他們只是無法不過份重視這種民族主義概念，因為土地與人民之紐帶的消解，內蘊在國族使命的理念當中，這種消解對於英國政治來說，並非一種被宣揚的意識形態，而是每個政治家都必須面對的既成事實。我們之所以要將他們與後來的種族主義者區隔開來，因為他們沒有人曾認真考慮要以歧視的方式，將其他民族視為低等種族，這或許只是因為他們所談論的國家，即加拿大與澳大利亞，都幾乎是空蕩蕩的，並無嚴重的人口問題。

因此下述情況並非偶然。最早一再強調種族與種族優越性乃是歷史與政治的決定性因素的英國政治家，實際上對殖民地與英國殖民者（「我們無法處理的殖民地重負」）不感興趣，然而他卻同時想將大英帝國的權力延伸到亞洲，並且他也的確在唯一具有巨大人口與文化問題的殖民地上，大力增強了大不列顛的地位。這個人就是讓英國女王成為印度女皇的迪斯雷利；他是第一個將印度視為帝國基石的英國政治家，也是他首先試圖切斷英國人民與歐陸各國之間的紐帶。[63]從而他為英方印度統治的根本改變，奠定了一塊重要基石。征服者們曾經以慣有的殘酷無情統治這塊殖民地，伯克稱之為「印度的法律破壞者」。如今它接受了精心規劃的行政系統，旨在藉由行政手段建立起永久的統治。這種實驗已讓英國十分接近伯克曾警告過的危險界線：「印度的法律破壞者」可能會成為「英國的立法者」。[64]對那些認為「在英國歷史上，沒有比印度帝國的建立

更值得驕傲之事」的人而言，主張自由與平等，只是「小題大做」而已。[65]

由迪斯雷利所引入的政策，標誌著一個具有排他性的階層在異國建立起來，其唯一的功能就是統治，而非殖民。迪斯雷利生前未能見證這個概念的完成，為了實現它，種族主義確實是一個不可或缺的工具。它預示了將人們從一個國族轉變為一個擁有第一等組織之純淨種族，這樣的凶險過程，該種族覺得自己乃是「天性上的貴族」（the aristocracy of nature），這正是上述所引的迪斯雷利的原話。[66]

至此我們所追蹤的，乃是圍繞一種觀點而展開的故事，只有到了今日，在經歷了我們時代的所有恐怖經驗之後，我們才得以在這種觀點中看到種族主義的最初萌芽。但即便種族主義在各個國家復興了種族思想的元素，我們所關注的卻並非一個由某種「內在邏輯」所導出的觀念的歷史。種族思想固然是藉以討論變幻不定的政治衝突的便利資源，卻從未主宰各國自身的政治生活；它激化、利用了既有的利益衝突或政治問題，卻從未創造出新的衝突，或製造出政治思想的新範疇。催生出種族主義的經驗與政治形勢，在當時仍不為人知，甚至對於像戈比諾或迪斯雷利這樣的「種族」忠實辯護者而言，它們恐怕都是全然陌生的。提出漂亮流暢之概念的人，與做出殘暴行為、具有活躍獸性的人，兩者之間存在一道任何智識解釋都無法橋接的深淵。如果「瓜分非洲」與新的帝國主義時代沒有將西方人性觀暴露在令人震驚的全新經驗之中，則很有可能種族

思想到了一定時候，就會跟十九世紀其他不負責任的觀點一起消失無蹤。就算文明世界從未存在過種族思想，帝國主義也會為了使它成為自身行徑的唯一可能「解釋」與藉口，而迫使種族主義之發明成為必要。

然而種族思想的確存在過，事實證明，它為種族主義提供了強大的幫助。一種觀點若自誇擁有某種傳統，便有助於隱藏新學說的破壞力量；而倘使這種學說不是披著國族尊嚴的外衣，或看似得到了傳統的承認，那麼即便它尚未被縱容去摧毀掉歐洲各國聯合體，也會暴露出它與過往所有西方政治、道德準則完全無法相容的真相。❶

譯者識

在「帝國主義」部分的各章中，本章的定位頗為獨特，它所討論的內容跟帝國主義並不直接相關，而是回溯帝國主義時代之前的種族思想。上一章的末尾指出在帝國主義的分析中，種族主義正是尚欠缺的一環，因此就追溯了種族主義的思想淵源。值得注意的是，鄂蘭強調種族思想與真正的種族主義（意識形

❶ 譯註：鄂蘭雖然在上一段否定了種族主義是內在於種族思想的必然邏輯結果，可是她在此仍指出，種族思想由於與民族主義、傳統概念等因素相混雜，而讓人不易覺察其中的危險色彩，這就為真正的種族主義的發展起了掩護的作用，使人們未能及時發現種族主義全然與西方既有的政治、道德準則相悖。

態）仍有所差異，唯有通過帝國主義的殖民經驗才會使種族思想發展成種族主義。

本章分別探討了法、德、英三國的種族思想源流。第一節首先分析法國貴族如何為了抵制以公民為核心的「國族」理念，而發展出以貴族為核心的種族觀，繼而第三節則分析法國思想家戈比諾如何在貴族實際衰落之後，創立主張混血導致文明衰亡的典型種族學說；第二節則分析德國如何從反抗異族統治的民族主義，發展出以自然有機體為模型的種族思想，而德國浪漫派則在其中扮演了重要角色；第四節所分析的英國，則與下一章有更為直接的關聯，英國自身的保守傳統、社會演化論以及英雄崇拜等因素，都對其殖民地治理產生了重要影響。

總體來說，本章相當於是在第五章與第六章之間補充插入的一個章節，它為以英國為代表的海外帝國主義發展提供了種族思想這一重要因素，與此同時，它也發掘了後來納粹種族屠殺之所以能夠在歐洲各國輕易找到協力者的觀念淵源。

第 7 章

種族與官僚體系

Race and Bureaucracy

在帝國主義的最初幾十年間，人們發明了兩種新的手段，用於統治異民族的政治組織。一種是以種族作為政治體的原則，另一種則是以官僚體系作為支配異族的原則。若不是種族取代了國族，則瓜分非洲與投資熱很可能只會流於無數淘金熱所帶來的那種目的不明的「死亡與貿易的舞蹈」（康拉德語）。若不是官僚體系取代了政府，則英國對印度的佔領就很可能只會繼續陷入「印度的法律破壞者」（伯克語）的殘酷無情之中，整個時代的政治風氣也不可能有所改變。

這兩項發明實際上都是在黑暗大陸誕生的。由於沒有任何歐洲人或文明人能夠理解這裡的人類，他們的人性又讓移民們感到驚恐、屈辱，乃至不願意與之同屬一個人類物種，因此種族乃是為應急而發明出來的一種解釋。面對非洲那籠罩一切的怪異特質，面對在整個大陸上繁衍並過度繁衍的野蠻人，波耳人（Boers，譯按：早期荷蘭移民後裔）所給出的答案就是種族，這也解釋了那像「晴天霹靂」一般抓住他們、啟發他們的瘋狂念頭：「消滅所有的畜生」。[1] 這一答案導致了晚近歷史上最可怕的大屠殺：波耳人對霍屯督人（Hottentot，譯按：非洲西南部本土科伊科伊人的舊稱）的種族滅絕，卡爾・彼得斯（Carl Peters）在德屬西南非的瘋狂屠殺，對和平的剛果居民的大規模殺害（人口從二千萬到四千萬人，減少到八百萬人）；最終，或許最糟的後果是，這樣的平亂手段被得意洋洋地引入受人尊敬的常規對外政策中。在此之前，從未有任何文明國家的首腦，會像一九〇〇年威廉二世面對前往鎮壓義和團起義軍的德國遠征軍時那樣宣稱：「就像是一千年前，匈人（Huns）在阿提拉（Attila）的領導下贏得長存史冊的威名一樣（譯按：匈人在羅馬

帝國末期橫掃歐洲，被認為與當時中國北方的匈奴人有關），這次德國人也會如此揚名中國，從此再沒有一個中國人敢不對德國人另眼相看。」[2]

無論種族是歐洲土生土長的意識形態，還是基於震撼經驗而應急發明出來的解釋，它都總是吸引到西方文明中最糟糕的那一部分人；然而官僚體系卻是由歐洲知識階層中最優秀的、有時甚至是最聰明的那部分人所發明，並且也首先吸引到了這群人。通過報告與命令來實施統治的行政管理者，[3]處在比任何東方專制都更不友善的隱匿狀態（secrecy）當中，他也早在一群無法無情之徒當中脫離了軍隊的紀律傳統；在很長一段時間裡，他都活在一個誠實真摯的少年理想之中：他是一位披著閃閃發亮盔甲的現代騎士，被派遣去保護那些無助而原始的民族。無論好壞，他多少都還能履行這一任務，只要他還是在一個由舊式「三位一體——戰爭、貿易與掠奪」（歌德語）所支配的世界中施展抱負，而非在一個遠大投資政策組成的複雜遊戲中操勞；這種投資政策要求支配一個民族，而且不像以往是為了攫取這個民族的財寶，而是為了另一個國度的財富。❶官僚體系是為了擴張大遊戲（Great Game）而發展出來的組織，其中每一個區域都被視為解決其他難題的墊腳石，每一個民族都被視為進一步征服的工具。

---

❶ 譯註：這裡所說的另一個國度並非指殖民母國，而是指另一個殖民地，讀者可參見本章第三節的描寫，例如某些帝國主義官僚會為了印度而治理埃及，從而僅僅將埃及作為手段。

即便種族主義與官僚體系後來被證明以許多方式相互關聯，它們仍是獨立發明出來、並獨立發展的事物。以各種方式被捲入的人當中，誰也沒有領悟到，單單是這兩者的結合，就能為權力累積與破壞行為提供巨大潛能。在埃及，克羅默勳爵從普通的大使館代辦變成了帝國主義官僚，他並不曾想過要將行政管理與大屠殺結合起來（卡特希爾在四十年後直言不諱地稱之為「行政程序式屠殺」）；南非的種族狂熱份子雖然為了建立一個界限明確且合理的政治共同體，而渴望組織一系列的大屠殺（正如納粹在滅絕集中營所做的），但他們也同樣沒有想到要將兩者結合。❶

一、黑暗大陸的幻影世界

在上世紀末，歐洲航海民族的殖民事業已達成兩項突出成果：在晚近發現且人煙稀少的領土上，創建了採納母國政法機構的新移居地；而在異民族中間那些廣為人知卻陌異難馴的國度，則建立起海上貿易站點，其唯一功能就是在永不安寧的世界各地促進財富交流。殖民活動發生在美

❶ 譯註：這裡表述稍嫌曲折，鄂蘭的意思是，在本章所描寫的帝國主義時代，官僚體系與種族主義尚未真正結合，因此克羅默所代表帝國主義官僚並未考慮以官僚行政程序來結合種族主義，進而產生行政程序式屠殺，而同樣地，南非的種族主義狂熱雖渴望進行種族屠殺，卻也並未結合官僚行政體系。

洲與澳洲，這兩個缺乏自身文化與歷史的大陸，已落入歐洲人之手。❷在亞洲則主要是貿易站點，歐洲人數百年來對這裡並無長久統治的野心，也沒有征服、屠殺當地居民乃至長久定居的意圖。[4]這兩種海外事業都捲入了一個跨度近四百年的漫長穩定的過程，在此期間，定居型殖民地逐漸獲得獨立，而各國擁有的貿易站也隨著它們在歐洲的強弱之勢而幾經易手。

在殖民歷史過程中，歐洲唯一沒有染指的大陸就是非洲這塊黑暗大陸。繁衍著各阿拉伯民族、部落的北部海岸，自然早已廣為人知，而且自古就以某種方式屬於歐洲的影響範圍之內。這些地區的人口已經太多，無法吸引移民來定居，也窮到壓榨不出什麼東西；它們經歷了各式各樣的異族統治與無政府棄置，但古怪的是，自從埃及帝國衰敗、迦太基被摧毀之後，這裡就從未獲得真正的獨立，也未建立過可靠的政治組織。歐洲國家的確也曾一再試圖跨越地中海，將統治施加於阿拉伯地帶，將基督教義傳播給穆斯林民族，可是它們從未嘗試將北非當作海外領土來對待。相反地，它們每每渴望將其整合進各自的母國。不久前義大利與法國仍遵循這一歷史悠久的傳統，但這傳統卻在十九世紀八〇年代被打破，當時英國不帶任何征服或吞併意圖地進駐埃及，只為保護蘇伊士運河。問題不在於埃及是否遭受不公待遇，而在於英國（一個非地中海沿岸國

❷譯註：說美洲與澳洲缺乏自身的文化、歷史，聽起來似乎有些輕率，但這是從西方殖民者的角度來說，後來有一本史學名著《歐洲與沒有歷史的人》（一九八二年），就是採取了類似的說法。但鄂蘭當時不可能參考這本書，而是可能參考了第九章註6所列的文獻。

家）本來不可能會對埃及這樣的國家感興趣，她之所以需要埃及，僅僅是為了印度的財富。

當帝國主義將埃及從一個偶爾會因其自身而被覬覦的國家，轉變為一個為印度而設的軍事站點、一塊為進一步擴張而鋪的墊腳石，南非的狀況卻正好相反。自十七世紀以來，好望角的意義就仰賴於印度這個殖民財富中心；任何需要在印度建立貿易站的國家都需要在好望角擁有一個海上站點，但接下來隨著印度貿易的消失，這種站點也就被廢棄了。在十八世紀末，英國東印度公司擊敗了葡萄牙、荷蘭與法國，並贏得了印度的貿易壟斷權；之後也理所當然地壟斷了南非。如果帝國主義僅僅延續舊有的殖民貿易趨勢（它經常被誤認為帝國主義），那麼隨著蘇伊士運河在一八六九年開通，英國就應該要撤出南非了。[5]即便今日的南非仍屬於大英國協，但它始終與其他自治領有所不同；移民定居的先決條件是土地肥沃、人口稀少，南非在此方面不符要求，而十九世紀初曾進行過的移民五千名英國失業人口的嘗試，也以失敗告終。不僅整個十九世紀的英倫群島移民潮始終避開南非，而且南非還是晚近時代中唯一一個有穩定返英移民潮的自治領。[6]南非曾成為「帝國主義的文化溫床」（Damce 語），卻從未被英國最激進的「撒克遜王國」捍衛者們要求納入，也從未出現在最浪漫的亞洲帝國夢想者的視野之中。單憑這種事實就足以顯示出前帝國主義的殖民事業與海外移民，對於帝國主義發展的真實影響有多麼小。如果好望角殖民地仍停留在前帝國主義政策的框架之內，那麼它實際上變得極為重要的時刻，恰恰本該是它被廢棄的時間。

南非七〇、八〇年代金礦與鑽石礦的發現，若不是恰好給帝國主義勢力帶來了推動作用，則原本不會造成多大的影響，但仍然值得注意的是，帝國主義者之所以會宣稱已經為過剩問題找到長久解決方案，最初正是由於地球上最多餘的原料所引發的熱潮。黃金很少在人類生產活動中佔據重要位置，其重要性也無法與鐵礦、煤礦、石油、橡膠相比；它是財富本身最古老的象徵。就其在工業生產中的無用而言，它頗為諷刺地類似於那些資助金礦開採的多餘資金，也類似於從事開採事業的多餘之人。帝國主義者謊稱已為墮落的社會與過時的政治組織找到了永久的拯救，而黃金則在這種偽裝之上又添上了它自己的偽裝，亦即它看似永恆穩定且獨立於所有功能性要素的樣貌。值得注意的是，一個即將告別所有傳統之絕對價值的社會，竟然開始在經濟世界尋找某種絕對價值，而在這個經濟世界中，這樣的東西並不存在，也不可能存在，因為一切事物在定義上就是功能性的。這類對於某種絕對價值的妄想，自古以來就使黃金產業成為冒險家、賭徒、罪犯這類逸出正常健全社會之外者的事業。南非淘金熱中出現的新轉捩點在於，這些碰運氣的人並沒有明顯逸出文明社會之外，而且恰恰相反，他們正是這個社會的副產品，是資本主義系統不可避免的剩餘，甚至還代表著某種不斷製造出多餘之人與多餘資本的經濟系統。

多餘之人、蜂擁入好望角的「四大洲的波希米亞人」，[7]仍然與舊式冒險家有許多共同之處。他們也會擁有這樣的感受：「送我到蘇伊士之東，那裡最好之物也恰似最糟，此處沒有十誡，人民也永不乾渴。」（譯按：出自吉卜林名詩《曼德勒》）差別不在於他們是否道德，而在於他

們已不再會決心加入這一群「包含所有民族、所有膚色」者；[8]他們尚未離開社會，但已被社會唾棄；他們並沒有在文明界限之外冒險，而僅僅是沒有用處、不具功能的犧牲品。他們唯一的選擇就是消極性的，是一項違背了工人運動的決定，也就是說，由多餘之人中的傑出份子來建立某種「反社會」（countersociety），人們將由此找到一條道路，以回到充滿友誼與目標的人類世界。他們從來不是自身行為的結果，他們就像是活生生的象徵，展現出曾經發生在他們身上的事情，極為生動地提煉並見證了人類制度之荒謬。他們並非如同舊式冒險家的那種人，他們是一連串事件所投射的陰影，而他們自己卻與這些事件毫無關係。

就像康拉德《黑暗之心》（*Heart of Darkness*）中的庫茲先生一樣，他們「內心空虛」，「莽撞但缺乏膽識、貪婪卻不夠無畏、殘忍卻沒有勇氣」。❶他們不相信任何事情，卻「能夠讓（自己）相信任何事情——真的是任何事情」。他們已被常規社會價值逐出世界，拋回到自身，並且除了那麼點才能外便一無是處，若是允許他們回到母國的話，這點才能卻也足以讓他們變得跟庫茲一樣危險。在他們空洞的靈魂中唯一能夠萌發的才能，就是造就「極端政黨之出色領袖」的幻

---

❶ 譯註：鄂蘭在本書的早期綱要中認為，庫茲雖然是虛構人物，卻比現實存在的勞倫斯更成為了納粹性格中的真實。不過鄂蘭在此的引用稍微有些偏差，因為在《黑暗之心》中，「莽撞……、貪婪……、殘忍……」這段描述是用來形容比較負面的所謂「淘金探險隊」，他們是卑鄙的貿易站經理這一派的，而庫茲則在故事敘述者眼中屬於另一派殖民者，其形象更為複雜，也比較有英雄氣質。

想天賦。其中頗具才能者的範例，則是像德國的卡爾・彼得斯（他或許是庫茲的原型）這樣活生生的仇恨化身，他公然承認自己「是在賤民的環境中長大的，卻希望加入主人種族」。[9] 但無論是否有天賦，他們都樂於「進行從擲硬幣到蓄意謀殺的任何遊戲」，對他們來說，自己的同胞「不過是此地的蒼蠅」。於是他們所帶來的，或是他們很快學會的，就是那種與即將出現的劊子手相匹配的行為律則，對這種劊子手而言，唯一不可原諒的罪就是失控動怒（譯按：此處似乎是說多餘暴民預示了後來的納粹種族屠殺者）。

在他們中間當然也有真正的紳士，比如康拉德《勝利》（*Victory*）中的瓊恩先生，他由於百無聊賴而願意不惜一切代價，居住在「充滿危險與奇遇的世界」，或是像海斯特先生，他沉溺在對一切人類事務的輕蔑之中，直到他「像一片無法抓附到任何東西的孤葉般」漂流。他們無法抗拒地被這樣一個世界所吸引，在其中一切都是玩笑，而它教導他們的「最大笑話」就是「絕望的統治力量」。頂級紳士與頂級惡棍在「沒有法律的野生大叢林」中彼此相知，並「在他們巨大的差異中發現完美的契合，在他們迥異的偽裝下發現一致的靈魂」。我們曾考察德雷福事件中上流社會的行徑，以及迪斯雷利如何發現惡習與罪惡的社會關係；在此，本質上也同樣是一個上流社會愛上自己的底層社會的故事，它同時也是這樣一個故事：當一個人藉由文明化的冷漠、逃避「不必要的努力」以及優雅的禮貌，被允許通過自己的罪行來創造出邪惡而優雅的氛圍，他的犯罪感也就隨之高昂了起來。這種優雅、這種在罪惡的獸性與其實施手段之間的矛盾，竟成為在他

自身與完美紳士形象之間達成深層諒解的橋樑。在歐洲，由於社會倫理價值的延遲效應，終究要花費數十年才能達成的事情，竟在殖民冒險的幻影世界中因瞬間短路而引爆。

在所有的社會約束與偽善之外，在當地生活的背景之下，紳士與罪犯不僅感受到同膚色者之間的親密，還感受到一個擁有無限可能性的世界的衝擊：以遊戲精神犯下罪行的可能，結合恐怖與歡笑的可能，換言之，就是充分實現他們自身幻影般存在的可能。當地生活為這些幽靈般的事件提供了藉以對抗所有後果的表面保障，因為無論如何，在這些人看來，這都僅僅像是「影子的遊戲。在影子遊戲中，支配者種族可以在無動於衷者與漠然無視者中間走過，去追求高深莫測的目標與需求」。

當地野蠻人的世界，為那些逃離文明化現實的人提供了完美的裝備。在無情的太陽下，被充滿敵意的自然包圍，他們所面對的人類就像瘋人院住戶一樣難以理解，既沒有對未來的期許、也沒有任何過往成就。「史前人是在咒罵我們、有所祈求、或是表露歡迎——誰知道？我們無法理解周遭；只能像遊魂般悄然經過，心懷疑慮、暗自驚恐，猶如身處瘋人院的正常人，遭遇熱情的暴動。我們無法理解這一切，只因離得太遠，無法記取，因我們航行於遠古世紀的暗夜，消逝的世紀，無蹤無跡——亦無回憶。自然萬物看似不自然……而那些人則——不能這樣說，他們不是沒有人性。唉，你知道，沒什麼比這更糟了——懷疑他們並非沒有人性。你會漸漸意識到這點。他們又叫又跳、轉圈打轉、扮可怕的表情；可是一想到他們的人性——跟你一樣——就會心感震

撼，想到你與這狂野熱情的騷動有著疏遠的親屬關係。」（《黑暗之心》）❶

奇怪的是，從歷史的角度來說，在瓜分非洲之前，「史前人」（prehistoric men）的存在對西方人幾乎沒有造成任何影響。然而這是有記錄可循的，只要數量遠遠超過歐洲移民的野蠻部落被滅絕，只要黑人被當作奴隸運送到歐洲主宰下的美國，甚或只要是僅有個別人漂流到黑暗大陸內部，在這裡野蠻人人數眾多，足以自成世界，一個愚蠢的世界，而歐洲冒險家為其增添的不過是獵取象牙這樣的蠢事而已；只要情況依然如此，就的確沒有什麼大事發生。許多冒險家都在這個人口密集的大陸的寂靜野性中發了瘋，在那裡人類的存在僅僅會反襯出全然的孤獨，那裡存在未被探索的、充滿無窮敵意的大自然，沒有人會想惹麻煩，要將它轉變成人類地景，而這大自然似乎保持著超凡的耐心，等待人類「異想天開的入侵終歸於滅亡」。但是這些冒險家的瘋狂始終屬於個人經驗，並未帶來任何後果。

在瓜分非洲期間到來的人，改變了上述情況。他們不再是孤獨的個人；「整個歐洲都加入了他們」。他們聚集在非洲南部，並在那裡遇到了波耳人這個幾乎已被歐洲遺忘的荷蘭人分支，後者如今在挑戰新環境的冒險中扮演天然引介者的角色。他們縱然處在與外界完全隔絕的狀態，卻

❶ 譯註：該段《黑暗之心》文字，引自康拉德著，鄭鴻樹譯註，《黑暗之心》（台北：聯經出版公司，二〇〇六年），頁53-54。

是不得不生活在黑色野蠻人世界的唯一歐洲群體，其應對方式深深左右了多餘之人的反應。

波耳人乃是十七世紀中葉在好望角設置站點的荷蘭移民的後裔，該站點的是為了給航向印度的船隻提供新鮮蔬菜與肉類。在下一個世紀裡，一小群法國胡格諾教徒是唯一接續到來的人，因此唯有依靠很高的出生率，這個小小的荷蘭人分支才能夠成長為一個小民族。由於與晚近歐洲歷史全然隔絕，他們走上了一條「很少有其他民族走過，也幾乎沒有任何民族成功過」的路徑。[10]

在波耳民族的發展過程中，存在兩個主要的物質因素，一個是只能用來進行大面積牲畜養殖的極端貧瘠的土地，另一個則是以部落組織形式存在並以游牧狩獵為生的廣大黑人人口。[11] 貧瘠的土地使人們不可能採取密集型定居，也讓荷蘭的移居農人無法依循母國的農村組織形式。被廣大的荒蕪空間彼此隔絕的大型家族，被迫形成某種氏族組織，而他們唯一始終存在的共同敵人，亦即人口遠勝白人移民的黑人部落，則使各氏族相互之間不敢主動開戰。解決土地貧瘠與原住民人口擁擠這雙重問題的方法，就是奴隸制。[12]

然而若要描述實際發生的情況，奴隸制仍是一個極不充分的詞彙。首先，奴隸制雖然豢養了一部分野蠻人，卻從未掌控所有野蠻人，因此波耳人從來未能忘卻他們對於這一人種的恐怖畏懼，人類驕傲與人類尊嚴感不允許他們將這些人接受為同伴。在奴隸制的根基之處，始終存在著這樣一種恐懼，就是某種無論如何都不應該與自己相似的東西竟然與自己相似，這恐懼也成為了

種族社會的基礎。

人類對各民族的歷史尚有所記憶，但對於史前部落則只有傳說中的知識。唯有當人們遭遇到沒有任何相關歷史紀錄，且其自身也不知道本族歷史的部落時，「種族」一詞才具有確切的意義。無論這些人是代表「史前人」、是代表地球上最早人類型態的偶然倖存樣本，還是因某種未知災難而終結的未知文明的「史後」（posthistoric）倖存者。他們看起來自然更像是一場大災變下的倖存者，而且在大災變後還持續發生了一些較小的災難，直到單調的悲慘似已成為決定人類生活的自然條件。無論如何，人們向來只在自然環境特別險惡的地區發現這種意義的種族。他們與其他人類的不同之處，一點也不在於膚色，而在於他們表現得像是自然的一部分，在於他們將自然視作無可爭議的主宰，在於他們並沒有創造出一個人類世界、一個屬於人類的現實，因此自然仍繼續以其全幅威嚴成為籠罩一切的唯一現實，與之相比，他們就像幻影、像幽靈一般不真實。他們就像是既缺乏特屬於人之特質、也缺乏特屬於人之現實的「自然」人，因此當歐洲人屠殺他們的時候，在某種程度上並未意識到自己犯下了謀殺的罪行。

更甚者，對黑暗大陸當地部落進行麻木不仁的屠殺，還頗與這些部落自身的傳統相一致。在所有非洲當地的戰爭中，滅絕敵對部落本就是常態，就算在一位黑人領袖的領導下統一了幾個部落，情況也不例外。在十九世紀初，恰卡王（King Tchaka）以非凡的紀律與軍事組織統一了祖魯部落，卻並沒有建立一個祖魯民族或祖魯國族。他僅僅是成功消滅了超過一百萬的弱小部落成

員。[13]由於紀律與軍事組織自身無法建立起一個政治體，因此這個過程既無法被人們接受，也不會被人類歷史所銘記，它是一個不真實且無從理解的過程，而毀滅則始終是其中未被記錄的插曲。

在波耳人的案例中，奴隸制乃是一個歐洲民族與黑人種族相互協調的形式，[14]它僅僅在表面上類似於歷史上的征服或奴隸貿易的產物。沒有任何政治體、共同組織將波耳人維繫在一起，也沒有任何領土被明確殖民，而黑奴也並未服務於任何白人文明。波耳人喪失了他們與土地之間的農耕關係，也喪失了他們對人類團結的文明感受。這個國家的常態是「每個人都要逃離鄰人的專橫」，[15]而每一個波耳人家族都在全然孤立的狀態中，重複了置身於黑色野蠻人中間的普遍波耳經驗模式，並以絕對的無法律狀態統治這些野蠻人；這一切都不會受到監督，不會有「善良的鄰居隨時準備向你問候，或是以半是屠夫、半是警察的方式來攻擊你，從而讓你處在恐怖至極的醜聞、恐嚇與瘋人院之中」（康拉德語）。通過統治眾部落並依賴其勞動成果，他們所擁有的地位變得非常類似於他們所消滅的當地部落領袖。無論如何，土著將他們視為更高等的部落領袖、某種他們不得不臣服的自然神靈；因此波耳人所扮演的神聖角色，既是他們自己隨意設定的，也是被他們的黑人奴隸施加的。對於黑奴的這些白人神祇而言，任何法律當然都只意味著自由的剝奪，任何政府都意味著對部族社會野蠻橫行的限制。[16]在原住民身上，波耳人發現了非洲唯一能大量提供的「原料」，他們並沒有將此用於財富生產，而是用來維持人類生存之必需。

南非的黑奴很快就成為實際工作（work）的唯一人口。他們的勞作帶有奴隸勞動（labor）中眾所皆知的缺陷，比如缺乏主動性、懶惰、忽視工具、普遍低效。因此他們的工作很少足以讓主人維持生計，也從未達到足以孕育文明的相對富裕程度。❶正是對他人工作成果的絕對依賴、對勞動與任何形式之生產的全然蔑視，將荷蘭人轉化成了波耳人，並為賦予了種族概念明顯的經濟意涵。[17]

西方人向來為生活在一個由自己所創造、製造出來的世界而感到驕傲，而波耳人則是第一個完全疏離於這種驕傲的歐洲群體。[18]他們將當地土著視作原料，並依靠他們為生，就像一個人以野生樹木上的水果為生。波耳人懶惰、無生產力，就算過著本質上無異於黑人部落數千年來的單調生活，他們也毫無異議。歐洲人初次遭遇原住民的時候，就被巨大的恐怖所籠罩，這正是因為他們在這些顯然如野生動物般屬於大自然的人類中間，接觸到某種殘忍非人的東西。波耳人以他們的奴隸為生，正如原住民曾以未經加工、未經改變的自然為生。當波耳人在驚恐與痛苦中，決定要像利用其他動物一樣樣來利用這些野蠻人時，他們也就開啟了一個過程，其最終結果只會是他們自身墮落為與黑人種族混居共處的白人種族，而且兩者最終的差別將只剩下膚色。

❶ 譯註：讀者可以注意到，鄂蘭在此尚未像後來在《人的條件》中那樣明確區分「工作」（work）與「勞動」（labor），但是此處描述的低效、僅足以勉強維持生存的工作型態，正是後來的「勞動」範疇。

南非的這些貧窮白人在一九二三年構成了白人總人口的十分之一，[19]而其生活水準與班圖部落已沒有多大差別，這對於今日的我們而言是個有警示作用的例子。他們的貧窮幾乎完全是蔑視工作並適應黑人部落生活方式的結果。就像黑人一樣，如果最原始的耕種方式已不足以提供生存必需的微薄產量，或是該區域的動物已被他們滅絕，波耳人就拋棄這片土地。[20]波耳人與自己之前的黑人奴隸一同來到金礦、鑽石礦中心，廢棄已經沒有黑人勞工的農場。但是與直接被僱傭為不熟練的廉價勞工的原住民相反，波耳人要求並被賦予了白人的權利，卻全然沒有意識到，在正常情況下沒有人會靠膚色為生。[21]如今他們粗暴的種族意識，不僅僅是由於他們除了隸屬於白人社群的身份外一無是處，也是因為用種族概念來界定他們，似乎比用來界定他們之前的奴隸還適合得多，後者畢竟還成為了工人，屬於人類文明的一個正常組成成份。

在帝國主義將種族主義開發為重要政治觀念之前，它是作為一種統治手段，使用於這個由白人與黑人共構的社會中。它的基礎與理由仍是經驗本身，是對於陌異程度超乎想像、理解範疇之事實的恐怖體驗；人們的確會想要乾脆宣稱這些人並非人類。由於黑人無視各種意識形態的解釋，仍維持自身的人類特徵，因此「白人」便只能重新考慮自己的人性，並判定他們自己不僅僅是人類，而且顯然還被上帝選定為黑人的神。如果一個人想要徹底否定與野蠻人的所有共同紐帶，那麼這一結論就既合乎邏輯也不可避免；在實踐上，它意味著基督教第一次未能在人類自我意識的危險墮落上，發揮決定性的勒馬韁繩之效，而這也預示了它在更晚近的其他種族社會中將

變得完全失效。[22]波耳人斷然否定了人類擁有共同起源的基督教學說，並將舊約中那些並未超出古老以色列民族宗教界線的段落，改寫為一種甚至連異端邪說都稱不上的迷信。[23]他們像猶太人一樣堅信自己是受選的民族，[24]但與猶太人的根本差別在於他們之所以受選，不是為了人類的神聖救贖，而是為了對被指責為懶惰苦力的另一個物種進行同樣懶惰的統治。[25]依照荷蘭歸正教會（Dutch Reformed Church）的宣稱，這是上帝在大地上的意志，而它今日也同樣如此宣稱著，並以尖銳的敵意反對其他基督教派的傳教士。[26]

波耳人的種族主義與其他種族主義有所不同，它具有一點真實性，也就是說有點單純無知。文學以及其他智識成就的全然闕如，就是這種狀況的最佳證明。[27]它曾是並且始終是對於絕望生存條件的絕望反應，只要仍舊任其自生自滅，就不會造成什麼後果。直至英國人到來，情況才開始改變；英國人對於這個在一八四九年仍被稱作軍事站（與殖民地或移民地相反）的最新殖民地沒有多大興趣。但僅僅是他們的存在本身，就足以在停滯的波耳社會中引起猛烈的反應；因為這些人以相反的態度，不將當地原住民視作一個不同物種，他們後來（一八三四年後）還嘗試要廢除奴隸制，最重要的是，英國人努力要為地產設立固定界線。在整個十九世紀，波耳人的典型反應具有一再重複的同樣模式：波耳農民遷徙到內陸荒野來逃避英國法律，義無反顧地廢棄他們的家園與農場。[28]與其接受對他們的領地所施加的限制，他們寧願棄之而去。這並不代表波耳人對他們當下身處的地方沒有歸屬感；他們對非洲的歸屬感比任何後繼移民都來得更高，但這份歸屬

感是對整個非洲，而非任何特定的有限領地。他們那讓英國行政系統大吃一驚的瘋狂遷徙，清楚顯示出他們已經轉變為一個部落，並喪失了歐洲人的領土意識，也喪失了對祖國的愛。他們的行徑就像是同樣在黑暗大陸漫遊了數百年的黑人部落，無論游牧部隊碰巧到達哪裡，都能隨遇而安，並且逃避所有明確的定居嘗試，如同逃避死亡。

無根性（rootlessness）是所有種族組織的特性。歐洲的各種「運動」（譯按：此處指第八章討論的「泛運動」）有意推動的從民族轉化為游牧部落的過程，彷彿在波耳人早期的悲慘嘗試中就進行了一次實驗。無根作為一種有意識的宗旨，首先建立在對世界的仇恨之上，在這個世界中「多餘」之人是沒有位置的，因此破壞得以成為一項最高政治目標，然而波耳人的無根性則是早先從工作中解放，同時又完全未能建立人類世界的一項自然結果。在這些「運動」與波耳人的「受選」解釋之間存在同樣驚人的相似性。但是泛－日耳曼、泛－斯拉夫或是波蘭彌賽亞運動的「受選」，或多或少都是為了統治而自覺使用的工具，而波耳人對基督教的扭曲則牢牢建立在一種恐怖的現實之上，其中悲慘的「白人」被同樣不幸的「黑人」崇拜為神。他們生活在一個自己無力將其轉變為文明世界的環境中，從而無從發現比自身更高的價值對象。❶然而關鍵在於，無論種

❶ 譯註：歐洲的「泛運動」可參見本書第八章的分析，鄂蘭在此指出波耳人的種族社會與「泛運動」的許多相似之處，但同時也強調它們建立在不同現實基礎之上。

族主義是否一場浩劫的自然結果，或是有意用來造成災難的工具，它都總是密切關聯著對勞動的蔑視、對領土限制的厭惡、普遍的無根以及對自身神聖受選性的激烈信仰。

英國早期憑藉傳教士、士兵、探險家在南非進行的統治，並未意識到波耳人的態度有其現實基礎。他們沒能理解到，歐洲人的絕對優勢（畢竟他們對此跟波耳人一樣感興趣）只有通過種族主義才能維持，因為來自歐洲的長久定居者要在數量上獲得優勢，實在頗為無望；[29]他們震驚於「如果歐洲人移居到非洲，就要表現得像是野蠻人，因為這是此地習俗」的說法，[30]而且從單純的效益考量來說，為了維持白色神祇統治黑色影子這樣的幻影世界，就要犧牲掉生產與利潤，這似乎頗為愚蠢。只有到了英國人與其他歐洲人在淘金熱潮中移民進來時，才逐漸適應了這一群人：就算用利潤動機也無法誘使他們返歸歐洲文明，他們在高級行為動機上與歐洲人切斷連結的同時，連低級誘因的聯繫也喪失了，因為在一個無人有所欲求且人人皆已成神的社會中，這兩者都失去了意義與吸引力。

二、黃金與種族

金伯利（Kimberley）的鑽石產地與維瓦特斯蘭（Witwatersrand）的金礦，恰好都位於這個種族的幻影世界之內：「這片土地曾目睹整船整船前往紐西蘭與澳大利亞的移民行經此處，對它

不屑一顧，如今則看到人們跌跌撞撞湧向它的碼頭，爭先恐後地撲向礦區。他們大部分是英國人，但也有不少人來自里加、基輔、漢堡、法蘭克福、鹿特丹、舊金山」。[31]這些人全都屬於「這樣一個階級，比起安穩的工業生產，他們更喜歡冒險與投機，他們在正常生活的約束下不會好好工作……其中有來自美國、澳大利亞的騙子，有德國投機者、零售商、酒吧老闆、職業賭徒、出庭律師……陸軍與海軍的離職軍官，好家庭出身的青年……一個不可思議的大雜燴，從他們那裡，金錢就像水一樣從礦產的驚人產量中流出」。❶數以千計的原住民也加入了這個行列，他們最初前來「偷盜鑽石，並在來福槍與火藥的攻擊下丟棄戰利品逃竄」，[32]但他們很快就開始為賺取工資而工作，並成為看起來取之不盡的廉價勞工供應，此時「一灘死水的殖民區域忽然就變得活躍起來」。[33]

這一淘金熱有別於其他同類型熱潮的第一項特徵、或許也是最重要的特徵，就是源源不絕的原住民與廉價勞工。人們很快就發現，來自世界各地的暴民們甚至不用從事挖掘工作；無論如何，南非的永恆吸引力，那誘使冒險家們永久定居於此的永久資源，不是黃金，而是這種確保人們永久從工作中解放的人類原料。[34]歐洲人僅僅需要扮演監督者的角色，甚至也不需要培養嫻熟技工與工程師，通常這兩者都是從歐洲進口。

❶譯註：本書第五章第三節所描繪的「多餘之人」，在此與南非波耳人的種族社會相遇，進而催生出極端種族主義型態。

就最終成果來看，僅居其次的一項重要差別，是這一淘金熱並非孤立行為，它還通過累積的多餘財富以及猶太金融家的幫助，而得到了資助與組織，並與歐洲的常規經濟活動有所連結。從一開始，就有「大約一百名猶太商人像老鷹撲向獵物般聚集過來」，[35]他們實際上扮演了中間人的角色，歐洲資本通過他們得以投入金礦與鑽石工廠。

對於這種忽然湧現的活動，這個國家中唯一不曾參與、也不想參與的南非居民，就是波耳人。他們厭惡這些外邦人（uitlanders），後者並不關心能否獲得公民身份，而是仰賴英國提供的保護，因此這似乎就增強了英國政府對好望角的影響力。波耳人以他們一貫的反應方式，賣掉金伯利盛產鑽石礦的土地，賣掉約翰尼斯堡附近盛產金礦的農地，再度遷往內陸荒野。他們並不理解，這一新潮流不同於英國傳教士、政府官員或是普通移居者；直到一切為時已晚，在黃金財富上已沒有他們的份額時，他們才意識到新的黃金崇拜和他們的血統崇拜並非完全不相協調，也意識到新的暴民像他們一樣既不願意工作，也不適合建立文明，因此能夠幫他們免去英國官方對法律的惱人堅持，以及基督教傳教士那討厭的人類平等概念。

波耳人恐懼並逃避的是實際上從未發生的事情，亦即這個國家的工業化。只有當正常生產與文明真的自動摧毀掉種族社會的生活方式時，他們的擔慮才有可能成真。正常的勞力、商品市場的確會消除種族優勢。但是迅速為南非半數人口提供生計的黃金與鑽石，卻並非同等意義上的商品，其生產方式也不同於澳大利亞的木材、紐西蘭的肉類或加拿大的小麥。黃金在經濟中的非理

性、非功能性地位，使它獨立於合理生產方式之外，後者本不可能容許白人與黑人之間出現如此荒唐的收入差距。黃金作為投機對象，其價值在本質上取決於政治因素，它雖然成為了南非的「命脈」，[36]卻不能、也並未成為新經濟秩序的基礎。

波耳人對於這些外邦人的在場本身也感到恐懼，因為他們錯把後者當成了英國移居者。然而這些外邦人來此僅僅是為了一夕致富，只有那些並不十分成功的人，或是無國可歸的猶太人，才會留下來。這兩個群體都不太在意是否要按照歐洲國家的模式來構建共同體（就像英國移民在澳大利亞、加拿大、紐西蘭所做的那樣）。巴納托（Barney Barnato）高興地發現「川斯瓦政府（Transvaal Goverment）跟世界上的其他政府不一樣。它完全不是政府，而是一個擁有差不多兩萬名股東的無限公司」。[37]最終導致英波戰爭的，同樣或多或少是一系列的誤會：波耳人錯誤地相信「這是為了達成英國政府長期尋求的統一南非」，但它實際上主要是由投資利益所推動的。[38]在波耳人戰敗之後，他們只不過失去了他們早已放棄的東西，也就是他們所享有的那份財富；但是在種族社會的無法律狀態方面，[39]他們卻不折不扣地贏得了包括英國政府在內的所有歐洲人的贊同。今日，該國的所有組成人口，無論是英國人還是阿非利卡人（Afrikander），無論是有組織的工人還是資本家們，都在種族問題上意見一致；[40]而且儘管納粹德國的興起，以及它有意識地要將德國人民轉化為一個種族的嘗試，都大大提升了波耳人的政治地位，但德國的失敗卻也未曾削弱它。

比起其他外國人，波耳人尤其討厭、害怕金融家們。他們多少意識到，在多餘財富與多餘之人的結合中，金融家扮演了關鍵角色，而且要將本質上頗為短暫的淘金熱轉變為更廣泛、更持久的商業活動，也必須仰賴金融家。[41]此外，與英國人的戰爭迅速顯示出一個甚至更關鍵的面向：這場戰爭很顯然是由國外投資者所推動的，這些投資者當然會要求政府保護他們在遙遠國度的巨額利潤，彷彿正在與異族作戰的軍隊，不過是與當地罪犯戰鬥的本地警察而已。將這種暴力引入黃金與鑽石的黑暗事業中的人，已不再是金融家，而是從暴民中崛起的人，比如像羅茲這樣比起利潤，更相信為擴張而擴張的人，[42]但這種人員轉變對波耳人來說並沒有多大差別。金融家大部分是猶太人，他們只是多餘資本的代理人，而非資本所有者，因此他們缺乏必要的政治影響力與足夠的經濟力量，來將政治意圖與暴力引入投機賭博活動之中。

即便這些金融家最終並沒有成為帝國主義的決定性因素，他們也無疑是其初始階段的突出代表。[43]他們充分利用了資本的過度生產，以及它對經濟價值與道德價值的徹底顛覆。資本自身的貿易以前所未有的規模出現，取代了純粹的商品貿易與生產利潤。光是這一點就足以賦予他們重要地位；此外，異國投資的利潤以遠高於貿易利潤的比率迅速成長，從而讓貿易商與零售商將優先權拱手讓給金融家。[44]金融家的主要經濟特質，在於他不是通過生產、剝削或貨物交換、常規銀行業務，而是完全通過委託代理來獲取利潤。這一點在我們的討論脈絡中頗為重要，因為這讓他接觸到了非現實，接觸到了幻影般的存在，以及在正常經濟活動中根本純屬徒勞之事，這在許

多南非事件中極為典型。金融家們當然沒有剝削任何人，而且對於商業投資過程，他們也僅僅施加了最低程度的管控，無論這些活動最終被證明是公共詐騙還是合理企劃。

同樣頗為重要的是，成為金融家的正是猶太人中的暴民份子。南非金礦的發現，實際上正發生在俄國最初的現代集體迫害之際，因此陸陸續續地有猶太移民前往南非。然而如果不是有一些猶太金融家早在他們之前就到了那裡，並對於這些明顯能夠在人口中代表他們的新來者馬上產生了興趣，那麼這些移民也很難在亡命之徒與財富獵人所組成的國際人流中扮演重要角色。

在猶太金融家原本居住的歐洲大陸國家中，他們原本的階級都跟其他南非移民一樣多餘。他們與受到認可的少數猶太貴族家族截然不同，後者的影響力在一八二〇年後已逐步減弱，因此他們也不再能夠同化進其中。他們從屬於那種新興的猶太金融階層，自七〇、八〇年代以來，我們在歐洲的所有資本活動中都能看見他們的身影，在這些活動中，他們大多都離開了原生國家，以便在國際股市的賭博中碰碰運氣。在世界各地，他們之所以這樣做，也跟古老猶太家族強烈的不安心態有關，這些家族無力遏制新來者的不擇手段，因而樂見他們轉戰海外。換言之，猶太金融家成為了正統猶太銀行業中的多餘者，正如他們所代理的財富也是正統工業生產活動中的多餘者，也正如碰運氣的人在正統勞動世界中的多餘地位。在南非本土，貿易商已正在把他們在這個國家中的經濟地位拱手讓給金融家，讓給巴納托、貝特（Alfred Beit）、薩米・馬克斯（Sammy Marks）這些新來者，而在這裡，舊有的猶太移民也比在歐洲更容易被從第一線淘汰。[45]雖然在

其他地方不太可能發生，但在南非，金融家確實在資本與暴民的最初聯盟中發揮了第三要素的功能；在很大程度上，是他們推動了聯盟的運作，並掌控了資本的流向，以及在黃金、鑽石礦上的投資，從而他們很快就變得比其他任何人都更引人注目。

他們具有猶太血統的事實，為其金融家角色增添了一種難以定義的象徵意味，一種本質上無家可歸、無根可扎的意味，因而也引入了一種神祕元素，同時象徵化了整個事件，此外他們實際上還擁有國際人脈，這很自然地激發出有關猶太政治權力統治了全世界這一廣為流傳的妄想。我們不難理解，所有有關祕密國際猶太權力的奇幻觀念（它們原本是來自於猶太銀行資本與國家商業的密切關係），在這裡都會變得比在歐洲大陸更為邪惡。在這裡，猶太人首次被驅趕到一個種族社會中間，並且幾乎是自動地被基於特殊仇恨的波耳人，從其他白人中標舉出來；他們不僅被視作整個金融事業的代表，還被視作一個不同的「種族」，他們所體現的邪惡原則，已被引入這個由「黑人」與「白人」所組成的正常世界。這種仇恨又由於某種猜忌而加深，這就是猶太人由於擁有更為古老、真實的（受選）主張，因此比其他人更不信服波耳人的天選宣稱。基督教只是否定這樣的原則，猶太教則似乎是一個直接的挑戰者與對手。早在納粹有意在南非製造反猶運動前，種族問題就已經以反猶主義的形式侵入外邦人與波耳人的衝突了，[46]而尤其值得注意的是，

猶太人在南非的黃金、鑽石經濟中的重要性，並未延續到二十世紀。❶

一旦黃金鑽石產業發展到帝國主義發展階段，海外股東們就都開始要求政府提供政治保護，而猶太人也就無法再維持他們的重要經濟地位。他們沒有祖國政府可以依靠，而他們在南非社會的地位又是如此岌岌可危，遠不僅僅是影響力減弱而已。唯有在社會中獲得某種重要地位（在此情形下意味著被排他的英國俱樂部接受），他們才能夠維持在南非的經濟安全並長久定居。這是他們比任何外邦人群體都更需要的。他們被迫要用自身影響力來交換紳士地位，正如羅茲在買下巴納托鑽石信託時坦率提出的做法，而在此之前他已用德比爾斯公司（De Beers Company）吞併了貝特的公司。[47]但是這些猶太人除了經濟權力外還有其他可以提供的東西；正是多虧了他們，同樣作為新來者與冒險家的羅茲，最終才得以被英國的上流銀行業所接受，畢竟猶太人金融家在這一領域擁有比其他人更好的人脈。[48]「原本沒有一家英國銀行會在金礦股份的擔保上出借哪怕一個先令。正是金伯利鑽石業者身上所散發出的無限信心，對母國同胞產生了磁鐵般的吸引力」。[49]

只有在羅茲攆走猶太人、將英國投資政策掌握在自己手中，並成為開普敦的核心人物之後，

❶ 譯註：值得注意的是，此處分析的南非版的反猶主義，頗可與本書第二章所分析的歐洲版的反猶主義相對照，在後者的脈絡中，猶太人同樣曾經因早期民族國家的財政需求，而扮演過重要的中介角色，並因此強化了世界猶太權力的陰謀論想像；同時也可跟第八章泛運動對猶太人的仇恨相對照，兩者在結構上也頗為相似。

淘金熱才開始成為成熟的帝國主義事業。百分之七十五的股東紅利流向海外，其中大部分匯集在大不列顛。羅茲成功讓英國政府對他的商業活動產生興趣，並說服他們相信，擴張與暴力工具的輸出，是保護投資必需的手段，而採取這樣的政策則是每一個國家政府的神聖義務。另一方面，他也在開普敦引入了典型的帝國主義經濟政策，亦即忽視一切非屬海外股東所有的工業生產活動，結果不僅金礦公司，連政府也不鼓勵開採豐富的基本金屬、不鼓勵生產消費商品。[50]羅茲藉由推動這種政策，為最終安撫波耳人帶來了最有力的因素；因為忽視所有真正的工業生產活動，能夠提供最堅固的保障來避免發展正常資本主義，從而阻止種族社會走向正常的終結之路。

波耳人花費了數十年的時間，才終於理解帝國主義並沒有什麼好怕的，因為它既不會發展出像澳大利亞、加拿大那樣的國家，也大體上不會從國家攫取利益，而是只滿足於在某個特定領域中達成投資活動的高周轉率。因此只要能確保特定投資上的利潤，帝國主義願意放棄所謂資本主義的生產法則及其平等主義傾向。這最終導致純粹的獲利法則被廢除，而南非則成為某種現象的最初範例，一旦暴民成為暴民與資本之聯盟中的主導因素，這種現象就會出現。

在某個最重要的面向上，波耳人在這個國家維持了無可爭議的主人地位：每當合理的勞動、生產政策與種族考量發生衝突，勝出的始終會是種族考量。利潤動機一再因種族社會的要求而被犧牲，且每每代價高昂。當政府遣散一萬七千名班圖傭員，並支付白人傭員超過兩倍的工資時，鐵路的利潤一夜間就蒸發殆盡；[51]當本地的市政傭員被白人取代，市政管理的花費就也跟著變

高；最終種族隔絕法案排除了機械技工職位上的所有黑人勞工，並使工業生產的生產開銷大幅增長。波耳人的種族世界不再懼怕任何人，至少不懼怕白人勞工，後者的工會甚至惱怒地抱怨種族隔離方案進行得還不夠徹底。[52]

乍看起來，在猶太金融家消失，且種族主義成功灌輸進所有歐洲群體之後，竟還存在這麼猛烈的反猶主義，著實令人訝異。猶太人當然沒有自外於這種普遍狀況；他們就像其他人一樣適應了種族主義，他們對待黑人的態度也與眾人無異。[53]然而雖然他們自身沒有意識到，但在特殊處境的驅迫下，他們已經與這個國家最強大的一種傳統產生了斷裂。

「不正常」行為的第一個訊號，在猶太金融家失去在黃金、鑽石產業中的地位之後立馬出現。他們並沒有離開這個國家，而是永久定居下來，並在整個白人群體中佔據獨特的位置：[54]他們既不屬於非洲的「命脈」產業，也不屬於「貧窮的白人渣滓」。他們幾乎馬上開始創建某些工業與行業，而這些在南非人的觀念來看都是「次要的」，因為它們與黃金無關。[55]猶太人成了家具與服飾製造商、鞋店老闆、各種專業人員、醫生、律師、記者。換言之，無論猶太人多麼自認為融入這個國家的暴民境況與種族態度，他們都已經通過將一種正常化的生產性因素引入南非，而打破了它最重要的社會模式；其結果是，當馬蘭（Daniel Malan）先生在議會提出將猶太人從南非聯邦驅逐的議案時，他馬上獲得所有貧窮白人與全體阿非利卡人的熱烈擁護。[56]

這種經濟功能上的轉變，亦即南非猶太人從在黃金與種族構成的幻影世界中最陰暗的角色，轉變為整個人口中最具生產力的一部分，其發生過程對於波耳人原本就懷有的恐懼來說，就像是一個奇怪地延遲了的確證。當猶太人還是多餘財富的中間人或黃金世界的代表時，倒沒有如此招致波耳人憎恨；他們恐懼、看不起的猶太人，是一種特定的外邦人形象，這種人會試圖將這個國家轉變成西方文明中一個正常的生產環節，而且至少其牟利動機會致命地威脅到種族的幻影世界。而且在猶太人最終脫離外邦人活躍的黃金命脈產業之後，卻沒有像同樣處境的其他外國人一樣離開這個國家，而是去發展「次要的」工業，這就更證實了波耳人的想法。由於猶太人完全靠自己，也不成為任何事物或任何人的影子，因此他們就成為了種族社會真正的威脅。問題至今仍是如此，猶太人要面對所有相信種族或黃金之人（實際上就是南非的所有歐洲人）的共同敵意。而且他們沒能力也沒有意願，與從種族社會中漸漸被吸引過來的唯一群體聯合起來：這就是在規律的勞動與都市生活的影響下，越來越對自身人性有所意識的黑人勞工。即便與「白人」相反，他們的確擁有真正的種族血統，卻沒有對種族產生偶像崇拜，廢除種族社會僅僅意味著承諾要解放他們。

對納粹來說，種族主義與反猶主義乃是破壞文明、建立新政治體的重要政治武器，在南非的情況則正相反，種族主義與反猶主義是理所當然的，而且是現實狀態產生的自然結果。它們不需要納粹主義來催生，而且它還間接地影響了納粹主義。

然而，歐洲各民族在南非種族社會中的行為，卻產生了真實而直接的回彈效應：由於一旦南非的內部供應暫時停滯，[57]廉價的印度與中國勞工就會被瘋狂輸入，人們在亞洲可以直接感受到對於有色人種的態度轉變，這裡的人第一次被跟非洲土著幾乎同樣的方式來對待，而後者是真真確確地曾把歐洲人嚇個半死。唯一的差別是，以彷彿他們不是人類的方式來對待印度人與中國人，顯然缺乏藉口，也缺乏在人性上可理解的原因。在某種意義上，真正的罪惡是在這裡開始發生的，因為這裡的每個人都應該明白自己到底在做什麼。在亞洲，種族觀念多少被篡改了；當「白人」開始承擔起負擔時就會說「高等種族與低等種族」，這仍然是揭示出一種漸變尺度，以及逐漸發展的可能性，且這種觀念無論如何都不是在表述兩種全然不同的動物物種。另一方面，由於種族原則取代了舊有的陌異、異國的亞洲民族觀念，因此比起在非洲，它在亞洲更是一個被有意識地用於支配與剝削的武器。

雖然沒有那麼直接，但對於極權統治來說更為重要的，則是非洲種族社會另一方面的經驗，其中包括利潤動機並非神聖不可侵犯且能夠被否決，社會可以根據經濟之外的原則來運作，還有那些在合理化生產與資本主義系統的條件下處於社會底層的人，在這樣的條件下反而會更為有利。南非種族社會為暴民上了重要的一課，他們對其內容也往往有過模糊的預感，這就是：通過純粹的暴力（sheer violence），一個底層群體能夠創造出一個比它自身更低等的階級，要達成此目標，它甚至不需要發動革命，它可以跟統治集團沆瀣一氣，而異民族或落後民族恰恰為這樣的

策略提供了最佳機會。

非洲經驗的全面影響，最初體現在彼得斯這樣的暴民領袖身上，他斷言暴民同樣必須屬於主人種族。非洲殖民領土為後來納粹菁英的盛產，提供了最肥沃的土壤。在這裡，他們用自己的眼睛見證了諸民族如何被轉化成諸種族，以及人們如何僅僅憑著在這個過程中採取主動態度，就得以將本民族推上主人種族的寶座。在此他們被消除了歷史過程必然「進步」的幻覺，因為如果遷徙到某處乃是舊式殖民的程序，則「荷蘭人卻會從任何地方遷徙離去」，[58]如果「經濟史曾教導說，人類一步步從狩獵生活發展為畜牧營生，最終走向定居的農耕生活」，波耳人的歷史卻清楚展現出人們也可以「雖來自一個已在繁榮的高度文明中取得領先地位的國度……卻逐漸成為牧民與獵人」。[59]這些領袖十分清楚，正是因為波耳人墮落退回野蠻部落的層次，他們才得以維持其無可爭議的主人地位。只要可以換得凌駕其他『種族』的統治權，他們完全樂意付出這樣的代價，欣然倒退回種族組織的水準。而且他們與來自世界各地的人一起在經驗中認識到，西方文明世界的所有暴民都會與他們同在。[60]

三、帝國主義品格

在帝國主義統治的兩項主要政治手段中，種族主義是在南非被發明出來的，而官僚體系則是

在阿爾及利亞、埃及以及印度被發明出來的；前者原本不過是歐洲人面對讓他們感到羞恥、恐懼的某些原住民部落時，產生的純然自覺的反應，而後者則是歐洲人用以統治異民族的管理制度所產生的結果，他們覺得這些異民族遠比自己低劣，卻又同時需要得到特殊保護。換言之，種族主義就是逃避到一種不負責任的狀態，在其中任何符合人性的事物都不復存在，而官僚體系則是負起某種責任的產物，但本來沒有人能夠為自己的同伴承擔這種責任，也沒有任何民族能夠為另一個民族承擔。

這種被誇大的責任感存在於印度的英國行政官員（伯克所說的「法律破壞者」的繼承者）身上，並且有其物質基礎，這就是大英帝國實為在「一陣不經意」間達成的事實。因此那些面對既成事實、且其職責就是保管因意外獲得之物的人們，就必需發明一種解釋，以便將意外轉變為某種意志行為。這種將事實予以歷史性轉變的操作，自古以來就是由傳說（legends）來執行，而英國知識階層編造出來的傳說，則在組構英國行政機構的官僚與特務方面，扮演了至關重要的角色。

在打造歷史方面，傳說向來發揮著強有力的作用。人並沒有被賦予取消（undoing）的能力，他總是他人行為無從抗辯的繼受者，總是背負著一種責任，這種責任看起來是無止境事件連鎖的結果，而不是自覺行為的結果，因此他要求對過去進行解釋與詮釋，而通向他未來命運的神

祕鑰匙似乎就藏在其中。傳說乃是每個古代城邦、每個帝國、每個民族的精神根基，它通過無限的未來空間來承諾提供安全指導。傳說從不需要可靠地講述事實，卻總是能傳達出真正的意義，它們提供的是一種超越了現實的真相（a truth beyond realities）、一種超越了記憶的回憶（a remembrance beyond memories）。

歷史的傳說性解釋，向來扮演著對事實與真實事件進行事後修正的角色，它們之所以不可或缺，正是因為歷史本身會要人為他未曾做過之事、未曾預見之果負責。古代傳說往往在它們所講述的城市、帝國、民族化作塵埃的數百年後，賦予其迷人的現實性；而這些古代傳說的真相無他，不過是讓過往事件得以在一般意義上合於人類境況，且在特定意義上合於政治願景的一種形式而已。唯有在為這些事件而真誠發明出來的傳說故事中，人才會欣然承擔起對這些事件所負的責任，並將過往事件視作**他的**過去。傳說使他成為自己未曾做過之事的主宰者，並有能力去面對他所無法取消之事。傳說不僅屬於人類最初的記憶，而且實為人類歷史的真正開端。

歷史傳說與政治傳說的繁盛，隨著基督教的誕生而兀然終結。基督教對歷史的詮釋，從亞當時代到末日審判，作為一條通向救贖與拯救的唯一道路，為人類命運提供了最強有力且包羅一切的傳說性解釋。只有在基督徒的精神團結讓位於眾國族的多元性之後，當通向拯救的道路成為一個不確定的個人信仰項目，而非適用所有狀況的普遍理論時，才會出現新的歷史解釋類型。十九世紀為我們提供了一幅奇特的景觀，各種截然不同且相互衝突的意識形態幾乎同時誕生，每一種

都自稱了解隱藏在高深莫測之事實背後的真理。然而傳說並非意識形態，它們的意圖不在於提出普遍性解釋，而是始終關注具體事實。似乎格外重要的是，各國族體的成長並沒有伴隨著創始傳說（foundation legend）的出現，而現代第一個獨特的傳說嘗試，則恰恰出現在國族體開始明顯衰落，而帝國主義似乎取代了舊式民族主義的時候。

帝國主義傳說的作者乃是吉卜林（Rudyard Kipling），其主題是大英帝國，其結果則是帝國主義品格（帝國主義乃是現代政治中唯一的品格學校）。雖然大英帝國的傳說與大英帝國主義的現實沒有多大關係，卻能夠迫使或哄騙英國最優秀的子弟們進入其行政體系。因為傳說吸引了我們時代最優秀的一部分人，正如意識形態吸引了普通人，而幕後存在可怕祕密權力的私下流言則吸引到最糟糕的那部分人。無疑，在激發傳說故事與辯護上，沒有任何政治體制能夠與大英帝國相提並論，遑論英國人民從自覺創建殖民地到統治、支配遍布全球的異民族的故事。

創始傳說（吉卜林如是稱）始於英倫群島人民的基本現實。[61]由於四面環海，他們需要通過船的發明，來贏得水、風、陽光三要素的幫助。船使各要素有可能與之結成向來危險的聯盟，使英國人成了世界的主宰。「你將贏得世界，」吉卜林說，「沒有人會在意你是如何做到：你將維護世界，沒有人會知道你是如何做到：你將把世界背負起來，沒有人會看到你是如何做到。但是無論是你還是你的子孫，都不會從那份小小的工作中獲得任何東西，除了這四件禮物：一件是海，一件是風，一件是陽光，一件是載你的船……贏得了風，維護著世界，將世界負在背上——

在陸地上、或大海上、或天空上——你的子孫將永遠擁有這四件禮物。他們將會頭腦敏銳、言辭審慎、手中沉重——要命的沉重——並且總是比所有敵人稍佔上風；他們會保護所有在法定時間通過這片海的人。」

「最早的水手」這個小故事之所以非常接近古代創始傳說，是因為它將英國人描寫為唯一政治成熟的民族，在既不關心也不知道是什麼維繫了世界的野蠻部落中間，他們關心法律、承擔起世界的福祉。不幸的是，這種再現缺乏古代傳說的內在真理；世界在意、知道且看到了他們是如何做到的，而這樣的故事也從未讓世界相信他們沒有「從那份小小的工作獲得任何東西」。而且在英國本身當中還存在某種對應吉卜林傳說並使之可能的特定現實，這就是諸如騎士精神、貴族精神、勇敢這樣的美德，即便它們在由羅茲或柯曾爵士所統治的政治現實中完全不得其所。

事實上，無論「白人的重負」是偽善還是種族主義，都不足以阻止一些最優秀的英國人盡力承擔起這重負，並讓自己成為帝國主義下堂吉訶德式的悲劇傻瓜。在英國跟偽善傳統一樣真實的，乃是另一個較不明顯的傳統，人們總會稱之為屠龍者（dragon-slayer）傳統，這些屠龍者滿懷激情地前往遙遠而奇異的土地，去造訪異國的天真民族，去屠殺已禍害人們數百年的無數惡龍。在吉卜林的另一個故事〈祖先之墓〉中，[62]秦（Chinn）家族「世世代代在印度服務，就如同循著隊列穿越廣闊海面」。他們射殺偷吃窮人莊稼的野鹿，教導人們更高效的農業生產祕訣，將人們從某些有害的迷信中解放出來，並以宏大的氣派殺死獅子與老虎。他們獲得的唯一回報真

的就是「祖先之慕」，以及整個印度部落都深信不疑的家族傳說；根據這一傳說，「受人景仰的祖先有一頭自己的老虎，一頭配了鞍的老虎，他隨時可以騎著牠巡視這個國家」。不幸的是，這種環繞國家的騎行乃是「戰爭或瘟疫，或其他某種東西的明確訊號」，而在這一特定情境中，它乃是接種疫苗的訊號。因此秦氏家族中最小的成員雖然在軍官階層中只是不重要的下級人員，卻在事涉印度部落的時候成為關鍵人物，他不得不射殺祖先的野獸，以使人民可以不用懼怕「戰爭、瘟疫或其他事物」地接種疫苗。

隨著現代生活的展開，秦氏家族的確「比大部分人更為幸運」。他們的幸運在於，他們生來就投身其中的職業生涯，會漸漸地、自然而然地引導他們去實現其最美好的少年夢想。當其他男孩不得不遺忘「高貴的夢想」時，他們則恰好還足夠古老，還能夠將它們付諸行動。當他們結束三十年的行政服務退休時，他們的汽輪將穿過「出航的運輸艦，將他的兒子送來東方履行家族義務」，從而老秦先生作為政府委派、軍方僱用的屠龍者的權力，就可以傳承給下一代。英國政府無疑為他們的行政服務支付了報酬，然而他們最終是在為誰服務，則並不是那麼清楚。很有可能的情況是：秦氏家族世世代代實際上是為這個特定的印度部落服務，這在各方面都是頗為撫慰人心，至少部落本身對此深信不疑。事實上高層人員對小秦上尉奇異的義務與冒險所知甚少，他們也沒有意識到他已成為他祖父的成功替身，這種情形為他夢幻般的雙重存在，賦予了不受干擾的現實基礎。他不過是安居在兩個世界之中，二者為滴水不漏、閒言不傳的圍牆所分隔。他出生在

「這個雜木叢生的殘忍國家的中心地帶」，並在和平、均衡、消息閉塞的英格蘭由本民族教育成長；他已做好準備要永久跟這兩個民族一起生活下去，並扎根、熟悉這兩者的傳統、語言、迷信、偏見。只要稍加留意，人們就會發現他可以從國王陛下忠誠的下級士兵，搖身變為原住民世界中振奮人心的高貴形象，一個深受愛戴的保護弱勢者，古老傳說中的屠龍者。

關鍵在於，這些奇特的堂吉訶德式的保護弱勢者，雖然是在英國官方統治的幕後發揮作用，卻不太是原始民族天真想像的產物，而更多是包含著歐洲與基督教傳統之精華的夢想所衍生的產物，即便這些夢想早已墮落為徒勞的少年理想。能夠教導原住民認識西方世界偉大之處的人，既非國王陛下的士兵，亦非英國高級官員。只有那些從未放棄少年理想，並投身於殖民地服務的人，才能勝任這一任務。對於他們來說，帝國主義不過是一個藉以逃避社會的偶然機緣，而在這個社會中，一個人若是想要長大，就不得不遺忘他的青春夢想。英國社會十分樂見他們去往遙遠國度，那裡的環境准許人們寬容、甚至促進公校系統孕育的少年理想；殖民地行政機構將他們帶離英國，並阻止他們從自己的少年理想轉換到成人的成熟理念。自十九世紀末以來，陌生而奇特的土地吸引了最優秀的英國年輕人，剝奪了英國社會中最誠實與最危險的部分，而在這個樂園之外，則維持了貴族少年某種保守、甚或是固化的態度，靠他們維繫並幼兒化了西方的道德標準。

克羅默勳爵在前帝國主義時期的印度政府中，擔任總督祕書與財政官，他仍然屬於英國屠龍

者的行列。他完全受到為落後民族服務的「奉獻感」與替大不列顛增添榮光的「義務感」指引，[63]這兩者「催生了一個既有意願、也有能力進行（殖民地）治理的官僚階級」；[64]因此他在一八九四年拒絕了印度總督的職位，也在十年後拒絕了外交事務大臣的職位。這樣的榮譽本可以讓許多人心滿意足，他卻在一八八三年到一九〇七年間成為低調而大權獨攬的英國駐埃及總領事。他在那裡成為最早的帝國主義行政官，且無疑「在以其行政服務榮耀了大不列顛種族的眾人之中位居首位」；[65]他或許也是其中最後一個在問心無愧的驕傲中死去的人：「讓這些行為配得上大不列顛的嘉賞／未曾有人獲得比這更高貴的報酬／一個被解放的民族的祝福／乃自覺履行義務者所應得」。[66]

克羅默之所以前往埃及，是因為他意識到「英國人若要從遠方保住他所愛的印度，就不得不牢牢地踏足在尼羅河河岸上」。[67]對他而言，埃及僅僅是達成目的的手段，是為了印度安全而進行的必要擴張。幾乎在同一時間，另一個英國人踏上非洲大陸，雖然其目的與理由恰恰相反：羅茲前往南非，並在好望角殖民地不再對英國人熱愛的印度具有重要性之後，拯救了它。羅茲的擴張觀遠比他那些可敬的北方同僚先進；對他而言，擴張不需要用保住既有領土這樣合情合理的動機來證成。「擴張就是一切」，在只會受到地表面積限制的擴張活動中，印度、南非、埃及作為墊腳石，其重要程度都是一樣的。在庸俗的自大狂與充滿犧牲、義務精神的有教養者之間，誠然存在鴻溝；然而粗略來看，他們卻造成了同樣的結果，他們同樣要為隱祕的「大遊戲」負責，而

有教養者在政治上的瘋狂、有害，絲毫不遜於種族的幻影世界。

在羅茲的南非統治與克羅默的埃及統治之間，存在極為突出的相似之處，亦即兩者都不將這些國家視為可追求的目的本身，而是僅僅將之視作達成某種更高目標的手段。因此他們的態度同樣冷漠、超然，同樣對其臣民缺乏真正的興趣，這一態度既不同於亞洲本土暴君的殘忍與專橫，也不同於征服者壓榨性的粗心大意，或一個種族部落對另一個部落瘋狂而無序的壓迫。一旦克羅默開始為了印度之故而統治埃及，他便失去了「落後民族」之保護者的角色，也不再真誠地相信「臣屬種族的自身利益是整個帝國組織的首要基礎」。[68]

超然（aloofness）成為所有英國行政官員的新態度；它是一種比專制與獨斷更危險的治理形式，因為它甚至不會容忍暴君與其臣民之間尚且存在的那最後一點連結，這連結是由行賄與送禮所構成的。正是英國行政機關的正直，使專制政府對其臣民而言，比任何亞洲統治者或任何魯莽征服者，還更為不近人情、更為不可接近。[69] 正直與超然象徵著雙方利益的絕對分離，甚至不允許它們發生衝突。相較之下，剝削、壓迫或腐敗看起來就像是人類尊嚴的捍衛者，因為剝削與被剝削者、壓迫與被壓迫者、行賄者與受賄者仍然生活在同一個世界之中，仍然享有相同的目標，並為了擁有相同的事物而彼此戰鬥；超然態度所摧毀的正是這種參照點（*tertium comparationis*）。最糟的是，超然的行政官員很少意識到他發明出了一種新的治理形式，他實際上仍相信自己的態度受限於「與下層民族之間的強迫性聯繫」。因此，與其說他是帶著一定程度的無害

虛榮而自覺優越，不如說他覺得自己屬於「一個已經達到相對高等之文明水準的民族」，[70]因而是根據與生俱來的權利來主張自己的地位，而無關乎個人成就。

克羅默勳爵的職業生涯頗為迷人，因為它體現了從舊式殖民機構到帝國主義式機構的轉折。對於自己在埃及的職責，他最初的反應是對於某種事態表現出特別的焦慮與關切，這種狀況並非「吞併」（annexation），而是一種「既無名可稱、亦無先例可循的混合治理形式」。[71]在一八八五年，經過兩年的行政服務後，他仍然對於自己在其中擔任名義上的英國總領事與實質上的埃及統治者的系統，抱持著嚴重的懷疑，並寫道「這是一部高度精密的機器，強烈依靠少數人的判斷與能力才能有效運作……只有我們當前還能夠維持撤離的可能性時，它才能夠被正當化……如果這種可能性變得十分微小，以至於不再有實踐上的可能……那麼我們最好與其他強權一起接管這個國家，並擔保其債務的清償等等」。[72]克羅默無疑是正確的，無論是佔領還是撤離，都能使事情正常化。但是這種無先例可循的「混合治理形式」將成為所有帝國主義事業的典型特徵，其結果則是數十年後，所有人都喪失了克羅默早先關於治理形式之可能與不可能的合理判斷力，正如塞爾伯恩（Selbourne）爵士早先所提出的作為生活方式的種族社會乃史無前例這一洞見，也同樣喪失了一樣。再沒有事情比以下這兩種有關非洲境況的判斷，更能揭示出帝國主義初始階段的特徵：在南方是一種史無前例的生活方式，在北方則是一種史無前例的治理方式。

在接下來的歲月裡，克羅默順從著「混合治理形式」；在書信中，他開始為它辯護，並為這

種無名可稱、無例可循的治理陳情。在人生的最後階段，他（在論「對臣屬種族的治理」一文中）制定了人們會稱之為官僚制哲學的主要路線。

克羅默首先承認，不仰賴法定條約或成文政治條約的「個人權勢」（personal influence），就足以在異國維持「對公共事務的有效監管」。[73]這種非正式的權勢之所以比界限分明的政策更受青睞，是因為它可以隨時更改，而且就算遇到棘手狀況，也不必將母國政府牽連進來。它要求一個經過高水準訓練且高度可信賴的職員團體，其忠誠與愛國無關乎個人野心或虛榮，他們甚至被要求放棄將自己的名字與其成就相連結這樣合情合理的願望。他們最大的激情將不得不投注在隱匿狀態中（「被人們談論的英國官員越少越好」），[74]投注在幕後角色上；他們最蔑視的就是公開活動，以及熱愛這種活動的人。

克羅默自己在很大程度上具有這一切特質；他最被激怒的時刻，就是當他被從「藏身之處揭露出來」的時候，當「先前僅僅為幕後少數人所知的現實變得舉世皆知」的時候。[75]他的驕傲的確就是「差不多總是在暗處進行幕後操控」。[76]與之相應的、而且完全是為了使其工作得以進行的狀況就是，官僚必須通過掌控（這毀譽參半）所有公共機構（無論是議會、「英國各部門」或出版界），來獲得安全感。民主的每一次成長，甚或是既有民主機構的運作都只會是危險，因為這會導致不可能「由一個民族來治理另一個民族——由英國人民治理印度人民」。[77]官僚體系總是一種專家治理，一種由「有經驗的少數人」進行的治理，他們必須抗拒（也知道如何抗拒）來

自「缺乏經驗的大多數人」的持續壓力。每個民族基本上都是由缺乏經驗的大多數人所組成，因此在諸如政治、公共事務這種高度專業化的問題上，都無法信任他們。此外，官僚們也被認為完全不應在政治問題上抱持普遍理念；他們的愛國主義絕不該使其走得太偏，以至於堅信自己母國政治原則的固有之善；這樣的結果只會是，他們要將廉價的「仿製品」使用在「落後民族的治理」上，根據克羅默的說法，這正是法國制度的主要缺陷。[78]

不可能會有人把羅茲粉飾成不慕虛榮之輩。根據詹森（Jameson）的說法，他希望能被世人銘記至少四千年。儘管有這些自我榮耀的願望，他卻在隱匿統治方面與過度謙遜的克羅默爵士想法相同。羅茲極度熱衷於草擬遺囑，他在自己所有的遺囑中（在他長達二十年的公共服務生涯中）都堅持，他的錢應當被用來創建「一個祕密社團……以執行他的規劃」，這個社團將「像羅耀拉（譯按：耶穌會創始人）的耶穌會那樣組織起來，由那些有意願做一番事業的人所累積的財富來支持」，如此一來，最終就會有「兩、三千名風華正茂之輩遍布全球，每一個人都在最易受影響的人生階段銘記創始人的夢想，此外，每一個人都是為了實現創始人的宗旨，而特別（經過精密計算地）被遴選出來的」。[79]比克羅默更有遠見的是，羅茲很快就將這一社團向所有「北歐種族」開放，[80]因此其目標也就不完全是大不列顛的成長與榮耀——佔領「整個非洲大陸、聖地、幼發拉底河流域、賽普勒斯與克里特島、整個南美洲、太平洋群島……整個馬來群島、中國與日本的沿海地區，以及最終收復美國」[81]——而更多的則是由祕密社團所組織的「北歐種族」的擴

張，這將建立起一個統治大地上所有民族的官僚政府。

使羅茲克服內心的巨大虛榮、並使他發現隱匿之魅力者，跟征服了克羅默固有的義務感者，乃是同一種東西：他們發現存在這樣一種擴張，它不是由對特定國家的特定渴望所驅動，而是一種無止境的過程，其中每個國家都只是進一步擴張的墊腳石。以這樣的概念來看，為自身民族之故而凌駕於一個特定民族的光榮勝利，就不再能夠滿足對榮耀的渴望，而其義務感也無法通過自覺提供特別服務與履行特別任務來得到滿足。無論一個人擁有何種個人特質或缺陷，一旦他進入無止境擴張的大漩渦之中，就會停止成為他自己，並服從該過程的法則，將自己等同為他所服務的無名力量，以便讓整個過程維持運作；他將會只把自己視作某種功能，並最終將這樣的功能性視作這動態趨勢的化身，視為他所能取得的最高成就。於是羅茲瘋狂地宣稱，他「不會犯錯誤，他所做的都是正確的。他的義務就是去做他想做的事。他覺得自己是一個不折不扣的神」[82]。克羅默爵士則在將官僚稱為「在執行帝國主義政策方面具有無可比擬之價值的工具」時，[83]也理智地指出同樣的現象：人們自願將自己降格為純粹的工具或純粹的功能。

很顯然，擴張力量的這些祕密無名代理人並不覺得有義務要遵守人為法律。他們遵守的唯一「法律」就是擴張的「法律」，而他們「合法性」的唯一證據就是成功。一旦失敗，一旦他們因為任何理由而不再是「無價的工具」，他們就只能完全自願地消失在徹底的遺忘之中。而一旦他們成功，則體現了比自身更偉大之力量的感覺，就會使他們相對容易地放棄、乃至蔑視掌聲與讚

頌。他們在成功中成為自負的怪物，在失敗中則成為謙遜的怪物。

官僚體系作為一種治理形式，蘊含著以臨時而變動的命令來替代法律的特性，而在其根基之處則存在著魔法式地將人等同為歷史力量的迷信。這樣一種政治體的理想典範，向來是那個在幕後操控歷史的人。克羅默最終要在他與埃及的關係中，避開任何「成文工具，或任何有形之物」（甚至包括一份兼併公告），[84]以便讓自己只服從於擴張法則，而無須服從人為的協議。於是官僚們避開所有普通法，只通過命令來應對各種情境，因為法律內在的穩定性可能導致建立持久共同體的危險，在這種共同體中，由於一切都必須服從法，因而沒有任何人可能成神。

這個系統在本質上是無目標的過程，其中存在兩個關鍵角色，一是官僚，一則是特務。只要是為大英帝國主義服務，這兩種角色就從來不會否認他們是屠龍者與保護弱勢者的後裔，因此也就從來都不會將官僚體系引向其內蘊的極端。在克羅默死後約二十年，一個英國官僚雖然知道「行政程序式屠殺」能夠將印度留在大英帝國之內，卻也同樣知道試圖為一個實則非常現實主義的計畫爭取到討厭的「英國各政府部門」的支持，是多麼異想天開。[85]印度總督柯曾爵士並沒有展現出任何克羅默式的高貴，而是典型地代表了一個越來越傾向接受暴民式種族標準的社會，只用流行的假紳士派頭來呈現這些標準。[86]但是假紳士派頭畢竟無法與狂熱相提並論，因此也就從未真正有效。

英國情報機關的成員也同樣如此。他們同樣具有輝煌的出身：屠龍者之於官僚，正如冒險家之於特務；而且他們也同樣正當地訴諸創始傳說，亦即吉卜林在《基姆》（*Kim*）中所說的大遊戲／大博弈傳說。

當吉卜林稱頌基姆「他所熱愛的是遊戲本身」時，每個冒險家當然都知道他是什麼意思。❶每個仍能驚嘆於「這個偉大而精采的世界」的人，都知道「當慈善社團的傳教士與幹事們無法看見它的美麗時」，就沒有任何理由去反對這個遊戲。更何況，似乎那些信奉「親吻一個白人女孩的嘴唇乃是罪過，而親吻一個黑人的鞋則是美德」的人才有權利說話。[87]由於生命本身最終不得不為自身而活而愛，因此為自己而進行的冒險與愛之遊戲，很容易就看起來像是最富於人性的生命象徵。正是這種潛藏的富有激情的人性，使《基姆》成為帝國主義時代獨一無二的小說，在其中真誠的兄弟情誼將「高等與低等種族」連結在一起，在其中基姆這個「老爺兼老爺的兒子」，可以在提到「戴鎖鍊的人」、「同一條繩子上的所有人」時，理直氣壯地說出「我們」。這個「我們」（從一個帝國主義信徒口中說出不免有些奇怪）的意義，超過了那些自豪於「沒有名字，只有一個數字和字母」的人全部囊括其中的無名集合體，也超過那些「被懸賞人頭」者的共同驕

❶ 譯註：在吉卜林的小說中，基姆是白人士兵的兒子，童年時代就遊歷印度各地，並周旋於英帝國殖民者與印度人民之間。在鄂蘭的論述脈絡中，基姆實為被帝國主義利用的間諜，但小說實際呈現出來的狀況則頗為複雜曖昧。

傲。使他們成為同伴的是成為生命本身之象徵的共同經驗——各種危險、驚恐、持續的驚訝、習慣的全然喪失、不時準備改變身份。例如，發生在全印度的事件，它直接讓所有生命參與其中，「就像梭子一樣穿過全印度」，從而不再「在所有人中間孤身一人」地，受到個體特質或民族身份的禁錮。玩著大遊戲，一個人會覺得自己是在過唯一值得的生活，因為他已脫離所有附屬多餘之物。當一個人斬斷了他與正常社會的紐帶、家庭、正常工作、明確的目標、野心，以及生來即屬的共同體中的位置時，生命本身似乎就只剩下一種被瘋狂地強化了的純粹。「當所有人都死去的時候，大遊戲才會結束。在此之前則永不停歇。」當一個人死去，生命就結束了，而不是結束在此之前，不是結束在一個人恰好獲得了他想要的東西的時候。這種遊戲沒有最終目的，這讓它非常危險地類似生命本身。

無目的性正是基姆生存狀態的魅力所在。他之所以接受奇特的義務，並非為了英國，也並非為了印度，或為了任何有價值或無價值的緣由。類似為擴張而擴張，或是為權力而攫取權力這樣的帝國主義觀念或許會適合他，但他對此並不特別在意，當然也不會構想任何這樣的規劃。他踏上「不要去管為什麼，只管去做，然後死去」這條獨特的道路，甚至連一個問題都無須詢問。他僅僅是被這個遊戲根本性的無休無止，以及這樣的隱匿狀態所誘惑。而這隱匿則再度看起來像是生命的基本神祕性的象徵。

無論如何，他們在帝國主義中發現了一種本性上無休無止的政治遊戲，這並不是天生冒險家

們的過錯，不是那些依其本性寓居在社會與所有政治體之外者的過錯；他們應該不知道，在政治中，一場無休止的遊戲只有在浩劫來臨之際才會結束，也不知道政治隱匿狀態的終結方式，絕不會比間諜粗俗的兩面三刀更高貴。對這些大遊戲的玩家們所開的玩笑是，他們的雇主知道他們想要什麼，並利用他們對隱匿的熱情來進行平凡的間諜活動。但是這些渴求利潤的投資者們的勝利是短暫的，當數十年後他們遭遇到極權主義遊戲的玩家時，他們就不折不扣地被欺騙了，這次的遊戲並無利潤這樣的最終動機，它以如此兇殘的效率進行，連資助它的人也會被它吞噬。

然而在這種情況發生之前，帝國主義者已毀滅了從冒險家（大量混合了屠龍者）轉變為特務的最優秀者，即阿拉伯的勞倫斯（Lawrence of Arabia）。❶隱匿政治的實驗再也不曾因一個如此體面的人物而進行得如此純粹。勞倫斯（T. E. Lawrence）無畏地在自己身上做實驗，接著返回並相信自己屬於「失落的一代」。他之所以這樣想，是因為「老一輩人再度出現，並從我們手中奪走勝利」，以便「重新讓（世界）變得跟他們所知的舊世界一樣」。[88]事實上，老一輩人甚至頗為無能，而且還將他們的勝利連同其權力，都轉交給同屬「失落一代」的其他人了，這些人既不老，與勞倫斯也沒有太大差異。唯一的差別在於，勞倫斯仍然堅持某種道德，然而這種道德早

❶ 譯註：「阿拉伯的勞倫斯」是歷史上頗具爭議性的人物，作為一戰期間英國派駐中東的軍官，他被認為在推動阿拉伯人反抗鄂圖曼土耳其帝國的民族運動方面，做出了很大的貢獻，許多阿拉伯人將他視為英雄，然而同時也有許多人認為勞倫斯實為替英國帝國主義服務的間諜，其功業亦被誇大。鄂蘭在下面的詮釋則融合了這正反面的曖昧性。

已失去所有的客觀基礎，只充滿了某種個人的且必不可少的堂吉訶德式騎士精神。

勞倫斯之所以被誘惑去阿拉伯成為特務，是因為他強烈渴望離開這個充滿愚蠢體面的世界，認為其存在毫無意義，也因為他既厭惡這個世界也厭惡自己。阿拉伯文明中最吸引他的是，它的「福音中明顯包含著一種道德的赤裸」，它「已清除掉家神而自我完善」。[89]在返回英國文明世界之後，他極力避免的就是過他自己的生活，因此他最終以顯然難以理解的方式祕密服役於英國軍隊，因為無疑只有這個機構，會將榮譽等同於喪失個性。

當第一次世界大戰的爆發將勞倫斯送往近東的阿拉伯人那裡的時候，就委派他去引發他們反叛土耳其統治者，促使他們站在英國這一邊戰鬥，此時他踏入了大遊戲的真正核心。只有在阿拉伯各部落間喚起一場民族運動，他才能實現目標，而這場民族運動終究是為大英帝國主義服務的。勞倫斯不得不表現得好像阿拉伯民族運動乃是他的首要志趣，他進行得如此出色，以至於他自己都開始相信了。但是接下來他再次無所歸屬，對於阿拉伯人，他終究無法「思其所思」，無法「承其秉性」。[90]假裝成阿拉伯人，只會讓他失去「英國自我」，[91]並深受完全自我抹除之隱匿狀態所吸引，而不太會被對落後民族施以仁慈統治這樣的自我辯解（克羅默爵士或許會使用）所愚弄。作為比克羅默更成熟也更悲傷的一代，他在自己扮演的角色上獲得很大的樂趣，這個角色要求重置他的整體個性，直到他能夠適應大遊戲，並成為阿拉伯民族運動之力量的化身，直到他在與必然強過他自身的力量的神祕結盟中，喪失所有的虛榮本性，無論他有多麼偉大，直到他獲

得一種致命的「輕蔑，不是對其他人的，而是對於他們做的一切事情」，只要這些人是自發地去做這些事，而非基於與歷史力量的結盟。

當戰爭結束，勞倫斯不得不放棄特務的偽裝，並多少恢復了他的「英國自我」，[92]他「用新的目光審視西方及其習俗：這種目光替我完全摧毀了它」。[93]大遊戲之大無可估量，沒有任何公開宣傳予以頌揚或予以限制，但它已在他二十歲時讓他凌駕於眾多王公將相之上，因為他曾「造就他們或與他們玩遊戲」；[94]勞倫斯從這樣的大遊戲中返鄉，帶著對無名狀態的執迷渴求，而且深信他在人生中還可能從事的任何事業，都再也無法滿足他。這一結論得自他對自己的充分認知，亦即曾經如此偉大的不是他自身，而是他所妥善承擔的角色，換言之，他的偉大乃是該遊戲的結果，而非他自身的產物。如今他「再也不想要變得偉大了」，而且也決心「不要再度變得受人尊敬」，他由此不折不扣地「消除了為自己做任何事情的慾望」。[95]當那種力量、那種功能從他身上被奪走後，他就成為了這種力量的幻影，成為了生者之間的幻影。他瘋狂尋找另一個可扮演的角色，順帶一說，蕭伯納（George Bernard Shaw）常常滿懷善意地詢問這種「遊戲」，卻始終無法理解他，彷彿對方是在另一個國度說話；蕭伯納無法理解之處在於，為何一個人取得了如此偉大的成就，卻不應該承認它們。[96]唯有（成為）另一個角色、另一種功能，才會強大到足以讓自己與世界不再將他等同於他在阿拉伯的功績，不再用一種新的個性來取代他舊的自我。他並不想要成為「阿拉伯的勞倫斯」，因為基本上在失去舊的自我後，他不想要重獲一個新的自我。

他的偉大之處在於，他有足夠的熱情來拒絕通向現實與體面的廉價承諾與終南捷徑，而且他從未喪失這種自覺，即他僅僅是一種功能、僅僅是扮演一種角色，因此他「必須避免從他在阿拉伯的作為中得到任何利益。拒絕他所應得的榮譽。謝絕因為他的貢獻而提供給他的工作，同時也不允許自己利用自己的成功，以勞倫斯之名寫任何付費新聞報導」。[97]

勞倫斯令人動容的苦難與偉大的故事，不僅僅是個支薪公務員或受僱特務的故事，而是一個真實的代理人或職員的故事，這個人真的相信自己已踏入（或被驅趕入）歷史必然性之洪流，並成為統治世界的祕密力量的職員或代理人。「我將我的手推車推進永恆之流中，因而它比其他橫渡者或逆流者都跑得更遠。我最終並不相信阿拉伯運動：但是我認為它在其時空中是必然的」。[98]正如克羅默為了印度之故而統治埃及，或羅茲為了進一步擴張之故而統治南非，勞倫斯則是為了某種終極而不可預料之目的而行動。他從中得到的唯一滿足，缺乏某些有限成就所具備的平靜良知，這種滿足來自於發揮作用的感覺本身，來自於被某種大規模運動所擁抱、驅使。他回到倫敦就陷入絕望，只能嘗試去為這種「自我滿足」尋找替代，並且「只能從摩托車的高速行駛中得到它」（譯按：勞倫斯後來就死於摩托車事故）。[99]勞倫斯尚未被運動意識形態的狂熱所捕獲，這或許是因為他受過良好教育，得以免疫於其時代的迷信；儘管如此，基於對一切可能的人類責任的絕望，他已體驗到了那種魅力，這種責任乃是來自永恆的洪流及其永恆運動。他將自己沉入其中，而除了某種莫名的莊嚴以及「將事情推向正軌」的驕傲之外，就什麼都沒有了。「我仍困惑

於一個人可以走得多遠：我想可以很遠，只要他走上正軌」。[100]於是這就是西方人真正驕傲的終結，他已不再被視作目的本身，不再為世界立法來製造出「自己的事物，或一個明顯屬於他自己的事物」，[101]而是只要「走上正軌」，就有機會跟歷史與必然性之祕密力量結盟——而他在其中只是一個功能。

當歐洲暴民發現白皮膚可以在非洲成為「如此可愛的美德」，[102]當印度的英國征服者成為不再相信法律之普遍效力的管理者，並相信自己內在的統治與支配能力，當屠龍者不是轉變成「高等種族」的「白人」，就是轉變成官僚與密探，在無休止的運動中玩著具有無限終極動機的大遊戲；當英國情報機構（尤其是在一戰後）開始吸引英國最優秀的兒女，他們寧願服務於遍布全球的神祕力量，也不願為其國家的共同福祉效勞，那麼這個階段似乎就為可能發生的所有恐怖做好了準備。潛在每個人眼皮底下的許多元素一旦匯聚起來，就能在種族主義的基礎上創造出一個極權政府。「行政程序式屠殺」是由印度官僚提出的，而非洲官員們則宣稱「在白人統治的方式中，不允許任何諸如人權這樣的倫理考量成立」。[103]

幸運的事實是，即便大英帝國主義的統治墮落到了某種下流的水準，但在兩次世界大戰之間，殘忍的程度比以往都更低，而最低程度的人權也總是得到保障。正是在顯而易見的瘋狂之中的這種溫和節制，為邱吉爾稱之為「陛下帝國之消逝」開闢了道路，而這或許最終意味著將大英

國族（English nation）轉變為眾英語民族的共同體（Commonwealth of English peoples）。

譯者識

本章在敘述脈絡上直接承接第五章第三節暴民與資本相結合的線索，而插入兩者之間的第六章則補充添加了種族這一線索。整體來說，本章匯聚了前兩章的線索，已頗為完整地呈現出（海外）帝國主義的基本形態，而後兩章則像是該意識形態投射回歐洲大陸所引發的兩個面向。值得注意的是，本章雖然已出現了與極權主義高度相關的種族主義與祕密官僚統治，但鄂蘭仍然十分小心地要予以區隔，每每強調海外帝國主義仍受到某些原則的限制，而並未如後來的極權那樣毫無顧忌。

本章第一節專門討論了波耳人這個特殊案例，其無根、部落化的形態，幾乎就是泛運動的南非版本，而且關鍵在於，鄂蘭認為波耳人的種族主義建立在某種真實經驗之上，正是這種經驗實質性推動了從種族思想到真正種族意識形態的轉變。第二節圍繞英國殖民者與波耳人的關係展開，進而勾勒出輸入南非的暴民如何發現種族主義與暴力優勢的道路，此處不少地方會讓人覺得是後來納粹種族政策的預演。第三節則從種族轉向官僚制，並分析了官僚與特務這兩種不同的類型，尤其值得注意的是，雖然這兩者都服務於殖民帝國的利益博弈，可是在鄂蘭筆下，他們自身卻沉浸在融入巨大歷史力量、或進行純粹生命遊戲的曖昧狀態之中，這種曖昧態度中隱藏的危險要到了極權運動中才會充分顯現。

值得一提的是，鄂蘭在本章中對非洲原住民以及波耳人的描述方式，引發了一些學者的批評，他們認為鄂蘭不自覺地接受了殖民者的視角，而未予以批判。但是我們更應該關注的，毋寧是鄂蘭所呈現出的種族經驗本身。

第 8 章

大陸帝國主義：各種泛運動

Continental Imperialism: the Pan-Movements

泛日耳曼主義（Pan-Germanism）與泛斯拉夫主義（Pan-Slavism）（各自）對於納粹與布爾什維克的貢獻，要遠勝其他任何意識形態或政治運動。這一點在外交政策方面最為明顯：納粹德國與蘇俄的外交策略如此嚴密地遵循了泛運動在一戰之前與一戰期間規劃的著名征服計畫，以至於極權主義者的目的常常被誤認為是要追求德國或俄國的某種永久利益。雖然無論是希特勒還是史達林，都不曾意識到自己在統治方法的開發上，受惠於帝國主義良多，但他們都毫不猶豫地承認自己受惠於泛運動的意識形態，或是曾模仿它們的宣傳口號。[1]

[222]

泛運動的誕生與帝國主義並不同步；在一八七〇年左右，泛斯拉夫主義就已經脫離了斯拉夫派（Slavophile，譯按：十九世紀初在俄國興起的知識份子派別，與推崇西歐文明的西化派相對立）模糊混亂的學說，[2]而泛日耳曼基調則早在十九世紀中葉就廣泛流行於奧地利。然而要直到西方各國在八〇年代成功實現帝國主義擴張之際，它們才結晶成運動，並牢牢抓住了廣大社會階層的想像。中歐、東歐各國沒有殖民領土，也無望進行海外擴張，因此決意要「像其他偉大民族一樣擁有擴張的權利，若是無法獲得海外擴張的可能，就必須在歐洲進行」。[3]泛日耳曼主義者與泛斯拉夫主義者都贊同這樣的想法：生活在「大陸國家」，作為「大陸民族」，他們不得不在內陸尋求殖民地，[4]「不得從權力中心向外延伸的鄰近地域開始擴張，[5]而且與「宣稱『我想要統治海洋』的英國理念相對抗的，乃是宣稱『我想要統治陸地』的俄國理念」，[6]最終「陸地之於海洋的巨大優勢……陸地權力之於海洋權力的優越地位」，將會變得顯而易見。[7]

[223]

不同於海外帝國主義（overseas imperialism），大陸帝國主義（continental imperialism）最重要的地方在於，它內聚式的擴張不允許在殖民地與母國的統治方式、統治機構之間，存在任何地理距離，因此它並不需要為了讓自身及其所有後果可以在歐洲被人們感受到，而訴諸回彈效應。大陸帝國主義不折不扣地是從自家門前開始的。[8] 如果說它跟海外帝國主義一樣蔑視狹隘的民族國家，它反對民族國家也並不是基於經濟考量（這畢竟很經常表達出真正的國家需求），而是出於一種「擴大的部落意識」（enlarged tribal consciousness）；[9] 這種意識就是要統一所有具相同血緣的人民，其標準獨立於歷史，也無關乎人們當下身在何處。[10] 因此大陸帝國主義從一開始就非常接近種族概念，並熱情地吸收了種族思想的傳統，[11] 卻很少依靠具體經驗。它的種族概念在根基上完全是意識形態的，而且比起海外帝國主義者所表達的相同理論學說（他們通常宣稱自己立基於真實經驗），它更快速地發展成一種便利的政治武器。❶

在帝國主義的相關討論中，往往缺乏對泛運動的關注。他們建立大陸帝國的夢想往往被海外

---

❶ 譯註：在本章中，大陸帝國主義、泛運動、部落民族主義這三個概念的意涵常常相互重疊，但仍有細微的差別：三者中外延最大是部落民族主義，它廣泛存在於中、東歐的眾多民族當中，而其中有強大母國作為依託者（俄羅斯人與德意志人），就發展出與海外帝國主義相對的大陸帝國主義，同時以泛運動的方式進行群眾動員；就此而言，本章所討論的大陸帝國主義與泛運動在範圍上基本等同，只是指涉的內容有所不同，前者指向帝國主義，後者指向種族主義。當然，嚴格來說，小民族也可能產生泛運動。

擴張那更為實在的成果所遮蔽，而他們對經濟興趣缺缺[12]，也荒唐地站在早期帝國主義巨額利潤的對立面。此外，在幾乎所有人都開始相信政治與經濟多少是同一回事的時代，人們很容易忽視兩種帝國主義的相似之處與重要差異。泛運動的宣傳家跟西方（歐）帝國主義者一樣，都意識到民族國家的舊統治集團已經遺忘的對外問題。[13]他們對知識份子的影響甚至更為顯著：除了少數例外，俄國知識份子幾乎全都是泛斯拉夫主義者，而在奧地利，泛日耳曼主義幾乎是以學生運動的方式開始的。[14]他們與更受推崇的西方帝國主義的主要差別，在於缺乏資本主義的支持；他們進行擴張的嘗試，缺乏且無法以多餘金錢與多餘之人的輸出為先決條件，因為歐洲沒有為這兩者提供殖民機會。從而在他們的領袖人物中，我們幾乎不會發現商人與冒險家，但有許多成員是自由職業者、教師、公務員。[15]

海外帝國主義儘管具有反國族的傾向，但仍成功為過時的民族國家體制帶來新生，而大陸帝國主義則毫不含糊地始終對所有既存政治體充滿敵意。因此它具有更加反叛的基調，而其領袖也遠不只是長於革命修辭。當海外帝國主義為所有階級的剩餘者提供了足夠真實的萬靈丹時，大陸帝國主義所能提供的僅僅是意識形態與運動。然而在人們更青睞解開歷史的鑰匙而非政治行動的時代，這已經很夠了：由於身處共同體解體與社會原子化（social atomization）的過程中，人們不惜任何代價想求得歸屬。同樣的，白皮膚那肉眼可見的獨特性，固然容易在黑皮膚或棕皮膚的環境獲得優勢，但是在東歐與西歐之間、或雅利安與非雅利安靈魂之間的純粹基於想像的區分，

竟也能夠成功地比照進行。關鍵在於，一種頗為混亂的意識形態，一個不尋求直接利益的組織，竟比看得見的優勢與常識性的信念更有吸引力。

儘管沒有取得太大的成功，但泛運動憑藉它那眾所周知的對暴民的號召力，從一開始就散發出比海外帝國主義更強大的魅力。這種大眾號召力經得起實質性的挫折與計畫的頻繁變動，它已預示了後來的極權團體，後者同樣在實際目標上頗為模糊，而且政治路線也朝令夕改。讓泛運動的成員聚集在一起的，更多的是某種普遍基調（genearal mood），而非清楚明確的目標。海外帝國主義的確也將這樣的擴張方式優先放在任何征服計畫之上，因此不會放過輕鬆奪取領土的所有機會。然而無論多餘金錢的輸出多麼反覆無常，它也都會替後續的擴張劃定界線；但泛運動的目標，甚至連這種在人為籌劃與地理限制方面頗為無序的元素，都不具備。而且雖然他們並沒有征服世界的具體規劃，卻產生了一種掌握全面優勢且囊括一切的基調，一種觸及、納入所有人類議題的心態，一種如杜斯妥也夫斯基所說的「泛人文主義」的基調。[16]

在暴民與資本的帝國主義聯盟中，主導權大部分是由商業代表來掌控，只有南非的狀況是例外，那裡很早就發展出了輪廓分明的暴民路線。另一方面，泛運動中的主導性則向來專屬於暴民，他們當時（就如今日）是由某一派的知識份子來領導的。他們仍然缺乏統治全球的野心，甚至也從未夢想過全面支配的可能。但是他們的確知道如何組織暴民，而且已經意識到種族概念可以用於組織方面，而不僅止於意識形態或宣傳。相對溫和的對外政策理論只把握到此重要意義的

表面（一個德意志化的中歐或一個俄羅斯化的東、南歐），這僅僅為納粹與布爾什維克的征服世界計畫，扮演了起始點的角色。[17]德意志帝國之外的「日耳曼民族」，以及神聖俄羅斯之外的「我們那作為少數族裔的斯拉夫同胞」，都產生出一種偽裝成要尋求民族自決權利的舒適煙幕彈，一種進一步擴張的方便踏腳石。而且更根本的事實在於，極權政府繼承了一種神聖性的光暈（an aura of holiness）：他們只需召喚「神聖俄羅斯」或「神聖羅馬帝國」的過去，以喚醒斯拉夫或日耳曼知識份子頭腦中的各種迷信。[18]用無數任意獨斷的歷史記憶來填充偽神祕主義的荒謬故事，從而提供一種似乎在深度與寬度上超越了民族主義界限的情感訴求。無論如何，一種新的民族主義情感從中長出，事實證明，它蘊含的暴力不失為發動暴民大眾的出色動力，足以取代舊式國族愛國主義所佔據的情感中心地位。

這種新的部落民族主義（tribal nationalism），多少構成了中歐、東歐的各國族與少數民族（nations and nationalities）的典型特徵，它在內容與意義上（即便不是在暴力方面）與西方民族主義中的極端形態也差別頗大。❶沙文主義（chauvinsim）如今通常被認為與莫拉斯、巴雷斯在世紀之交所提出的「整全民族主義」（nationalisme intégral）有關，其中充滿對過去的浪漫化讚美

---

❶ 譯註：在本章與下一章中，會經常出現 nationality 與 minority 這兩個概念，兩者往往皆指多民族國家中具有少數、弱勢地位的族群，譯者將 nationality 譯作與佔據國家地位的民族相對的「少數民族」，而將 minority 譯作「少數族裔」。關於這兩者的細微區分，請參見下一章。

與對死者的病態崇拜；但即便是在沙文主義最狂野怪異的表述中，也不曾主張一個生在、長在異國的人，即便對於法國語言或文化沒有任何了解，只要擁有法蘭西血統，就會由於某種身體或靈魂的神祕特質，而成為「天生的法國人」。唯有藉由「擴大的部落意識」，才會出現這種將民族身份等同為一個人自身靈魂的特殊做法，而這種內向型的驕傲已不只關乎公共事務，而是滲透到私人生活的各個方面，比如說直到「每一個真正的波蘭人的私人生活……就是波蘭性的公共生活」[19]。❷

用心理學語彙來說，在（哪怕是最暴力的）沙文主義與這種部落民族主義之間，最主要的差異是，前者屬外向型，關注的是民族的可見精神成就與物質成就，而後者即便最溫和的形式（比如德意志青年運動），也屬於內向型，都聚焦在個體自身的靈魂上，並將其視作普遍民族特質的具現。沙文主義的神祕性仍指向真實存在於過去的事物（如整全民族主義的案例所示），而且僅僅試圖將其提升到超越人類控制的領域；而部落主義則從不存在的偽神祕元素出發，並計劃在未來將其充分實現。人們可以輕易根據其內在於自我中心主義的極度傲慢，來辨認部落主義，這種

❷ 譯註：在鄂蘭發表於一九四五年的〈帝國主義、民族主義與沙文主義〉（"Imperialism, Nationalism, Chauvinism"）一文中，她尚未提出「部落民族主義」這一概念（但已有大陸帝國主義與泛運動的概念），而是將沙文主義視為民族主義與帝國主義之間的橋樑，也基本上將俄國、奧地利的民族思潮視為一種沙文主義；換言之，「部落民族主義」的提出，以及它與沙文主義的區分，乃是鄂蘭確立其大陸帝國主義思想形態分析的關鍵。

傲慢不憚於用被大大抬高的內在特質，來衡量一個民族及其過去與現在，並無可避免地要否定它可見的實存狀態、傳統、制度以及文化。

在政治上，部落民族主義向來堅稱自己的人民被「一個充滿敵人的世界」所圍繞，要「獨自對抗所有人」，而且在本族人民與其他所有民族之間，存在著根本的差異。它宣稱本民族獨一無二、卓爾不群，無法與其他民族相容，而且早在它被用來摧毀人的人性之前，就在理論上否定了共同人類（common mankind）的可能性。

一、部落民族主義

在十九世紀八〇年代突然興起的擴張中，那些未曾分得一杯羹的國家難免野心受挫，從而產生了大陸帝國主義，而那些未能參加民族解放、未曾獲得民族國家主權的民族所抱持的民族主義，則顯現為部落主義。無論在何處，一旦這兩種挫敗相結合，例如在多民族的奧匈帝國與俄羅斯帝國的情形，泛運動就自然會找到它們最肥沃的土壤。此外，由於奧匈雙元君主制同時包含斯拉夫與日耳曼這兩個抱持領土收復論的民族，因此泛斯拉夫主義與泛日耳曼主義從一開始就聚焦在破壞奧匈帝國的任務上，該帝國遂成為了泛運動的真正中心。❶俄羅斯的泛斯拉夫主義者早在一八七〇年就宣稱，建立泛斯拉夫帝國的最佳起點，就是奧地利的解體，[20]而奧地利的泛—日耳

曼主義者如此猛烈粗暴地反對自身政府，甚至連德國的泛德意志聯盟都頻頻抱怨奧地利的兄弟運動太過「誇張」。[21]德國原本構想的藍圖，乃是在德國領導下建立中歐經濟聯合體，而德國泛德意志主義者還有許多類似的大陸帝國計畫，然而這幅藍圖一旦到了奧地利的泛日耳曼主義者手中，就會立即轉變結構，成為「全世界日耳曼生活的中心，並與其他日耳曼國家聯合」。[22]

不證自明的事實是，泛斯拉夫主義的擴張趨勢讓沙皇感到為難，正如奧地利泛日耳曼主義者主動對德意志帝國進行忠誠告白，並對奧地利不忠的行為，也使俾斯麥感到為難。[23]因為無論國族情感有時多麼高漲，或是民族主義的主張在非常時期變得多麼荒謬，只要它們仍受限於明確的國族領土範圍，並為有邊界的民族國家的驕傲所節制，就仍會保持在某些界限之內，而泛運動的部落主義則立馬就會逾越這種界限。

從泛運動在反猶主義上的全新立場，最能估量其現代性。像奧地利的斯拉夫人與帝俄的波蘭人這類被壓迫的少數族裔，（譯按：當時俄羅斯佔據了大部分波蘭領土）更有可能因為與當局的衝突，而在猶太社群與歐洲民族國家之間發現隱藏的連結，這種發現很容易導致更徹底的敵意。在波蘭，對國家的敵意不等同於缺乏愛國心，於是對沙皇不忠就是忠誠於波蘭的訊號（譯按：當時

❶ 譯註：當時奧匈帝國的版圖除了居住日耳曼人的今奧地利外，還包括居住著西斯拉夫人的捷克、斯洛伐克、部分波蘭，以及居住著南斯拉夫人的波士尼亞、克羅埃西亞等地，因此這裡會說奧匈帝國同時有斯拉夫與日耳曼這兩個民族。

大部分波蘭仍歸屬帝俄）；或者在奧地利，德意志人將俾斯麥視為他們偉大的民族代表；在上述狀況中，反猶主義就會採取更為暴力的形式，因為猶太人看起來不僅僅是國家的壓迫機器的代理人，而且還是外國壓迫者的代理人。但是用少數族裔的地位來解釋反猶主義在泛運動中扮演的基本角色，實在效力不彰，這是奧地利泛日耳曼主義的信徒薛納爾，曾在早期階段中用自己的經驗提出過的解釋：當時他仍然是自由黨的成員，卻忽然意識到羅斯柴爾德家族對奧地利鐵路系統的支配，與哈布斯堡家族有關。[24]單靠此種經驗恐怕很難讓他宣稱「我們泛日耳曼主義者將反猶主義視為我們的民族意識形態支柱」，[25]而單靠這類情形，也不可能使泛斯拉夫作家洛扎諾夫（Vasily Rozanov）說出如下誇大之辭：「在俄羅斯的生活中，沒有什麼問題不與『如何對付猶太人』這一問題相關，正如逗點總與句子相伴。」[26]

反猶主義忽然成為整個人生觀與世界觀的中心，且和它在法國德雷福事件中扮演的政治角色不同，也和它在德國斯托克運動中扮演的宣傳工具的角色不同；理解這一現象的線索埋藏在部落主義的本性之中，而非政治事實與政治形勢之中。泛運動之反猶主義的真正意義在於，對猶太人的仇恨首次與涉及猶太人的所有實際經驗（政治的、社會的或經濟的）相分離，並且完全依循意識形態的獨特邏輯。

部落民族主義作為大陸帝國主義背後的驅動力量，它與成熟西方民族國家的民族主義罕有共

同之處。民族國家向來主張要代表人民、堅持國族主權，而且由於它在十九世紀的發展始於法國大革命，因此乃是結合了兩種因素的結果，也就是民族（身份）與國家，而這兩種因素自十八世紀以來，在俄羅斯與奧匈帝國始終是分離的。各國族（nations）之進入歷史舞台並獲得解放，肇始於各民族（peoples）意識到自身乃是文化實體與歷史實體，意識到其領土乃是永久家園，在這一家園中，歷史留下了看得見的痕跡，而其擁有的文化教養乃是先人共同勞動的產物，其未來則有賴於共同的文明進程。❶民族國家一旦出現，遷移就會停止，另一方面，在東歐與南歐地區，民族國家的建立之所以會失敗，是因為它們並未訴諸穩固扎根的農民階級。[27]就社會學層面來說，民族國家乃是歐洲被解放的農民階級的政治體，而這就是為何國家軍隊能夠在這些國家長久維持地位，直至上個世紀末，換言之，只要他們仍是農村階級真正的代表，情況就不會改變。如馬克思所指出的：「對於被重新進行土地分配的農民來說，軍隊乃是『榮譽所在』：是他們自己變成了主人，並對外捍衛他們剛剛建立的資產，……軍隊制服就是他們的國家制服，戰爭就是他們的詩歌；有土地分配的地方就是祖國，愛國主義則成為理想的資產形式」。[28]在全民兵役制

---

❶ 譯註：這句論述典型地反映出鄂蘭對於民族（peoples）與國族（nations）之關係的理解。根據鄂蘭寫作本書期間所遺留的筆記，鄂蘭明確區分了“people”、“nationality”、“nation”這三者：當語言停留在方言階段時，還只是“peoples”；而“nationality”則是伴隨著本土文學而出現的，並呈現為十九世紀開始追求民族解放運動的那些小民族；最後“nation”則是民族解放後形成的新政治組織。Hannah Arendt Papers: Speeches and Writings File, 1923-1975; Excerpts and note; imperialism; 1 of 3.

中達到頂峰的西方民族主義，實為得到解放且牢牢扎根於土地的農民階級的產物。

雖然民族身份意識屬於相對晚近的發展，但國家結構則源自數百年來的君主制與開明專制。無論是以新興共和國的形式，還是以業經改革的君主立憲的形式，國家都繼續履行它的最高職能，就是要保衛領土內的所有居民，不論其民族身份為何，同時國家還應該扮演最高法律機構的角色。民族國家的悲劇在於，人民日益高漲的國族意識妨礙了這些功能的運作。在人民意志的名義下，國家被迫只能將「國（族）民」（nationals）認可為「公民」（citizens），並只將完整的公民權利與政治權利，賦予那些因血統權利與出生事實而屬於國族共同體的人。這意味著國家已部分地從法律工具轉變為國族工具。

君主專制的沒落，以及隨之而來的各階級的新發展，都大大促進了國族對國家的征服。[29]君主專制被認為必須為國族整體的利益服務，必須成為這種共同利益存在的可見代表與證明。開明專制則立基於侯昂（Duc de Rohan）所說的「國王指揮人民，而利益指揮國王」；[30]隨著國王被廢除，以及人民主權的興起，這種共同利益就時常岌岌可危，隨時要被階級利益間的永久衝突與為了掌控國家機器而進行的鬥爭所取代，也就是被永久內戰所取代。缺乏了君主作為象徵，仍舊留存於民族國家的公民之間的紐帶，似乎就只剩下民族血緣，也就是共同起源。如此一來，在每個階級、每個群體都被階級或集團利益所支配的一百年間，國族整體的利益就被認為是由共同起源所保障，而這種起源則在民族主義中得到了情感上的表達。

國家與國族之間的祕密衝突，就在現代民族國家誕生之際暴露於世，當時法國大革命將人權宣言與對國族主權的訴求兩相結合。同樣一套基本權利馬上既被宣稱為所有人類所繼承的不可剝奪的遺產，也同時被宣稱為特定國族的特定遺產；而這同一個國族也馬上既被宣稱是從屬於法律，亦即源自人權，也同時被宣稱是從屬於主權，亦即不受限於任何普遍法律，也沒有任何事物高於它本身。[31] 這種矛盾在實踐層面上的結果是，自此以後人權只能作為國族權利被保護、被推行，而國家機構的最高任務本是保衛人之為人、以及作為公民與國民的權利，卻也從此喪失合法且理性的面貌，從而被浪漫主義者詮釋為「民族靈魂」的模糊代表者，這種「民族靈魂」單憑其存在事實本身就被認定為超越或高於法律之物。相應地，國族主權也喪失了它原本蘊含的民族自由的意涵，進而被一種不法專斷的偽神祕主義光暈所籠罩。

民族主義基本上要表達的，就是將國家扭曲為國族的工具，並將公民等同為國族成員。國家與社會的關係是由階級鬥爭的事實所決定，這一事實已取代了先前的封建秩序。社會中瀰漫著自由派個人主義，這種思想錯誤地相信國家單純是在統治眾多個體，但實際上它所統治的是各個階級，而且在個體眼中，國家是某種讓所有人都不得不俯首稱臣的至高個體。國家保護國族免受社會原子化的後果，同時又保障國族擁有維持在原子化狀態的可能性，這似乎正是遵循了國族的意志。為了配得上這一任務，國家就必須強行推動先前的一切朝向中央集權的趨勢；唯有一個強大的、壟斷了所有暴力工具與權力可能的集權行政機構，才能夠制衡階級支配之社會所產生的離心

力量。於是民族主義就成為了將集權國家與原子化社會黏合在一起的寶貴黏劑，事實也證明它是在民族國家的眾個體之間唯一有效的積極連結。

民族主義向來維繫著對政府的這種初始而緊密的忠誠，並且從未喪失其雙重功能：一方面是維持國族與國家之間不穩定的平衡，另一方面則維持原子化社會中眾國民之間的平衡。民族國家中的本土公民往往看不起歸化公民，因為後者之獲得權利，是根據法律而非出生，是來自國家而非國族；但是他們從未做到泛日耳曼主義那樣的地步，從未去區分「異國人」（Staatsfremde, aliens of the state）與「異族人」（Volksfremde, aliens of the nation），這種區分後來被寫入納粹的法案之中。只要國家仍是法律機構（legal institution），那麼即便遭到扭曲濫用，民族主義還是會受到某些法律的控制，而只要國家仍建立在國民對領土的認同之上，它就會被明確的疆界所限制。

就那些民族身份的發展尚未脫離模糊不清的族群意識的民族來說，他們最初對國族的反應十分不同，他們的語言尚未脫離歐洲語言在達到精確使用標準之前必經的方言階段，他們的農民階級也尚未深深扎根在國土之中，尚未到達即將解放的程度，因而對他們來說，民族特質更像是某種可攜帶的私人問題，且內在於他們的個性之中，而非公眾與教化所關注的問題。[32] 即使他們想要與西方各國族的國族驕傲分庭抗禮，他們也沒有什麼國家、歷史成就可以展示，而只能指望他們自己，這意味著，最好的情況下是訴諸他們的語言（彷彿語言自身就已經是一種成就），最壞

的情況下則是訴諸他們那斯拉夫式的、日耳曼式的，或上帝才曉得的靈魂。然而在一個天真地認定所有民族實質上都各自構成了國族的世紀裡，沒有多少東西能夠留給奧匈帝國、帝俄或巴爾幹國家的那些被壓迫民族，在這些地方，不存在實現「人民—領土—國家」這西方國族之三位一體的條件，而其邊界在數百年來也時常變動，其人口或多或少都始終處於持續遷移的狀態。生活在這裡的人民大眾不具絲毫愛國觀念，對於一個共同的有界限的共同體，也不具有哪怕是最模糊的責任觀。正是這樣的煩惱，糾纏著從波羅的海延伸到亞得里亞海的這一「人口混居地帶」（belt of mixed populations，麥卡尼〔Macartney〕語），並在奧匈二元君主國中最清晰地表現出來。

部落民族主義正是在這種無根可扎的氛圍中成長起來的。它不僅在奧匈帝國的各族人民間廣泛傳播，而且還（雖然是在較高的層次上）在鬱鬱寡歡的帝俄知識份子間擴散。無根正是「擴大的部族意識」的真正源頭，後者實際上意味著這些民族的成員沒有明確的家園，但是「部族」的其他成員偶然生活在何處，他們就覺得何處是他們的家園。薛納爾說：「我們的特點就是，我們並非湧向維也納，而是湧向任何日耳曼人生活的地方」。[33]泛運動的重要標識，是它們甚至從未試圖獲得民族解放，而是立即就在擴張的夢想中，超越了國族共同體的狹隘界線，並宣揚一種民族共同體（a folk community），宣稱即便它的成員散佈全球，也仍會是重要的政治因素。它們也與弱小民族那種真正的民族解放運動既相似也相反，後者總是從探索國族的歷史開始，而它們雖然也看重歷史，卻主要是將共同體的根基投注在運動所朝向的未來。

部落民族主義傳播到了東歐、南歐所有受壓迫的少數民族中間，並在那些結合了某個國族母國（德國與俄羅斯）與廣大而分散的失土（母國外的日耳曼人與斯拉夫人）的民族中，[34]發展出一種新的組織形式，亦即泛運動。海外帝國主義陶醉於某種相對優越性，像是國族使命或白人的負擔，與之相反，泛運動則是從絕對的受選主張開始的。民族主義往往被形容為宗教在情感上的代理人，但唯有泛運動的部落主義提供了一種新的宗教理論與一種新的神聖性概念。並非是沙皇在東正教的宗教功能與地位，將俄國泛斯拉夫主義者引向對俄羅斯民族及其基督教本性的確認，像杜斯妥也夫斯基所說的，確認了他們就是那直接將上帝帶入此世事務的「諸民族中的克里斯多福」。❶[35]是由於誓要成為「現代真正的神聖民族」的宣言，[36]泛斯拉夫主義者才會拋棄他們早先的自由主義傾向，縱然面對當局的敵視乃至迫害，也要成為神聖俄羅斯的忠貞捍衛者。

奧地利的泛日耳曼主義者提出了同樣的神聖受選主張，即便過去同樣擁有自由主義立場的他們仍維持反教士的立場，並且成為了反基督徒。當自稱薛納爾信徒的希特勒在二戰中宣稱：「全能的上帝造出了我們的國族。我們正在通過捍衛其生存來捍衛上帝的作工」，[37]來自另一邊的泛

---

❶ 譯註：杜斯妥也夫斯基的小說中常出現表達類似思想的斯拉夫派，比如在長篇小說《鬼》中，運動青年沙托夫就曾向其舊日導師斯塔夫羅金，狂熱地闡述俄羅斯民族注定要是「上帝的唯一載體」的觀點；鄂蘭後期還為該小說寫過一篇評論（TWB: 360-367）。另外，克里斯多福（Christopher）原義為「背負基督者」，在早期基督教傳說中，克里斯多福曾試圖背負化身為孩童的基督過河，從而受到感化，成為傳教者。這裡的意思是，俄羅斯民族就是那個要在現世中背負上帝旨意的受選者。

斯拉夫信徒的回應則同樣堪稱典範：「日耳曼巨獸不僅是我們的敵人，更是上帝的敵人」。[38]這些晚近表述並非出於一時的宣傳需要，這種狂熱也不僅僅是濫用了宗教語言；在它們背後存在一種不折不扣的神學，它為早先的泛運動提供了動能，並對現代極權運動的發展造成了不小的影響。

泛運動鼓吹其自身民族的神聖起源，以對抗猶太－基督教對人（Man）之神聖起源的信仰。根據他們的說法，人不可避免地歸屬於某個民族，而且唯有作為一個民族的成員，才能間接地領受自己的神聖起源。因此個體僅僅在他屬於某個因其神聖起源而被揀選出來的民族時，才擁有他的神聖價值。一旦他決定改變自己的民族身份，他就會喪失價值，因為他切斷了授予其神聖起源的所有紐帶，彷彿落入了形而上式的無家可歸狀態。這一概念具有雙重的政治優勢。它使民族身份成為一項永久特質，不再受歷史影響，也無關乎該民族的遷移、征服或離散等任何情況。然而，更直接的影響是，在本民族的神聖起源與其他所有非神聖民族的絕對反差之下，民族內部個體成員之間的差別，無論是社會、經濟還是心理層面的差別，就全都消失了。神聖起源將該民族轉變為一群由傲慢機器人所形成的統一「受選」群眾。[39]

這種理論的虛妄就和它在政治上的實用一樣顯而易見。上帝既沒有創造出眾人，也沒有創造出眾民族，前者的起源明顯是生育繁衍，而後者的出現則是人類組織產生的結果。人與人之間的不平等，源自於他們的天生血統、他們所屬的不同組織以及各自的歷史命運。他們的平等則是權

利上的平等，也就是在人類目的（human purpose）上的平等；❶而且根據猶太—基督教傳統，在人類目的上的平等背後，還存在另一種平等，它被表述在一個超越了人類歷史、人類本性以及人類目的的共同起源之概念中：在作為上帝唯一造物的神祕且不可辨識之人（Man）中，人們有著共同起源。這一神聖起源乃是讓目的上的政治平等得以建立的形而上概念，乃是在大地上創造人類的目的所在。十九世紀的實證主義與進步主義扭曲了這種人類平等的目的，因為它們開始試圖證明那無法被證明者，亦即人類生來平等，其差別僅是歷史與環境所造就，從而要實現平等，就不是依靠權利，而是要仰賴環境與教育。民族主義及其「國族使命」概念，將人類作為眾民族大家庭的國族概念，扭曲為一種等級制結構，其中歷史與組織上的差異，被曲解為人與人之間內在於自然血緣的差異。種族主義否定了人的共同起源，拒絕了建立人性的共同目的，並引入了某個民族具有神聖起源的觀念，以對立於其他所有民族，從而用一片由神聖永恆性與終極性所織成的偽神祕主義烏雲，遮蓋住人類努力營造出的短暫而易變的產物。❷

---

❶ 譯註：所謂人類目的上的平等，可能是指康德的著名說法，亦即人作為目的本身，在目的王國裡是人人平等的。

❷ 譯註：本段是全書為數不多的鄂蘭直接帶入自身意見進行分析反駁的文字，論證過程也有點曲折。曲折的原因或是鄂蘭在此觸及到平等與差異的問題，她後來在《人的條件》中才會提出比較清楚的界定，而且會統攝在「複數性」（plurality）這一關鍵概念之下（HC: 175-178）；當然，讀者也可在本書第九章第二節的相關論述。在本段中，鄂蘭的主要觀點是，在人類共同起源的傳統中，原本還能夠主張權利上的平等，但一旦否定了共同起源說，就很容易走向某一民族優於其他民族的等級結構，至於人人生而平等這種觀念所存在的問題，可參看下一章的分析。

正是這種終極性，成為了泛運動哲學與種族主義概念之間的公約數，並解釋了它們在理論範疇上的內在親緣性。在政治上，被當作民族起源的是上帝還是自然，這並不重要；在這兩個案例中，無論如何鼓吹本民族，各民族都是被轉化成了動物物種，從而俄國人之異於德國人，正如同一匹狼之異於一隻狐。「神聖民族」生活在這樣一個世界上：它生來就是其他所有弱小物種的壓迫者，或是生來就是其他所有強大物種的受害者。唯有動物王國的規則可以適用於它的政治命運。

泛運動的部落主義既然抱持民族「神聖起源」的觀念，那麼其巨大吸引力的部分來源，就在於它看不起自由主義式個人主義[40]，也看不起人類理念與人之尊嚴。如果一個個體將其價值全然歸諸他恰好生為一個德國人或俄國人的事實，那麼人類尊嚴也就蕩然無存；但會由一種新的凝聚性來作為替代，一種存在於該民族所有成員之間的相互依賴感，這的確非常適合用來撫慰現代人基於自身際遇而產生的焦慮不安，尤其是原子化社會中的孤立個體，他們無法受到純粹的人數與強制統一的凝聚力所保護。同樣地，「人口混居地帶」比歐洲其他區域更加暴露在歷史風暴之中，更少扎根於西方傳統之中，也就比其他歐洲民族更早對人性理念、也對猶太—基督教式的人類共同起源信念，感到恐懼。他們對「高貴的野蠻人」不抱任何幻想，因為他們無須探究食人族的習性，就已知曉某種潛在的邪惡。各民族越是了解彼此，他們就越是不想承認其他民族與本民族平等，也越是遠離共同人性的理念。

實行部落隔離及成為主人種族的野心之所以會具有吸引力，部分要歸因於一種本能感受，亦即無論是宗教上、還是人文主義理想上的人類（mankind）概念，都意謂著共同承擔責任。[41]地理距離的縮小使其成為第一序的政治現實。[42]它也使有關人類與人之尊嚴的理想主義討論成為昨日黃花，這不過是因為這些美好的夢幻般的觀念及其歷史悠久的傳統，都忽然要承擔一個駭人的時刻。甚至連人皆有罪這樣的主張（這當然不在自由派「人類」信徒的範疇之內），也不足以用來理解如下事實（而人們對此早已太過理解了）：清除掉所有的情感因素之後，我們會發現人性理念會產生非常嚴重的後果，它意味著人們必須以某種形式為人們犯下的所有罪行承擔責任，最終所有民族也都要被迫回應那由其他民族所犯下的惡行。

部落主義與種族主義正是逃避這種共同責任困境的方式，它們非常現實、也極具破壞性。它們形而上式的無根性，完美匹配了眾民族的領土拔根狀態，也契合於多變的現代都市大眾的需求，從而立即被極權主義所把握；甚至連布爾什維克黨人對最偉大的反國族學說（馬克思主義）的狂熱接受，都被抵消了，而這些理論自身巨大的獨立價值，也導致泛斯拉夫宣傳被重新引入蘇俄。[43]

事實上，奧匈帝國與帝俄的統治系統由於建立在對少數民族的壓迫之上，遂成為培育部落民族主義不折不扣的沃土。在俄羅斯，這種壓迫乃是官僚體系的獨裁專斷，它同時也壓迫俄羅斯人

民，其結果是只有俄羅斯知識階層成為了泛斯拉夫主義者。與之相反，奧匈帝國統治給它造成麻煩的少數民族的方式，則是賦予它們壓迫其他少數民族的充分自由，結果這種現象變成泛運動意識形態真正的大眾基礎。哈布斯堡王朝在十九世紀得以生存的祕密，就是小心翼翼地維持平衡，並且通過各民族的相互敵意，亦即日耳曼人壓榨捷克人、匈牙利人壓榨斯洛伐克人、波蘭人壓榨魯塞尼亞人，以此類推的局面，來獲得一個超國族的國家機器。對於這些民族來說，一個民族要獲得國族地位，顯然就必須犧牲其他民族，而當一個人所受的壓迫是來自自身民族的政府，他就會十分樂意地被剝奪自由。

這兩種泛運動的發展，都不依靠俄羅斯或德意志政府的任何幫助。這並沒有阻止其奧地利信徒沉醉於徹底反叛奧地利政府的愉悅之中。正是由於有可能以高度叛逆精神來培育大眾，奧地利的泛運動才獲得了可觀的群眾支持，這在德國與俄國本土反而往往有所欠缺。誘使德國工人去攻擊德國布爾喬亞，要比誘使他們去攻擊政府容易得多，正如在俄羅斯，人們更容易「動員農民反抗地主老爺，而非反抗沙皇」。[44]德國工人與俄國農民的態度差異當然非常巨大；前者將一位不太受愛戴的君主視作國族統一體的象徵，而後者則將其政府首腦奉為上帝在大地上的真正代表。然而這些差異與下述事實相比，就顯得不那麼重要了：無論是在俄羅斯或在德國，政府都沒有像奧地利那樣軟弱，而其權威也不至於淪落到如此不堪，乃至泛運動可以通過革命騷亂來獲取政治資本。只有在奧地利，革命動力才在泛運動中找到了它的天然出路。（不太容易實現的）分而治

之的手段在減弱國族情緒的離心趨勢方面，雖然收效甚微，但它成功地誘發了優越情結以及普遍的反叛基調。

對作為國家制度機構所抱持的敵意，貫穿了所有的泛運動理論。人們已將斯拉夫派反對國家的態度，準確地形容為「與官方民族主義系統中的任何事物都全然不同」；[45]國家就本性而言被認為是疏離於人民的。在俄羅斯人民對國家的冷漠中，在他們成為政府之外的獨立體（corpus separatum）的行為中，存在著一種斯拉夫優越感。這就是斯拉夫派把俄羅斯人稱為「無國民族」時所表達的意思，而這也讓這些「自由主義者」得以與專制和解；與專制要求相符的，正是人民不「妨礙國家權力」的行為，也就是不妨礙權力的絕對性。[46]在政治立場上更加明確的泛日耳曼主義者，則向來堅持國族利益凌駕於國家利益之上的優越性，[47]而且通常主張「世界政治超乎國家框架之外」，而在歷史進程中唯一的永久因素並非國家，而是人民／民族；因此不管在什麼時候，隨形勢而變的國族需求都應當決定國家的政治行為。[48]但是直到一戰結束在德國與俄國都只是一直唱高調的態度，在奧匈帝國卻有了實際的意義，因為在那裡二元君主制的腐朽，催生了對政府永久的怨恨輕蔑。

假設泛運動領袖都是反動份子或「反革命份子」，是個嚴重的錯誤。他們雖然通常不那麼關心社會問題，但從未犯下與資本主義式剝削同流合污的過錯，而且他們大部分人都曾屬於——其中不少人始終屬於——自由、進步的政黨。在某種意義上，泛日耳曼聯盟的確「體現出要由廣大

民眾來掌控對外事務的意圖。它堅信具有強大國族化心靈的公眾輿論效能……並且要通過人民大眾之要求的力量，來推動國家政策」。[49]在泛運動中組織起來、並且受到種族意識形態所激發的暴民，雖然完全不是那些以革命行動催生憲政政府的人民，（後者的真正代表當時只存在工人運動之中），但是靠著「擴大的部落意識」以及明顯匱乏的愛國精神，也使他們看起來很像一個「種族」。

與泛日耳曼主義相反，泛斯拉夫主義由整個俄羅斯知識階層構成，並深深滲透在該階層中。它很少在組織形式上有所發展，很少在政治規劃上具有連貫性，卻在相當長的時間裡維持著高水準的文學技巧與哲學思辨。當洛扎諾夫沉思猶太教與基督教在性力量（sex power）上的神祕差異，並得出猶太人「與此力量合一，而基督徒則與此分離」的驚人結論時，[50]奧地利泛日耳曼運動的領袖則正欣喜地發現「通過宣傳歌曲、明信片、薛納爾啤酒杯、手杖以及手錶，來吸引小人物的興趣」的手段。[51]最終泛斯拉夫主義者也「放棄了謝林與黑格爾，並訴諸自然科學來充實理論的彈藥庫」。[52]

泛日耳曼主義由薛納爾一人單獨創立，並且主要是由日耳曼裔奧地利學生所支持；它一開始就說著極為粗俗的語言，也注定要吸引更廣大也更多樣的社會階層。從而薛納爾也是「第一個領悟到可以將反猶主義當作工具，從而迫使外交政策改變方向，並破壞國家內在結構的人」。[53]猶

太民族之所以適合這一目標，原因很明顯：他們在哈布斯堡王朝中佔據顯赫地位，而且比起在擁有同文同種之公民（至少在理論上）的民族國家，他們在多民族國家中也更容易被辨認為一個獨立的少數民族。然而這除了無疑能夠解釋奧地利反猶主義的暴力特性，並顯示政客薛納爾在開發這一議題時有多麼敏銳外，仍舊無法幫助我們理解反猶主義在這兩種泛運動中，所扮演的核心意識形態角色。

在反猶主義成為泛運動的核心議題之前，作為情感驅動力的「擴大的部落意識」就已經得到了充分發展。泛斯拉夫主義有著更長、更值得尊敬的哲學思辨歷史，也更明顯在政治上缺乏效用，因此它直到十九世紀的最後幾十年才變得反猶；而在許多猶太人仍是其黨內成員的時候，泛日耳曼主義者薛納爾就已公然宣揚他對國家機構的敵意。[54]在德國，斯托克運動已展現出反猶主義作為政治宣傳武器的用處，而泛德意志聯盟則從一開始就具有反猶主義傾向，但是在一九一八年之前，它從未在成員資格上排除猶太人。[55]在沙皇於一八八一年被暗殺之後，政府組織的一波集體迫害，將猶太人問題推進公眾關注的核心地帶，從而才使斯拉夫派對猶太人偶發性的敵意，變成整個俄羅斯知識階層中的反猶主義。

薛納爾在發現了反猶主義的同時，也很可能幾乎是偶然地意識到這樣一種可能性：由於他的首要任務就是摧毀哈布斯堡帝國，因此不難評估看看，如果在仰賴多民族混合體的國家結構上排除掉一個少數民族，會產生什麼樣的效應。如果那種讓所有民族都享有一定平等的溫和壓迫，被

大眾運動所破壞，那麼這一獨特制度的整個結構體，其官僚體系所維持的寶貴平衡，就會隨之粉碎。然而，這一目標本來也可以藉由泛日耳曼主義者對斯拉夫民族的瘋狂仇恨來達成，此種仇恨早在該運動轉向反猶之前就已形成，並且也得到其中的猶太成員支持。

泛運動的反猶主義之所以具有那麼強的生命力，以至於反猶宣傳在一戰前的平靜假象中普遍衰微之後，仍能頑強存活下來，就是因為它與東歐部落民族主義的結合。在泛運動的理論與猶太人的無根生存狀態之間，存在著內在親緣性。就部落意義而言，猶太民族似乎正是一個完美範例，其組織模式正是泛運動所要努力效仿的，而它的生存經驗以及它被認定擁有的權力，則是對種族理論之正確性的最佳證明。

如果說奧匈帝國中的其他少數民族僅僅是較淺地扎根於土地，並且對共同領土的意義不太有感的話，那麼猶太人就是一個完全不需要有任何家園，也能夠在千百年間維持認同的民族之範例，從而可以引以為構建民族身份無需領土的證據。[56] 如果泛運動堅持主張國家的次要性與民族的首要性，並主張後者的組織無需採取國家形式、無需由可見機構來代表，那麼猶太人就是無需國家、也無需可見機構的完美民族模型。[57] 如果部落式民族將民族驕傲的核心指向它們自身，全然罔顧在有史可查的事蹟中的歷史成就以及與其他民族的緊密關係，如果他們相信有某種神祕而固有的心理或物理特質，使得自身成為日耳曼主義（而非日耳曼）的化身，成為俄羅斯靈魂（而非俄羅斯）的化身，那麼即便他們不知如何表達，也多少會明白，已同化猶太人的猶太性正同樣

是猶太教／主義（Judaism）的某種個體式化身，而世俗化猶太人並未放棄受選宣稱，其獨特驕傲則千真萬確地意味著，他們之所以相信自己乃是不同的且更好的，就是因為他們恰好生而為猶太人，這與猶太人的成就或傳統全然無關。❶

千真萬確的是，這種猶太人態度，這種可說是猶太部落民族主義的東西，乃是源自於猶太人在現代國家所處的溢出社會與國族範圍之外的不正常位置。這些多變的族群是參照了其他西方國族的範例，方才意識到自身的民族身份，而後來那些大城市中的失根大眾，則被種族主義有效地動員起來；這兩者的處境在許多方面都極為相似。他們同樣身處社會範圍之外，同時身處民族國家的政治體之外，而民族國家又似乎是各民族所形成的唯一令人滿意的政治組織。在猶太人身上，泛運動立即辨認出更幸福、更走運的競爭對手，因為如其所見，猶太人已發現了一個構建自身社會的方法，這種社會正由於沒有明確代表機制與正常政治管道，而得以成為國族的替代。

但是比任何事情都更使得猶太人被驅入這些種族意識形態核心的，則是一個更為明顯的事實：唯一會與泛運動的受選宣稱產生嚴重衝突的，正是猶太人的自我主張。至於猶太人的觀念是否與宣揚本民族之神聖起源的部落理論有所關聯，這其實無關緊要。暴民不太關注這些歷史正確

❶ 譯註：需要注意到，鄂蘭在此對泛運動的民族性的分析，正對應於本書第三章對於「猶太性」構成機制的分析，後者同樣訴諸某種脫離具體歷史的神聖受選性。

性上的細節，也不會意識到在猶太人達成構築人類理念的歷史使命與統治大地上其他所有民族的「使命」之間，存在著差別。但是泛運動領袖們十分清楚，猶太人就像他們一樣，將世界分成了兩半：他們自己與其他所有人。[58]在這種二元結構中，猶太人再次看起來是那個比較走運的競爭對手，他們已得天獨厚地繼承了一些財產，而非猶太人則不得不白手起家、從零開始。[59]

反覆強調反猶主義不過是一種嫉妒的形式，確實不會使這一「老生常談」變得更正確。不過在猶太受選性的方面也足夠有效了。一旦某些民族與自身的行動、自身的具體成就分離，一旦與共同世界之間的這些天然紐帶斷裂，或紐帶由於某種原因而不復存在，他們就會訴諸自身赤裸裸的自然既予性（natural giveness），並宣稱自身具有神聖性，以及贖回整個世界的使命。當這種事情發生在西方文明之中，這些民族總是會發現猶太人的古老主張在前面擋路。這正是泛運動代言人感受到的事情，也是為什麼他們從來都不需要煩惱猶太人在數量與權力上是否足夠重要，是否重要到要把仇恨猶太人作為意識形態支柱的原因所在。正如他們的民族自豪感本就獨立於一切具體成就，他們對猶太人的仇恨也無關於猶太人的一切具體行為。在這方面，兩種泛運動完全一致，即便兩者都不知道如何將這一意識形態支柱運用在政治組織的目標上。

泛運動意識形態的構想，與它在政治上認真應用的可能性之間，存在著時間落差，這反映在下述事實當中：約在一九〇〇年間，在尼古拉二世的警察顧問、當時握有權勢的唯一斯拉夫主義者波耶多諾斯捷夫（Konstantin Pobyedonostzev）的建議下，俄國祕密警察的特工偽造了「錫安

長老會紀要」；這一文獻在一九一九年之前幾乎被人遺忘，然而之後它卻在所有歐洲國家、所有歐洲語言中，開啟了不折不扣的勝利征程；[60] 其發行量在三十年後僅次於希特勒的《我的奮鬥》（*Mein Kampf*）。無論是偽造者還是其雇主都不曾料到，有一天警察會成為一個社會的核心機構，而國家的整個權力會依照紀要書中所說的猶太原則來組織。第一個發現警察所擁有的統治潛力的人，或許是史達林；而遠比其精神教父薛納爾精明的希特勒，則無疑知道如何使用種族主義的等級原則，知道如何利用存在一個「最惡劣的」民族的反猶主張，來正當地組織起「最優秀的」民族，以及在兩者之間的所有被征服、被壓迫的民族，也知道如何擴大泛運動的優越感，以便讓每一個民族（除了猶太人這個必要的例外），都可以看不起另一個不如自己的民族。

很顯然，必定要經過數十年的隱性混亂與公開絕望，才會有大量民眾欣然接受這樣的想法：他們將要達成唯有天生邪惡的猶太人才有辦法達成的成就。無論如何，泛運動領袖們即便已模糊意識到社會問題，在對外政策的觀點上依然頗為片面。因此他們未能看出，反猶主義可以構成國內秩序與國外秩序之間的必要連結；他們也不知道如何建立他們的「民族共同體」，也就是那種完全拔根的、且被徹底灌輸教化的游牧部落。

泛運動的狂熱發展，偶然發現了可以將猶太人問題當作意識形態核心，這成為歐洲猶太人覆滅的開端，也構成了有史以來最合邏輯也最為慘烈的復仇史之一。因為按照從伏爾泰（F. M. Voltaire）到赫南、泰納（Hyppolyte Taine）的啟蒙觀點，猶太人的受選觀念、他們將宗教與民族

身份相等同的做法，他們宣稱自己在歷史中具有絕對地位、且與上帝具有特殊關係，這一方面為西方文明帶來了另一種未知的狂熱元素（被基督教對真理的獨斷佔有所繼承），另一方面也帶來一種傲慢的元素，它危險地很接近種族式的扭曲形式。[61]猶太教與某種完整未損的猶太信仰，向來都明顯脫離、甚至敵視這種異教的神聖內在性，這在政治上並沒有造成什麼後果。

部落民族主義正是對宗教的扭曲濫用，它讓上帝揀選一個民族，而且選的就是他自己的那個民族；僅僅因為這個古老神話、連同從古代倖存至今的唯一民族，深深撼動了西方文明的根基，現代暴民領袖才能夠以一定程度的合理性，召喚出一種厚顏無恥的想法，要讓上帝捲入各民族間這微不足道的衝突，並要求祂同意一場暴民領袖早已欣然操控好的選舉。[62]種族主義者對猶太人的仇恨，源自於一種迷信式的焦慮不安，亦即上帝或許實際上選擇的不是他們，而是猶太人，而神聖天意也同樣將猶太人許為勝利者。這裡存在某種意志薄弱的、對某民族的仇恨，害怕這個民族已獲得了某種在理性上無法理解的保障，確保它無論看起來是如何，最終都會以勝利者的姿態出現在世界歷史的舞台。

在暴民的頭腦中，猶太人要帶來上帝國度的神聖使命觀念，只能表現為世俗意義上的成功和失敗。基督教是具有猶太起源的宗教，且業已征服了西方人這一事實，催生、滋養了恐懼與仇恨，並將其合理化。泛運動領袖們受到自己荒謬的迷信所引導，而發現猶太信仰機制中隱藏的小小齒輪，就能使倒轉與扭曲得以可能，於是，受選性不再是最終實現共同人性理想的神話，而是

最終摧毀這種人性的神話。

二、無法律狀態的遺產

比起海外帝國主義，對法律與法制的公然無視，以及對無法律狀態（lawlessness）的意識形態式證立，更構成了大陸帝國主義的典型特徵。這部分原因在於，大陸帝國主義缺乏將異國統治的不合法性與母國制度的合法性區隔開來的地理距離。同樣重要的是，產生泛運動的國家未曾了解過憲政政府，因此其領袖們自然就會以自上而下的專斷裁決語彙，來認知政府與權力。

蔑視法律成為了所有運動的特性。雖然它在泛斯拉夫主義中表達得比在泛日耳曼主義中更為充分，但是在俄羅斯與奧匈帝國的實際統治狀況中都同樣有所反映。要描繪這兩種專制，這兩種一戰爆發時歐洲僅存的專制政體，使用多民族國家的語彙只能揭示出片面圖像。只要涉及它們對多民族領土的統治，它們與其他政府的差別就在於它們是直接通過官僚體系來治理各民族，而不僅僅是壓榨；政黨的角色並不重要，議會也缺乏立法功能；國家通過適用命令的行政系統來進行統治。對奧匈雙元帝國來說，議會的重要性不比一個不太聰明的辯論協會高出多少。在俄羅斯和戰前奧地利，在議會幾乎找不到真正的反對黨，而是由議會外的群體來負責反對，後者知道他們如果進入議會系統，只會降低其大眾關注度與支持率。

在法律上，通過官僚制進行的統治，就是通過命令（decree）進行統治，而這意味著在立憲政府中僅僅負責實行法律的權力，在此成為所有立法行為的直接源頭。此外，命令維持在無名狀態（而法律則總是可以追溯到具體的人或集體），因此似乎總是源出於某種無須證立且籠罩一切的統治權力。波耶多諾斯捷夫對法律「陷阱」的蔑視，乃是行政管理者對據說缺乏自由的立法者的永恆蔑視，因為其被原則所框限，也是對無所作為的執法者的蔑視，因為其被其（法條）詮釋所約束。只管實施行政命令的官僚，在幻覺中認為自己的行動永遠不會中斷，他覺得自己遠遠優於這些「不實踐」的人，這些人永遠在「法律細節」上糾纏不清，因此始終處在權力領域之外，而這個領域對他來說才是一切的源頭。

行政官員將法律看作是無權力的，因為它在定義上就與其適用相分離。在另一邊，命令則完全是在被適用的時候才存在；它不需要證立，只需要可適用性（applicability）。❶所有政府確實都在發生緊急狀況的時期使用命令，但是緊急狀況本身就是一種清楚的證立與自動限制。在官僚制的統治中，命令以其赤裸裸的純粹形式顯現，彷彿它們不再是出自有權勢者，而是權力本身的化身，行政官員只是恰好成為其代理人。在命令背後，並不存在僅靠理性就能理解的一般原則，只存在唯有專家才清楚詳細情形的恆變情勢。被命令所統治的人民，永遠不會知道是什麼在統治

❶ 譯註：在法律方面，立法與司法相互分離、且由不同國家機構負責，而命令則同時由行政官員發布與執行。

他們，因為人們不可能就命令本身理解命令，也因為所有行政官員都會小心翼翼地用組織化的方式，讓臣民完全無法得知具體情況及其實際意義。殖民帝國主義同樣靠命令進行統治，有時甚至被界定為「命令體制」（régime des décrets），這是十分危險的；[62a] 但若統治原住民的行政官員是外來者，感覺他們的權力是僭取而來，這個事實就會削弱它對臣屬民族的影響力。❶唯有在俄羅斯與奧地利，這些對原住民實施的統治與官僚體系被視為合法治理的地方，命令統治才能夠創造出獨斷與隱祕的氛圍，以便有效隱藏其背後純粹的權變手法。

命令統治在支配充滿異質人口的廣闊領土、在施行壓迫政策方面，都具有明顯的優勢。它之所以效率高超，僅僅是因為它忽略了發佈與適用之間的所有中間階段，是因為它通過封鎖資訊來防止人民對其政治合理性進行論辯。它可以輕易克服當地風俗的多樣性，也無須在推廣普通法時依賴必要的緩和過程。這對於建立中央集權的行政管理是最有利的，因為它自動無視了當地自主性所產生的所有問題。如果說良法統治（rule by good laws）有時被稱作智慧統治（the rule of wisdom）的話，那麼通過適當命令進行的統治，或許不妨稱之為聰明統治（the rule of cleverness）。因為把不可告人的動機與目標也計算在內，這是聰明，而推演普遍被接受的原則來進行理解、創造，則是智慧。

---

❶ 譯註：本書第五章第一節曾指出，殖民地的統治方式與民族國家的原則衝突，因此常常引起母國政府的反對與干預。

行政機構自身的派生、變形，常常伴隨著民族國家的衰落，法國就是一個典型例子，然而我們需要將官僚制統治與這種情況區分開來。在法國，行政機構挺過了大革命以來的種種政體更迭而倖存下來，它像寄生蟲一樣扎根於政治體制中，發展出自身的階級利益，並成為一個無用的組織體，它的唯一目的似乎就是耍詭計，以及阻礙經濟與政治的正常發展。當然，這兩種類型的官僚體系還有許多表面上的相似之處，尤其若我們太過關注小官員們令人訝異的相似心態的話。然而即使法國人民把行政機構視為必要之惡上，是犯了大錯，但他們畢竟從未犯下更致命的錯誤，亦即允許它來統治國家（雖然結果就變成無人統治）。法國政府普遍是效率低落而令人惱火的；但是它從未創造出偽神祕主義的光暈。

當官僚體系成為一種統治形式時，這種偽神祕主義就成了官僚體系的標誌。由於它所支配的人民從來不真正知道事情究竟如何發生，也不存在對法律的合理解釋，因此唯一算數的就是粗暴赤裸的事件本身。於是在一個人身上發生的事情，就會出現無窮無盡可能的詮釋，既不受理性限制，也不受知識妨礙。這樣無窮盡的詮釋性思辨，典型地構成了俄羅斯所有前革命文學的特徵，在其框架中，生命與世界所交織的整個結構都預設了一種神祕的隱匿狀態與深度。在此光暈中存在一種危險的魅力，因為它看起來具有永不枯竭的豐富性；對苦難的詮釋遠比對行動的詮釋更為寬廣，因為前者在靈魂深處運作，能夠釋放出人類想像力的所有可能，而後者則總是由外在結果與可控經驗來進行檢視，而且還有被導向荒謬之虞。

[245]

在官僚體系的舊式統治與最新的極權統治之間，最明顯的差異在於，俄羅斯與奧地利的戰前統治者們都滿足於一種閒置的權力光輝，滿足於掌控外在命數，而不去染指靈魂的整個內在生活。極權官僚體系則對絕對權力的意義有著更完整的理解，因而會以同等的殘暴施加於個人及其內在生活。這種徹底高效的結果就是，在其統治下，人民固有的自發性，也連同社會活動、政治活動一起被扼殺了，從而在舊式官僚體系下僅僅還只是政治上的枯竭，在後來的極權統治下則變成了全面的枯竭。

然而這個見證了泛運動興起的時代，仍舊愉快地無視這全面的枯竭。相反地，對一個無知的觀察者（大部分西方人皆是如此）來說，所謂的東方靈魂顯示出無與倫比的豐富，其心理探討更加深刻，其文學也比「膚淺的」西方民主下的文學有趣得多。這種在心理學與文學上進入苦難「深處」的冒險，並沒有發生在奧匈帝國，因為其文學畢竟仍屬於德語文學的一部分，也就畢竟仍是屬於廣義的日耳曼文學。奧地利官僚體系並未激發出深刻的謊言，而是使其最偉大的現代作家成為一個幽默作家、成為對這整個問題的批評者。卡夫卡極為充分地了解那種對命運的迷信，它支配了生活在偶然事件之永久統治下的人民，也了解那種不可避免的傾向，它要在已發生的事件中讀出某種特別的超人類含意，而該事件的合理意義則超出了當事人的知識與理解範圍。他清楚地意識到這些民族（譯按：泛運動的民族）不可思議的吸引力，他們的憂鬱、他們美麗而悲傷的民間故事，都似乎遠遠勝過那些更幸運的民族更輕鬆、更光明的文學。他揭露出對於這樣的必然

性、甚至是惡之必然性的驕傲，也揭露出那種將惡與不幸等同為命運的令人作嘔的自負。卡夫卡創造的奇蹟在於，他竟能在此種氛圍的主要元素尚未完全展現的世界中做到這一點；他充分信賴自己偉大的想像力量，能夠得出所有必然結論，並完成連現實本身都未充分展現的內容。[63] ❶

唯有那個時代的俄羅斯帝國為我們提供了官僚制統治的完整圖像。這個國家的狀況一片混亂：它大到無法統治，擠滿了沒有任何政治組織經驗的原始民族，這些民族日復一日地在俄羅斯官僚體系那不可理解的霸權下過活；這種混亂狀況召喚出一種充滿混亂與意外的氛圍，在其中小官員們相互矛盾的奇思怪想，以及日常生活中由不健全與不一致所造成的偶發事件，激發出了這樣一種哲學，它會在偶然事件中看到真正的生命主宰（Lord of Life），某種像是神聖天意顯靈的東西。[64] 泛斯拉夫主義者向來堅持說，相較於文明化國家那膚淺的枯燥無聊，俄羅斯的狀況要「有趣」得多，彷彿神聖事物在不幸的俄羅斯人民的靈魂中找到了親密的內在性，其匹配程度舉

---

❶ 譯註：鄂蘭在另外兩篇文章中對卡夫卡進行了更詳盡的分析，在〈作為賤民的猶太人：一個隱藏的傳統〉（"The Jew as Pariah: A Hidden Tradition", JW: 275-297）中，鄂蘭主要是將卡夫卡視作一個揭露出猶太人身處之例外處境的反抗典範，而在〈重估卡夫卡〉（"Franz Kafka: A Revaluation", EU: 69-80）中，則更明顯地呼應了此處的官僚體系分析。卡夫卡無疑是鄂蘭最推崇的現代文學家，其長篇小說《城堡》、《審判》中都很容易看到鄂蘭這裡所說的神祕的命運氛圍，而中篇小說〈在流刑地〉中則對官僚機器的運作有極為生動、直觀的諷刺性描寫。有別於許多哲學家（如班雅明）對卡夫卡的曖昧解讀，鄂蘭對卡夫卡的解讀具有非常明確的政治立場。

世無雙。泛斯拉夫主義者在無窮盡的文學流變中，以俄羅斯的深度與暴力來對抗西方那流於表面的平庸，後者不了解苦難，也不了解犧牲的意義，在其貧乏的文明化外表背後隱藏著輕浮與平凡。[65]極權運動的吸引力仍有很大一部分要歸功於這種模糊而怨恨的反西方心態，這種心態雖然尤其流行於前希特勒的德國與奧地利，卻也在一九二〇年代同樣抓住了廣大歐洲知識階層的心。直到實際掌權之前，他們都可以利用對深刻而豐富之「非理性」的這種渴求，而在那些關鍵歲月中，流亡的俄國知識份子對躁動不安的歐洲精神狀態施加了不容小覷的影響，這種純粹文學性的態度，後來被證明成了一種強大的情感因素，為極權主義打下了地基。[66]

與政黨相反，運動不是簡單地蛻變為官僚機器，[67]而是在官僚體系中看到了可行的組織模型。泛斯拉夫主義者波戈金（Mikhail Pogodin）在描述帝俄官僚機器時所流露的讚賞之情，是為每個泛斯拉夫者所共有的：「一架巨大的機器，根據最簡單的原理構建，由一人之手所引導……他在每一刻都用一個單獨的動作來運作機器，無論他選擇何種角度、何種速度都無例外。而且這不只是一種機械運作，這台機器的運轉完全依靠傳承而來的情感，也就是臣服於、無限忠誠於並獻身於沙皇，沙皇是他們在地上的上帝。有誰膽敢攻擊我們，又有誰是我們不能迫使他服從的呢？」[68]

比起他們的泛日耳曼同行，泛斯拉夫主義者更少反對國家。他們有時甚至試圖說服沙皇成為運動的領導者。之所以會出現這種傾向，當然是因為沙皇的地位與其他任何歐洲君主有很大的不

同，連奧匈帝國的皇帝也不例外，因為俄羅斯專制從未發展成一個西方意義上的理性國家，而是始終維持流動、無政府、無組織的狀態。因此有時對泛斯拉夫主義者來說，沙皇獨裁似乎是一種巨大的運動力量的象徵，籠罩著獨一無二的神聖光環。[69]與泛日耳曼主義相反，泛斯拉夫主義無須發明一種適合於斯拉夫靈魂及其運動的意識形態，而是可以將沙皇獨裁詮釋為（且神祕化為）運動自身反西方、反憲政、反國家之思想的表現。無政府式權力的這種神祕化，激發出泛斯拉夫主義最有害的一種理論，它主張所有權力都具有超驗本質與內在之善。權力被想像為一種神聖的光芒，穿透、瀰漫在一切自然活動與人類活動之中。它不再是一種藉以獲得某物的手段：它僅僅是存在著，而人們則紛紛基於對上帝之愛而獻身於它，任何要調節或限制其「無限而可怕之力量」的法律顯然都是褻瀆。這樣的權力在其徹底的獨斷之中，被視為神聖，無論它是沙皇的權力還是性的力量。法律不僅無法與之相容，而且還是有罪的，是阻礙「神聖事物」充分發展的人為「陷阱」。[70]無論政府做出什麼行為，它都仍然是「行動上的至高權力」，[71]而泛斯拉夫運動只是不得不依附於這種權力，並由此組織它的人民支持，這種組織手段最終將會滲透、進而淨化整個民族，成為一個龐大的牧群：服從一個人的專斷意志，既不由法律也不由利益來統治，他們團結在一起，完全是依靠人數所產生的凝聚力，以及對自身神聖性的確信。

這些運動由於缺乏「傳承而來的情感力量」，從而一開始就注定在兩個面向上與既存的俄羅斯專制不同。它們必須發動宣傳，這是既有官僚制從不需要的，且在宣傳中還要引入暴力元素；

[72]在歐陸政黨已發展得相當可觀的意識形態中，它們找到了可以替代「繼受式情感」的東西。它們使用意識形態的不同之處在於，它們不僅僅為利益代表（representation）增添了意識形態上的辯護，而且還將意識形態作為組織原則來使用。如果說政黨已成為組織階級利益的載體，那麼這些運動則成為了意識形態的具體化身。換言之，運動還「得到了哲學的填充」，並宣稱自己「讓普遍道德的個體化得以在集體中」運作。[73]

觀念的具體化，首次被表述在黑格爾有關國家與歷史的理論中，並在馬克思有關無產階級作為人類領導者的理論中得到進一步發展。若此說無誤，那麼俄羅斯泛斯拉夫主義之深受黑格爾影響，絲毫不亞於布爾什維克之受馬克思影響，當然也絕非偶然。但無論是馬克思還是黑格爾，都沒有在觀念上將任何現實人類、現實政黨或現實國家，設想為具有肉身；他們相信的都是歷史過程，而觀念唯有在複雜辯證的運動中才得以具體化。它需要粗俗的暴民領袖為了組織大眾而碰巧發現這種具體化的巨大可能性。這些人開始告訴暴民，只要加入運動，每個成員都能夠成為某種理想事物的崇高而至關重要的行動化身。於是他不再需要表現得忠誠、慷慨或勇敢，他將自動成為忠誠、慷慨、勇敢的化身。泛日耳曼主義在組織理論上往往能顯示出優越性，因為只要有人不依附這一運動，他就會被迅速剝奪掉上述的日耳曼個體的所有獨特性（這也預示了納粹後來會對非屬黨員的日耳曼人流露出精神蔑視）；而泛斯拉夫主義則深陷於對斯拉夫靈魂的無限沉思之中，認定每一個斯拉夫人都自覺或不自覺地擁有這樣的靈魂，無論他是否有被恰當地組織起來。

必須要有史達林的冷酷無情，才能將納粹對德國人的蔑視態度，引入布爾什維克看待俄羅斯人民的態度當中。❶

比任何東西都更能將這些運動與政黨結構、黨派立場區分開來的，正是運動的絕對性，它有助於正當化運動對所有出自個人良知的反抗的壓制。在普遍絕對的虛假現實的背景下，個體的特殊現實縮減為微不足道的份量，或是被宇宙本身的運動洪流淹沒。在這股洪流中，目的與手段的差異，連同個性一起蒸發殆盡，結果出現的是意識形態政治那巨大的不道德性。所有重要事物都體現為不斷運動的運動本身；在運動內部充斥迷信與偽科學的起伏翻騰之中，一切的觀念、一切的價值，都消失無蹤。

三、**政黨與運動**

在大陸帝國主義與海外帝國主義之間，存在一個明顯的重大差別，就是它們最初的成敗局勢恰好相反。大陸帝國主義即便是在其開始階段，也已通過組織政黨系統外的大量民眾，而成功實

---

❶ 譯註：如第十二章所分析的，納粹最終顯示的是對某種種族菁英的推崇，而對於現實中的一般德國人，則任意以是否適合存活的標準來予以處置，相較之下，史達林則要對人民進行大清洗，則需要面對俄國原本存在的推崇人民的傳統。

現了與民族國家相對抗的局面，同時又總是在實質性擴張方面遭遇挫敗，然而海外帝國主義則一方面在狂飆猛進中吞併了越來越廣大的領土，另一方面則從未在改變母國政治體制上取得多大成功。民族國家系統的毀滅，早已由它自己發展的海外帝國主義鋪好了道路，最終則由那些源自其領域之外的運動來予以完成。而當這些運動開始成功地與民族國家的政黨系統競爭時，人們也看到，它們能破壞的僅僅是多黨制國家，僅靠帝國主義傳統還不足以讓它們獲得大眾號召力；因此大不列顛這個典型的兩黨制國家，就並沒有在政黨系統之外產生任何法西斯導向或共產主義導向的運動。

無論是「超乎政黨」的口號、對「所有黨派成員」的呼籲，還是他們自吹自擂的將會「遠離黨派之爭並僅僅代表整個國族的宗旨」，都同樣構成了所有帝國主義團體的特徵，[74]而他們設想在任何事件中，國家都作為一個獨立於階級與政黨的整體來行動，這似乎不過是他們專注於對外政策的自然結果。[75]此外，由於在大陸帝國主義系統中，這種對國族整體的代表已成為對國家的「獨占」，[76]因此帝國主義者甚至似乎就像是將國家利益置於一切事物之上，抑或是國族整體的利益在他們身上找到了追尋已久的民意支持。然而儘管提出了所有這些訴諸真正民意的宣稱，「凌駕政黨的政黨」仍不過是由知識份子與小康民眾所組成的小社團，就像泛德意志聯盟一樣，他們只有在國家陷入危機的時代，才有望獲得廣大號召力。[77]

因此泛運動的決定性發明，就不是它們也宣稱自己超越並處於政黨系統之外，而是它們自稱

為「運動」，這個名稱本身就暗示著對所有政黨深深的不信任；這種不信任在十九、二十世紀之交已傳遍歐洲，而且最終變得至關重要，以至於在威瑪共和國時期，「每個新成立的團體都相信，再沒有什麼立場比明確堅持自己不是一個『政黨』而是一場『運動』，更能獲得正當性、更能吸引大眾了」。[78]

歐洲政黨系統的實際解體，誠然是因極權運動而非泛運動所造成。然而泛運動在小而相對無害的帝國主義社團與極權運動之間找到了某種位置，只要它們放棄在所有帝國主義聯盟中都頗為顯眼的趨炎附勢成份，無論是像在英國那樣迎合財富與出身，還是像在德國那樣迎合教養，進而利用大眾對於那些應該要代表人民的政府機構所懷抱的深仇大恨，它們就會成為極權主義的先行者。[79]因此這些運動在歐洲的吸引力，並沒有因為納粹的失敗，以及對布爾什維克日益增長的恐懼，而受到太大的損害，也就不足為怪了。在歐洲，議會沒有遭到蔑視、政黨系統沒有受到仇視的唯一國家就是英國，情況至今仍然如此。[80]

面對英倫群島政治制度的穩定，以及同時間歐陸所有民族國家的衰落，人們不免會歸結出：此差別的重要因素，必定在於英國與歐陸的政黨系統之間的差異。因為在二戰結束之際，嚴重蕭條的英國與差點被摧毀的法國並沒有多大的實質差別；失業這個在戰前歐洲引發革命的最大因素，同樣重創了英國，其嚴重程度甚至超過了許多歐洲國家；而且隨著工黨政府撤銷了印度的帝國主義政府，並試圖以非帝國主義路線重塑英國的世界政策，這對英國政治穩定性的衝擊不可謂

不大。純粹社會結構上的差異，也不足以用來解釋英國的相對國力；因為社會黨政府已經劇烈改變了英國社會系統的經濟基礎，在政治體制上卻並沒有帶來任何決定性的改變。

在英國兩黨制與歐陸多黨制的外在差異背後，在政黨在政治體中的功能（這對於政黨的權力態度影響重大）與公民在其國家中的位置之間，還存在一種根本性的區分。在兩黨制中，通常會有一個政黨代表政府並實際統治國家，因此這個掌權的政黨也就暫時與國家相等同。而國家（state）作為國家統一體（the country's unity）的永久保障，則只會由王室的永久性來代表（因為外交部常務次長的設立只不過是基於機構延續性的考量）。[81]由於兩個政黨是為了輪替統治而被籌劃、組織起來的，[82]因此行政機關的所有部門也都是因應輪替而進行籌劃、組織。由於每個政黨的統治都有其時限，從而反對黨的調控效力也就因它會是明日統治者的確定性而得到增強。事實上，保障國家整體性並對抗一黨獨裁的，與其說是國王的象徵性位置，還不如說是反對黨。這一制度的明顯優勢在於，政府與國家之間不存在本質性差異，而且權力和國家都始終掌握在被組織為政黨的公民手中，他們代表了今日或明日的權力與國家；因而也不會有什麼空間讓人去沉浸於對權力與國家的抽象思索，彷彿它們是在人類可望而不可即的地方、是某種獨立於公民的意志與行動之外的形而上實體。

歐陸政黨制度的設定是，每個政黨都自覺地自我界定為整體的一部分，而這個整體則由凌駕政黨之上的國家來代表。[83]因此一黨統治只能意味著一個部分對其他所有部分的獨裁支配。由政

黨領袖聯合組成的政府通常都只是政黨政府，它明顯不同於存乎其上、超乎其外的國家。該制度較次要的弱點之一，就是無法根據才能來遴選內閣成員，因為有太多政黨需要被代表，而各部部長也得依照政黨聯盟的需要來進行選擇；[84]而英國的制度則允許在一個政黨內部的廣大成員中找出最佳人選。然而更關鍵的地方在於，多黨制從來不會讓任何一個人或一個政黨負起完全責任，於是自然而然地，其結果就是政黨聯合組成的政府從來不會覺得自己要完全負責。縱使不太可能地發生了一個政黨以絕對多數支配了議會、並造成一黨統治的局面，那麼最終也只會導向兩種結果：一種是獨裁，因為該制度沒有為這樣的政府做好準備；另一種則是，仍然真正信奉民主的領導層，由於早已習慣於僅將自身視為整體之一部分，從而自然會基於良心譴責而怯於使用它的權力。這種良心譴責曾以一種堪稱典範的方式發揮作用：在一戰後，德國與奧地利的社會民主黨短暫地成為佔據絕對多數的政黨，卻仍然拒絕接受伴隨此地位而來的權力。[85]

隨著這種政黨制度的興起，將政黨等同為經濟或其他方面的特殊利益，[86]就變得理所當然，而包括勞工團體在內的所有政黨，只要它們仍然確信多少代表著所有人的國家會在政黨之上行使其權力，也就會坦率地承認此事。英國政黨則相反，它建立在為「國族利益」[87]服務的某種「特殊原則」之上，政黨本身就是實際的或未來的國家；左派政黨與右派政黨則代表著特殊利益，且會被政府的需求所約束。而且由於在兩黨中，如果一個政黨沒有獲得足夠的力量來承擔權力，它就根本無法生存多久，因此它不需要任何理論上的證立，也沒有發展出任何意識形態，於是那種

歐陸政黨鬥爭特有的狂熱，那種與其說是源自利益衝突，不如說源自意識形態對立的東西，在英國完全不存在。[88]

歐陸政黨在原則上與政府、權力相分離，由此造成的麻煩倒不太在於它們會陷入狹隘的特殊利益，而更在於它們會為這些利益感到羞恥，從而發展出一套辯護之辭，將自身導向一種宣稱其特殊利益與最普遍的人類利益相一致的意識形態。保守政黨不滿於僅僅保衛地主的利益，而是需要一套哲學，根據這種哲學，上帝造人，就是要讓他辛勤勞作、耕耘土地。至於中產階級政黨的進步式意識形態，以及工人政黨所宣稱的無產階級乃人類領導者，也同樣如此。崇高哲學與現實利益的這種怪異結合，只在乍看之下像是悖論。由於這些政黨並不是為了掌控公共事務而組織成員（或培養領袖），而是僅僅以帶有私人利益的個人身份來代表他們，因此它們必須迎合所有精神上與物質上的私人需求。換言之，英國與歐陸政黨的主要差別在於，前者乃是公民的政治組織，這些公民需要「協同行動」（act in concert）以便讓行動得以開展，[89]而後者則是個人的組織，這些人希望他們的利益得到保護，免受公共事務的干預。

與這種制度相一致的乃是歐陸的國家哲學，這種哲學只有在人們不是政黨成員的時候，也就是在他們與國家那私人且未經組織的關係（Staatsbürger）中，或是在他們於危機時期展現出的愛國熱情（citoyens）中，才會將他們認可為公民。[90]❶這種不幸的結果，一方面源自於法國大革命的公民蛻變為十九世紀的布爾喬亞這個過程，另一方面則肇始於國家與社會的敵對關係。德國

人將愛國主義看作服從當局的忘我狀態，而法國人則將愛國主義看作對「永恆法蘭西」幽靈懷抱的熱情的忠誠。在這兩種情況中，愛國都意味著一個人為了政府與國家的利益，而放棄政黨與派系利益。關鍵在於，在一個根據私人利益來建立各個政黨的制度中，這種民族主義式的變形幾乎是無可避免的，因此公共善必須仰賴自上而下的力量，以及自下而上的模糊慷慨的自我犧牲，後者只有通過喚起民族主義激情才能夠獲得。英國的情況則相反，私人利益與國家利益的對立從未在政治中扮演決定性的角色。因此歐陸政黨制度越是迎合階級利益，則訴諸民族主義、訴諸大眾表達支持國族利益的國族需求，也就越是迫切，而以執政黨與反對黨形成直接政府的英國，則從來不會如此需要這種支持。

如果我們就引發泛運動興起的內在體質，來看待歐陸多黨制與英國兩黨制的差別，那麼下述狀況就頗為合理：更容易讓一黨獨裁掌握國家機器的地方，就是國家高於各政黨，從而也高於公民的地方，而非公民通過「協同」行動，也就是通過政黨組織就能夠合法贏得權力的地方。甚至更顯得合理的是，公民越是遠離權力之源，泛運動中固有的權力神祕化也就越容易達成；亦即在權力明確超出被統治一方的理解能力的官僚制統治國家中，比在法律高於權力而權力只是其實施

❶ 譯註：Staatsbürger 與 citoyens 分別是德文與法文中的「公民」概念，它們也分別對應著下文所說的德國式的忘我服從與法國式的激情忠誠。

手段的憲政國家更容易神祕化；而且在這樣的國家裡，國家權力超出了政黨可觸及的範圍，從而即使它仍停留在公民理解力的範圍之內，卻更容易被轉移到公民的實踐經驗與行動的範圍之外。

大眾與政府的疏離，正是他們仇恨、厭惡議會的開端，這種情況在法國及其他西歐民主國家是一回事，在中歐國家（主要是德國）則是另一回事。在德國，由於國家在定義上本就高於政黨，因此依照慣例，當政黨領袖成為部長，並被委以公職時，就要放棄他們對政黨的忠誠。對所屬的政黨不忠，乃是每一個公職人員的義務。[91]在法國，則是由政黨聯盟進行統治，從而自第三共和國及其數量匪夷所思的歷屆內閣以來，都沒能建立真正的政府。法國的弱點與德國恰好相反；她清除了高於政黨、高於議會的國家，卻沒有將其政黨制度重建為有能力實行治理的體制。這個政府必定會可笑地變成一個反映議會與公眾輿論變化無常態度的風向標。另一方面，德國的制度則多少讓議會還算是個表達衝突利益與意見的有用戰場，其主要功能就是影響政府，但它在管理國家事務的實際必要性上，仍只能說是頗成問題。在法國，政黨使政府窒息；而在德國，則是國家閹割了政黨。

自上個世紀末以來，這些歐陸議會、政黨的名聲就時常敗壞；對大多數民眾來說，它們看起來就是一些昂貴而不必要的機構。光憑這個理由，每個宣稱自己代表某種高於政黨與階級利益、並崛起於議會之外的團體，就都有贏得民心的大好機會。這樣的團體似乎更稱職、更真誠，也更關心公共事務。然而這僅僅是表面上如此，因為每個「凌駕政黨的政黨」的真正目標都是促進某

種特殊利益，直至它吞噬掉其他所有利益，並使某個特定團體成為國家機器的主宰。這正是在墨索里尼掌權的法西斯之下，最終在義大利發生的事情，直至一九三八年，該法西斯都還並非極權主義，而不過是從多黨制民主中合乎邏輯地發展出來的普通民族主義獨裁而已。多數人統治與獨裁之間存在親緣性，這種老生常談中確實存在某種真理，不過這種親緣性與極權主義沒有任何關聯。很顯然，在經歷數十年低效、一塌糊塗的多黨制統治後，為了一黨優勢而篡奪國家，可以成為一種強大的信念，因為即便時間有限，但它至少能保障某種一貫性、某種持久性，以及少一點的矛盾。

納粹的掌權通常被等同為一黨獨裁，但這種想法只顯示了政治思考仍然多麼深植於舊有的既存模式，而人們對於真正即將發生之事又是多麼缺乏準備。法西斯政黨獨裁中唯一典型的現代面向就在於，政黨也堅持主張自己是一場運動；但是一旦它篡奪了國家機器，卻沒有為國家權力結構帶來激烈改變，而是滿足於在所有政府職位安插政黨成員的時候，這就明顯顯示出它其實無關運動，只是使用「運動」口號來吸引大眾而已。正是由於將黨等同於國家（這是納粹與布爾什維克始終小心避免之事），黨才不再是一場「運動」，並與國家的基本穩定結構開始變得息息相關。

即使極權運動及其先驅的泛運動，並非渴求掌握國家機器的「凌駕政黨的政黨」，而是一種旨在摧毀國家的運動，納粹黨人發現：假裝效仿義大利法西斯的模式，這種姿態實在頗為方便。他們由此贏得了上層階級與商業菁英的支持，這些人誤以為納粹只是他們自己也常常創立的舊團

體，只是相當溫和地託詞要實現一黨獨裁而征服國家機器。[92]幫助希特勒掌權的商人們天真地相信，他們不過是支持了一個獨裁者，一個他們自己製造出來的產物，這個人的統治自然會對他們自己的階級有利，而對其他所有階級不利。

受帝國主義啟發的「凌駕政黨的政黨」從來不知道要如何從人們對政黨制度的廣泛仇恨中受益；挫敗的德國戰前帝國主義雖然夢想要進行大陸擴張，並徹底廢除民族國家的民主體制，卻從未達到運動的程度。要傲慢地放棄作為國家政黨制度基石的階級利益，他們無疑還沒有這個底氣，因為這會讓他們的吸引力甚至輸給那些普通政黨。撇開那些看似唱高調的民族主義修辭，他們明顯缺乏一種真正的民族主義意識形態，或某種其他意識形態。一戰後，當德國泛德意志主義者——尤其是魯登道夫（Erich Ludendorff）夫婦——發現這一錯誤，並試圖彌補時，儘管他們很有能力喚起大眾最迷信的信念，卻仍然失敗了，因為他們墨守過時的非極權式國家崇拜，而不理解大眾對所謂「超國家權力」（überstaatliche Mächte），也就是耶穌會、猶太人、共濟會的瘋狂興趣；這種權力並非源自國族或國家崇拜，而是相反地源自嫉妒，以及同樣成為「超國家權力」的慾望。[93]

就表面上來看，僅有幾個國家的國家偶像崇拜、國族崇拜尚未過時，而打著對抗「超國家」力量的民族主義口號也仍會引起人們的高度關注，這就是那些拉丁語系的歐洲國家，像是義大利，以及較不明顯的西班牙與葡萄牙；這些國家在充分發展自身國族的道路上，遭到教會力量的

明確阻礙。最初基於反教權而支持法西斯式民族主義的潮流很快就消退了，在義大利被臨時條約（modus vivendi）取代，而在西班牙與葡萄牙則被活躍的法西斯聯盟（positive alliance）取代；這部分是因為國族發展相對落後的事實因素，另一部分也是基於教會的智慧，它明智地看出法西斯在原則上既不反基督教，也非極權主義，它只是要建立其他國家早已存在的政教分離而已。

墨索里尼對團結國家理念的詮釋，乃是希望通過新的整體式社會組織，來解決階級分化社會中聲名狼藉的國族危害[94]，並藉由將社會整合進國家的做法，來化解國家與社會之間的對立（這正是民族國家的立基之處）。[95]法西斯運動作為「超政黨的政黨」，由於它宣稱要代表國族整體的利益，因此掌握了國家機器，將自身等同為最高國族權威，並試圖讓全體人民成為「國家的一部分」。然而它並不認為自己「超於國家之上」，其領袖們也不認為自己「超於國族之上」。[96]法西斯份子一旦掌權，其運動也就停止了，至少就國內政策而言是如此；自此之後，運動只能在對外政策上，亦即帝國主義擴張與典型的帝國主義冒險活動上，維持其運作。而納粹則甚至在掌權之前，就明確疏遠了法西斯獨裁形式（這種形式不過是用「運動」來幫助政黨掌權），而且有意用政黨來「推進運動」，運動與政黨相反，它必須沒有任何「明確、封閉的既定目標」。[97]

法西斯主義與極權運動之間的差別，可以在他們對待軍隊、也就是典型的國族機構的態度中找到最好的說明。納粹與布爾什維克藉由讓軍隊從屬於政治委員或極權菁英組織，進而摧毀軍隊精神；法西斯主義者則相反，他們能夠運用像軍隊這樣強烈的民族主義工具，並將自身等同於這

一工具，正如他們將自身等同於國家。他們想要建立一個法西斯國家、一支法西斯軍隊，但仍然是一支軍隊與一個國家；只有在納粹德國與蘇聯那裡，軍隊與國家才成為運動的附屬功能。在古典政治理論的意義上，法西斯獨裁者（既非希特勒也非史達林）是唯一真正的篡奪者，而其一黨統治在某種意義上，則是唯一仍與多黨制密切關聯的體制。他實施了具有帝國主義思想的聯盟、社團、「凌駕政黨的政黨」所致力的目標，因此義大利的法西斯主義，就尤其成為在既存國家的框架內組織現代大眾運動的唯一例子；這種運動完全由極端民族主義所激發，它將人民永久轉變為所謂的公民（Staatsbürger）與愛國者（patrotes），而民族國家只有在緊急階段與神聖聯盟（union sacrée，譯按：一戰期間法國左派表示暫時不反對政府的協定）的情況下，才曾如此進行動員。[98]

沒有對國家的仇恨，就沒有運動，而在相對穩定的戰前德國，泛日耳曼主義者實際上對此一無所知。運動起源於奧匈帝國，在那裡，仇恨國家乃是被壓迫民族的愛國表現，而除了社會民主黨（它是基督社會黨之外唯一忠誠於奧地利的政黨）外，政黨都按照民族路線、而非階級路線來組建。這之所以可能，是因為經濟與社會地位大多建立在民族身份之上；因此在民族國家中具有統一力量的民族主義，在此馬上變成了內部分裂的原則，結果造成了其政黨結構與其他國家的決定性差異。在奧匈帝國，將政黨成員團結在一起的東西，不是某種特定利益（如其他歐陸政黨系統那般），也不是某種組織化行動的特定原則（如英國那般），而主要是歸屬於同一個民族的情

感。嚴格來說，這本該是、也曾經是奧地利政黨的巨大弱點，因為部落式的情感歸屬無法推演出任何明確的目標或規劃。但泛運動卻將這種短處翻轉為長處：它們將政黨轉化為運動，並發現這種非比尋常的組織形式從來不需要目的或規劃，只要不傷害其成員，隨時都可以改變政策。早在納粹驕傲地宣稱即便它有計畫也不需要付諸實踐之前很久，泛日耳曼主義就發現，要吸引大眾，訴諸普遍基調遠比訴諸確定的綱領與宣言重要得多。因為在一場運動中，唯一起作用的東西，就是讓自身維持在恆常運動之中。[99] 因此納粹慣於將十四年的威瑪共和稱為「系統的時代」（Systemzeit），這意味著該時代是貧瘠、缺乏動態的，它沒有在「運動」，而緊隨其後的則是他們這個「運動的時代」。

國家，即便是一黨獨裁的國家，也都被認為會對持續成長之運動那不斷改變的要求造成阻礙。德國本土的泛德意志聯盟的那種帝國主義式「凌駕政黨的團體」，與奧地利的泛日耳曼運動，兩者最典型的差別就是它們對國家的態度：[100]「超政黨的政黨」只想要掌握國家機器，而真正的運動則致力於摧毀它；對前者來說，只要黨內成員站上國家的代表席位（如墨索里尼在義大利的情況），便仍會認可國家為最高權威，而後者則認定運動的權威性是獨立於、且更高於國家。

一戰後，泛運動對政黨系統的敵意在政治實踐上取得了重大進展，當時政黨系統不再能夠繼

續運作，而且因各種事件而完全喪失社會地位的大眾不斷增加，也壓垮了歐洲社會的階級系統。接下來站到前台的已不再僅僅是泛運動，還包括它們的極權主義後繼者，這種情況在一段時間內強烈地決定了所有政黨的政治走向，以至於它們不是反法西斯主義者就是反布爾什維克者，或者兩者皆是。[101]通過這種似乎是自外強加的否定性路線，舊有政黨清楚顯示出它們也不再能夠扮演特定階級利益代表者，而是已然成為了純粹的維持現狀者。除了德國與奧地利的泛日耳曼主義很快重整跟上納粹的步調之外，還平行存在著另一個緩慢得多也複雜得多的進程，在此進程中，泛斯拉夫主義者最終發現，列寧的俄羅斯革命已結束得足夠徹底，足以讓他們全心全意地支持史達林。布爾什維克與納粹在其權力達到頂點之時，就脫離了純粹的部落民族主義，也已不太需要那些仍在原則上相信它的人，只將它當作純粹的宣傳材料；這種狀況並非泛日耳曼主義者或泛斯拉夫主義者的過錯，也幾乎不會影響到他們的熱情。

與歐陸政黨系統的衰敗齊頭並進的，是民族國家聲譽的衰落。國族同質性被移民現象嚴重打亂了，而作為典型國族的法國，幾乎在數年間就完全依賴外籍勞工；已無法滿足新需求的限制式移民政策，的確仍是「國族式」的，它只是讓民族國家不再能夠應對當時主要的政治議題這一事實，變得再明顯不過。[102]甚至更為嚴重的，是一九一九年和平協議試圖將民族國家組織引入東、南歐的致命舉措，在這些地方，官方民族往往只擁有相對多數，其人數還比不上「少數族裔」的集合體。這種新狀態本身就足以嚴重破壞政黨系統的階級基礎；如今在所有地方，政黨都是按照

國族路線來組織的，彷彿奧匈雙元帝國的終結，不過是使一連串類似的實驗得以在一個較小的尺度上啟動。[103]至於那些民族國家與政黨階級基礎未受移民與人口異質化影響的國家，則因通貨膨脹與失業而同樣引發了崩潰；很明顯，國家的階級系統越堅固、人民越具有階級意識，這種崩潰也就越戲劇化、越危險。

這就是兩次世界大戰之間的情形，當時所有運動都比政黨擁有更大的機會，因為運動攻擊國家體制，卻不訴諸階級。法西斯主義與納粹主義總是誇耀說，它們的仇恨不是針對個別階級，而是針對不堪的階級系統。它們譴責這個系統實為馬克思主義的發明。甚至更重要的事實是：一九三五年之後，當共產黨人以擴大群眾基礎為藉口，到處組建人民戰線，並同樣訴諸在一切社會階層之外成長起來的大量群眾（他們直到那時一直是法西斯運動的天然獵物）之時，他們儘管抱持馬克思主義意識形態，卻也不得不放棄堅定的階級訴求。沒有任何舊式政黨準備接納這些群眾，也沒有任何政黨正確評估他們在人數上日益增加的重要性，以及其領袖們日益增強的政治影響力。舊式政黨犯下的這一判斷錯誤，可以解釋為因為它們在議會中佔據穩定席位，在國家機關中擁有可靠代表，遂覺得自己遠比那些群眾更靠近權力之源；他們認為國家將永遠是所有暴力工具無可爭議的主宰，而作為民族國家最高機構的軍隊，則始終會是所有國內危機中的決定性因素。因此他們放心地譏笑那些在沒有任何官方資助下湧現出來的、數量龐大的半軍事組織。政黨系統越是在外於議會與階級的運動壓力下變得虛弱，各政黨先前對國家的敵意也就消失得越迅速。在

「凌駕政黨的國家」之幻覺下埋頭苦幹的各個政黨，都將與國家的這種和諧關係錯認為力量的來源、錯認為與某種更高秩序體的美妙關係。但是國家受到革命運動威脅的程度，並不比於政黨系統更少，而且它不再有辦法在國內鬥爭之上維持超然態度，以及那必然不受歡迎的地位。軍隊早已不再是對抗革命騷亂的可靠堡壘，這不是因為軍隊會同情革命，而是因為它已喪失了地位。法國，這個典型國族（nationa par excellence），在現代歷史中，曾兩度發生同樣的事：軍隊向人們證明了它在本質上沒有意願或沒有能力幫助那些掌權者，也無意自己奪取權力：在一八五〇年，它坐視「十二月十日協會」的暴民讓拿破崙三世獨掌大權，[104]❶而在十九世紀末的德雷福事件期間，本來是最容易建立軍事獨裁的時刻（譯按：參見本書第四章第三節）。軍隊的中立態度，以及它為每一任主子服務的意願，最終將國家置於「各個有組織的政黨利益之間的媒介。它不再凌駕社會階級之上，而是介於各階級之間」。[105]換言之，國家與各政黨共同維持了現狀，卻沒有意識到這種聯盟正像其他事物一樣改變著現狀。

隨著希特勒的掌權，歐洲政黨系統以頗為驚人的方式崩解。如今人們很容易忘記，在二戰爆發的時刻，大部分歐洲國家早已接受了某種形式的獨裁，並且拋棄了政黨系統，與此同時，政府層面的這種革命性改變，在大部分國家也並非革命動亂所引發。革命行動往往更多地是對強烈不

❶譯註：拿破崙三世於一八四八年十二月十日當選總統，一八五一年發動政變，翌年稱帝。

滿的大眾慾望做出的戲劇性讓步，而非實質的權力鬥爭。畢竟，無論是數千名幾乎手無寸鐵的人民在羅馬街頭遊行，繼而掌控了義大利政府（譯按：亦即讓墨索里尼得以掌權的所謂「向羅馬進軍」），還是波蘭（一九三四年）一個籌劃要支持半法西斯政府的所謂「無黨派團體」（其成員包含貴族與最窮困的農民、工人與商人、天主教徒與正統猶太人），合法贏得了議會三分之二的席位；它們彼此都沒有多大的差別。[106]

希特勒的掌權，伴隨著共產主義與法西斯主義的成長，在法國迅速清除了各政黨之間原本的關係，並在一夜之間改變了歷史悠久的政黨路線。一直強烈反德、主戰的法國右翼，在一九三三年之後就成了和平主義先鋒，並對德國表示同情理解。左翼則以同樣的速度，從不惜一切代價的和平主義，轉變為堅定的反德立場，並且很快就被幾年前才剛譴責其和平主義為背叛國族的同一個政黨，指控為好戰派政黨。[107]事實證明，希特勒掌權後的那幾年，對於法國政黨系統的整體甚至是更災難性的。在慕尼黑協定危機中，❷從右派到左派，每一個政黨都在唯一的關鍵政治議題上產生了內部分裂，這就是：誰支持與德國開戰、誰反對與德國開戰。[108]每個政黨都包含和平派與戰爭派；沒有任何政黨能夠在重大政治決定上維持統一，也沒有任何政黨有辦法挺過法西斯與

❷譯註：一九三八年，納粹德國要求捷克斯洛伐克割讓以德意志人為主要族群的蘇台德地區，從而引起英、法、德、義四國在慕尼黑進行協商，該會議最終決定讓德國吞併蘇台德，而翌年德國就又吞併了整個捷克斯洛伐克。

納粹的考驗，而不分裂為反法西斯派與納粹同路人這兩方。希特勒之所以能夠在所有政黨中隨意挑選人員並建立起傀儡政權，正是此種戰前局勢的後果，而不是依靠納粹的什麼機智部署。在歐洲，沒有一個政黨中不曾產生過協力者。

相對於舊式政黨的崩解者，則是法西斯運動與共產主義運動到處明目張膽地聯合起來的現象：在德國、義大利之外的舊式政黨都忠誠不渝地倡導和平，甚至不惜以受異族支配為代價，而法西斯份子與共產黨人則長久以來就在鼓吹戰爭，甚至不惜以國族覆滅為代價。然而關鍵並不在於各地的極端右翼為了支持希特勒式的歐洲，而放棄它傳統的民族主義，也不在於極端左翼因為支持舊有的民族主義口號，而遺忘了它傳統的和平主義，更重要的是這兩種運動都能夠指望其成員與領導者的忠誠，相信它不會為政策上的忽然轉變所擾。這件事戲劇性地暴露在德俄互不侵犯條約上，當時納粹不得不撤回他們反對布爾什維克的主要宣傳，而共產黨人則不得不回到他們之前總是斥為小資產階級情調的和平主義。這樣的突兀轉向絲毫沒有傷害到雙方。人們還很清楚地記得，在不到兩年後蘇聯就遭到了納粹德國的攻擊，而共產黨人在這第二次大變卦後仍然表現得十分強硬，全然不顧及下述事實：這兩種政治路線都將普通百姓捲入了嚴重而危險的政治活動中，而且要求付出真正的犧牲與前仆後繼的行動。

前希特勒時代的德國政黨系統的崩解，看似與上述情況有所差別，但實際上更為猛烈。這種崩解在一九三二年最後一次總統選舉期間暴露於世，當時所有政黨都採納了複雜的全新大眾宣傳

形式。

推選候選人這件事本身就頗為奇特。身處議會系統之外、並從兩個相反方向與議會戰鬥的這兩種運動，當然會推出他們自己的候選人（納粹方面是希特勒，共產黨方面則是泰爾曼〔Ernst Thälmann〕），但格外讓人訝異的是，其他所有政黨竟忽然都支持了同一位候選人。這位候選人正是老興登堡（Paul Hindenburg），他的聲望無與倫比，因為支持者自麥克馬洪時代以來就在坐等這位戰敗的將軍（譯按：興登堡在一戰期間是德國軍方的最高將領），這可不只是個笑話；這顯示出舊式政黨是多麼渴望將自身等同為舊時代的國家，這個超乎政黨之上的國家最強有力的象徵就是國家軍隊，換言之，它們已經拋棄了政黨系統本身。因為在面對運動時，各政黨之間的差別確實變得毫無意義；所有政黨的生存都陷入了危機，其結果就是，它們聯合起來，希望通過維持現狀來保障生存。興登堡成為民族國家與政黨系統的象徵，而相互競爭的希特勒與泰爾曼則成為人民的真正象徵。

競選口號具有跟推選候選人同樣重要的意義。沒有任何口號稱頌候選人自身的功績；興登堡的宣傳口號僅僅宣稱「投給泰爾曼就是投給希特勒」，這旨在警告工人們，不要浪費選票在一個注定會被擊敗的候選人（泰爾曼）身上，進而讓希特勒掌權。這就是社會民主黨人與興登堡妥協的方式，而興登堡根本沒有被提到。右翼政黨玩的也是同樣的把戲，他們強調「投給希特勒就是投給泰爾曼」。此外，雙方都非常明確地暗示那些納粹與共產黨已狼狽為奸，以便讓忠誠的黨員

們（無論左派或右派）相信，要維持現狀，就需要興登堡。

為興登堡所做的宣傳，旨在吸引那些不惜一切代價也要維持現狀的人，而在一九三二年，這現狀意味著將近一半德國人失業；與此相反，各運動的候選人則得面對那些不惜一切代價也要改變的人（即使要付出摧毀所有法定政府機構的代價），而這些人至少在數量上相當於日益增加的上百萬失業者及其家人。因此納粹絲毫不憚於說出「投給泰爾曼就是投給興登堡」這樣的謬論，而共產黨人也毫不猶豫地回敬以「投給希特勒就是投給興登堡」；雙方都以現狀的危險來恐嚇選民，恰如它們的對手也以革命的幽靈來恐嚇自己的成員。

在所有候選人的支持者們都不約而同使用的方法背後，存在著一個祕而不宣的預設，就是選民會因為恐懼而投票：恐懼共產黨、恐懼納粹、恐懼現狀。在這種普遍恐懼中，一切階級區分都從政治舞台消失了；為保衛現狀而組成的政黨聯盟，模糊了原本還在政黨框架中維持的舊式階級結構，而參與運動的普通百姓則完全是彼此異質的，且變動起伏一如失業本身。[109]在國家體制的框架內，議會中的左派已加入了議會右派，而兩種運動則忙於共同組織一九三二年十一月在柏林街頭進行的著名交通大罷工。

當我們思考歐陸政黨系統急速衰敗的現象時，必須留意整個制度極為短促的壽命。它在十九世紀之前尚不存在，而在大部分歐洲國家中，政黨組織是在一八四八年之後才開始出現，因此其

體制在國族政治中作為一種未受挑戰的機制，僅僅存在了不到四十年的時間。在十九世紀最後二十年間，無論是法國或奧匈帝國，所有重大政治發展都已經發生在議會政黨之外，並與之對立，而到處都有小型的帝國主義「凌駕政黨的政黨」為了人民大眾對侵略性、擴張性對外政策的支持，而挑戰這一機制。

帝國主義聯盟因自身與民族國家相等同之故，而將自己設置在高於各政黨的位置，而泛運動則攻擊這批政黨，指責它們是囊括了民族國家在內的普遍系統的一部分；這些運動因為自身已直接等同於人民，而不再那麼「凌駕於政黨」，而是更多地「凌駕於國家」。極權運動最終走上了將人民也拋棄掉的道路，即便該運動曾密切依循泛運動的步調，將人民用作宣傳目的。如今運動已高於國家與人民／民族，並準備好要為了意識形態而將兩者都犧牲掉：「運動既是國家也是人民，若沒有運動，無論是當前的國家……還是當前的德意志人民，都無從設想。」[110]

最能證明政黨制度的衰敗已無可挽回的，莫過於戰後試圖在歐陸復興它的巨大努力，其令人遺憾的結果，就是在擊敗納粹，並目睹了布爾什維克對國族獨立的明顯威脅之後，運動的吸引力竟還增強了。所有恢復現狀的努力，到頭來都只是恢復了這樣一種政治處境：破壞性運動才是唯一能夠發揮正確作用的「政黨」。儘管遭遇了最艱難的形勢，儘管不斷改變政黨路線，其領導層仍保住了權威。為了正確評估歐洲民族國家的倖存機率，比較明智的選擇不是過份關注各運動偶爾用來隱藏其真實意圖的民族主義口號，而是要考慮到如今人人皆知這些運動乃是國際組織的地

區分支；也要考慮到，縱然它們的政策服務於另一個（甚至是敵對的）強權的對外政策利益一事，已昭然於天下，普通百姓也不會感到困擾；最後還要考慮到，譴責其領袖們是第五縱隊、是賣國賊等等說法，也並沒有讓其成員們留下多深刻的印象。與舊式政黨相反，運動從上一次大戰中倖存了下來，而且如今乃是在其追隨者心中保有活力、意義之形象的唯一「政黨」。

譯者識

本章所討論的大陸帝國主義，顯然是在極權主義出現之前、與之最接近的一種意識形態，其中種族血統、命令統治、運動型政黨這三個要素，都預示了極權體制的重要特徵。本章與其前後章節的關聯也頗值得我們留意：前一章所分析的（以英國為代表的）海外帝國主義中的兩個關鍵線索，種族主義與官僚制正對應本章頭兩節的主題，可以說正是海外殖民地的實際經驗投射回歐洲大陸，催生了大陸帝國主義；而本章與下一章所討論的內容幾乎可說是同一場危機的兩個不同層面，下一章所描寫的是，未能建立正常民族

國家的中、東歐少數民族如何衍生出無國難民的問題，而本章所描寫的是同樣是未能建立正常民族國家的中、東歐民族，不同之處在於它們（俄羅斯與德意志）都有一個強大的母國可寄託，於是形成了擴張式的部落民族主義。

本章第一節首先分析了部落民族主義與民族主義的差異，在鄂蘭看來，前者實為一種無根的種族意識形態，它以民族的神聖起源論為基礎，並不斷訴諸一種脫離具體歷史經驗的神學觀念；值得注意的是，這種部落民族主義驚人地對應於第三章所分析的現代「猶太性」結構，鄂蘭也由此解釋了為什麼反猶主義會大行其道的深層動機。第二節所分析的無法律狀態，乃是以命令統治全面取代法治的官僚體系，充斥其中的偽神祕主義進一步體現了部落民族主義的實現形態，同時鄂蘭對於俄國知識分子思想傳統的批判性分析尤為犀利。第三節分析政黨與運動的關係，鄂蘭比較、分析了英國與歐陸在政黨制度上的優劣，並以是否貫徹運動主張區分了法西斯主義（一黨獨裁）與極權主義（及其先驅泛運動）。

第 9 章

民族國家的衰落與人權的終結

The Decline of the Nation-State and the End of the Rights of Man

即便到了今天，要描述一九一四年八月四日在歐洲究竟發生了什麼事情，幾乎仍是不可能的。一戰前與一戰後的歲月區隔開來的方式，並非舊階段的終結與新階段的開啟，而是如同一場大爆炸的之前與之後。而且這種比喻仍像其他任何修辭一樣不甚準確，因為在大災難之後的沉澱下來的悲傷寂靜從未散去。最初的爆炸似乎啟動了一個連鎖反應，我們從此深陷其中，似乎也沒有人能夠讓它停息。第一次世界大戰炸碎了歐洲的國際秩序，且無法修補，這是以往任何戰爭都不曾做到的事情。通貨膨脹摧毀了整個小資產階級，無望恢復也無望重建，以往任何貨幣危機都不曾達到如此程度。失業率則攀升到難以置信，而且不再限於工人階級，而是籠罩了整個國家，只除了一些無關痛癢的例外。戰後二十年動盪不安的和平始於內戰，且始終充斥著內戰，這些內戰已不僅是比以往更加血腥、更加殘酷而已；它們還伴隨著各種群體的移民，這些移民遠不如過往宗教戰爭中的前輩那樣幸運，他們到任何地方都不受歡迎，在任何地方都無法同化。他們一旦離開自己的家鄉，就會終身無家可歸（homeless），一旦離開自己的國家，就會成為無國之人（stateless）；[1]一旦被剝奪自己的人權，就會成為無權之民，成為大地上的渣滓。任何事情一旦做出，則無論多麼愚蠢，無論有多少人了解並曾預見其後果，都再也無法解消或阻止。每一事件

---

[1] 譯註：一般會將stateless譯作「無國籍者」，不過從本章的討論來看，失去國籍（nationality）只是較表面的現象，更重要的是這些人失去了任何國家（state）政府的保護，因此我們考慮將其譯作「無國之人」。

都有其最後審判的結局，這個判決既不是由上帝也不是由魔鬼所做出，而更像是某種不可救藥的愚蠢宿命的展現。❷

在極權政治有意識地攻擊、並部分摧毀了歐洲文明結構本身之前，一九一四年的爆炸及其帶來的動盪不安的嚴重後果，就已有效破壞了歐洲政治系統的表殼，使其背後的隱藏框架暴露於外。被暴露出來的可見事物，就是越來越多群體發現原本環繞他們的世界法則忽然不再適用，從而痛苦萬分。正是周遭世界那表面上的穩定性，使每個從保護區內被驅趕出來的群體，看起來都像是合理正常規則下的一個不幸例外，而且還讓這種明顯不義且不正常之命運的受害者與觀察者，產生了同樣的犬儒態度。這兩者都錯將這種犬儒當作因洞察世事而增長的智慧，然而實際上他們只是變得更為挫敗，從而也比以往更加愚蠢。仇恨誠然在戰前世界中從未缺席，但它如今到處在公共事務中扮演核心要角，因此在充滿寧靜假象的二〇年代，政治舞台上充斥著史特林堡式（Strindbergian）家庭爭吵的骯髒怪異氛圍。這種曖昧而四處瀰漫的針對任何人事物的仇恨，或許最能描繪出政治生活的普遍解體，其躁動不安的目光並未聚焦在任何地方，也沒有人要為這種現狀負責：無論是政府、布爾喬亞或某種外在權力，皆是如此。其結果是，偶然且不可預料地，人

❷ 譯註：有歷史學者主張，若從戰敗國而非戰勝國的角度來看，則戰爭並未隨著一戰的結束而停止，在戰後二十年間中東歐地區充滿了各種內戰與革命。參見羅伯・葛沃斯著，馮奕達譯，《不曾結束的一戰：帝國滅亡與中東歐民族國家興起》（台北：時報出版，二〇一八年）。該書描寫的正是本章所討論的歷史階段，雖然在現象陳述上略顯冗雜，但仍可參考。

們無論從何種方向出發，都無法再擁有健康地看待陽光下一切事物的平常心。

這種崩解的氛圍雖然構成了兩次大戰間整個歐洲的特性，在戰敗國中卻展現得比戰勝國中更怵目驚心，又尤其在因奧匈雙元帝國與帝俄終結而新建立的國家中，發展得最為充分。「人口混居地帶」的未解放少數民族之間最後殘留的一點團結，也隨著集權專制官僚體系的消失而蒸發殆盡，這種官僚制原也致力於將四散各處的仇恨與相互衝突的民族主張匯集起來，並予以轉化。如今每個人都要對抗其他所有人，而其中大部分人對抗的正是最親密的近鄰——斯洛伐克人對抗捷克人，克羅地亞人對抗塞爾維亞人，烏克蘭人對抗波蘭人。而且這並非是少數民族與官方民族（state peoples）之間（或少數族裔與多數民族之間）的衝突所造成；在布拉格，斯洛伐克人不僅破壞民主的捷克政府，也迫害自己土地上的匈牙利少數族裔，而在波蘭，不滿的少數族裔一方面敵視官方民族，另一方面也敵視少數族裔本身。

乍看起來，這些麻煩在古老的歐洲動盪地區只是小小的民族主義爭端，不會為歐洲的政治命運帶來什麼影響。然而在這些地區，由於戰前歐洲的兩大多民族國家（俄羅斯與奧匈帝國）的終結，而出現了兩個受害群體，他們所遭受的苦難與兩次大戰之間的其他任何群體都不同；對於被剝奪的中產階級、失業者、靠年金利息過活的小戶人家以及領退休金的人們來說，各種意外事件已剝奪了他們的社會地位、工作能力以及保有財產的權利，可是上述兩個群體的狀況還要比他們更加糟糕：他們所喪失的權利是人權，是被認為、乃至被定義為不可剝奪之物。無國之人與少數

族裔（minorities）恰如其分地被稱作「堂兄弟」（cousins-germane），[1]沒有任何政府要代表他們、保護他們，因此他們被迫生活在少數族裔條約的例外法規之下，這是所有政府（除捷克斯洛伐克外）都勉為其難簽署過的條約，要不然就是不得不生活在絕對的無法律條件之下。❶

隨著少數族裔出現在東歐與南歐，而無國之人被驅趕到中歐與西歐，一種全新的崩解因素就被引入了戰後歐洲。剝奪國民身份成為極權政治的一項強大武器，而且對於那些喪失國家保護權利的人，歐洲民族國家的憲法也無能保護其人權，因此欲行迫害的政府甚至可能會將這種價值標準也強加在國內反對派身上。被迫害者挑選作為大地上的渣滓的那些人（猶太人、托洛茨基份子等等），實際上到處都被當作大地的渣滓；被迫害行為稱作不受歡迎者的那些人，已經在整個歐洲都不受歡迎。親衛隊官方報紙《黑色軍團》（*Schwarze Korps*）在一九三八年明確表示，如果世界還不相信猶太人是大地渣滓，那麼當沒有國民身份、沒有錢、沒有護照且無法辨識身份的乞丐越過邊界時，它很快也就會相信了。[2]這種事實層面的宣傳的確比戈培爾（Joseph Goebbel，譯

[269]

---

❶ 譯註：本章中所說的 minorities 大體上是指通常所說的「少數民族」，譯者之所以選擇譯作「少數族裔」，是因為兩者在本章中仍有細微區分。基本上鄂蘭將佔據國家地位的國族（nation），稱為「官方民族」，與此相對的則是那些並未具有國族地位的但自身仍維持一定民族身份的「少數民族」（nationalities）；進而在這些少數民族中，又依照國際條約而承認其中一部分民族為「少數族裔」（minorities）。換言之，「少數民族」主要意指一國之內未能佔有國族地位的民族，而「少數族裔」則指缺乏國家認可而居弱勢地位的那部分「少數民族」。

按：納粹德國的宣傳部長）的修辭術要有效得多，這不僅是因為它將猶太人確立為大地渣滓，而且因為越來越多無辜群體遭遇到難以置信的困境，就像是在實踐上證明了極權運動那憤世嫉俗的斷言，亦即不可剝奪之人權這樣的東西根本不存在，相反地，在新世界殘酷的威嚴面前，民主的保障只不過是偏見、偽善與懦弱。「人權」這個詞彙對於所有當事者——受害者、迫害者以及旁觀者之流——來說，已成為無望的理想主義或笨拙低能之偽善的證明。

一、「少數族裔的民族」與無國之人

現代的權力狀況已使國族主權淪為笑柄，只有那些大國方能倖免，再加上帝國主義的興起以及泛運動的發展，這些因素從外部破壞了歐洲民族國家系統的穩定性。然而沒有任何一個因素，是直接源自於民族國家自身的傳統與體制。只有到了一戰之後，隨著凡爾賽條約製造出少數族裔，各種革命催生出不斷增長的難民運動，民族國家的內部解體才開始發生。❶

人們通常會這樣解釋凡爾賽條約的不足之處：和平締造者們仍屬由戰前經驗所塑造的世代，

❶ 譯註：凡爾賽條約是一戰後由戰勝國與戰敗國共同簽署的和平條約，其中美國總統威爾遜所提倡的「民族自決」原則，尤其對中、東歐各民族的獨立建國產生了推動作用。

因此他們從未清楚意識到由自己來簽訂和平條約的這場戰爭所造成的全幅影響。要證明這一點，最好的證據就是：他們試圖通過建立各個民族國家、引入少數族裔條約，來調整東、南歐的民族身份問題。如果說即便是在具有古老而穩固之國族傳統的國家裡，擴延政府形式的做法仍無法處理世界政治帶來的新問題，從而讓此做法頗成問題，那麼它是否能夠被引入缺乏發展民族國家之根本條件（亦即人口同質與扎根於土）的地域，就更值得懷疑了。而且設想可以依照凡爾賽條約的方式來建立民族國家，這簡直是荒唐可笑的。事實上，「只要瞥一眼歐洲的人口統計地圖，就足以了解民族國家原則無法被引入東歐」。[3]凡爾賽條約在單一國家中混合多個民族，將其中某個民族稱作「官方民族」（state people），並委以政權，同時默認其他一些民族（比如捷克斯洛伐克中的斯洛伐克人，或是南斯拉夫中的克羅埃西亞人與斯洛維尼亞人）為政府中的平等夥伴（他們當然並不是），[4]再以同樣粗暴的方式在剩餘民族中創造出第三個少數民族群體，稱之為「少數族裔」（minorities），從而在新建國家的眾多負擔之上，又增添了要對人口各組成部分奉行特殊調節政策的麻煩。[5]結果就是，對於那些並未被委以國家的民族而言，無論他們是官方承認的少數族裔，還是純粹的少數民族，凡爾賽條約都不過是一個將統治權分配給某個民族、將被奴役地位分配給其他民族的粗暴遊戲。在另一方面，新建國家由於原本被承諾可以在國族主權上獲得與西方各國族對等的地位，因此也將少數族裔條約視為公然違反承諾的歧視行為，因為只有新建國家需要受到該條約約束，甚至連戰敗的德國也被排除在外。

誘使政治家們投身於這種災難性實驗的因素，除了由於奧匈雙元帝國崩解，以及波蘭、波羅的海國家從帝俄專制下解放，所造成的錯綜複雜的權力真空。更強烈的因素在於，當時還有超過一億歐洲人，從未獲得殖民地各民族都早已渴望並堅持要求的民族自由與民族自決，這一事實已無法再辯解開脫。那種由西歐、中歐無產階級所扮演的角色，亦即被壓迫、遭受歷史苦難且其解放與否攸關整個歐洲社會系統存亡的群體，在東歐則完完全全是由「沒有歷史的民族」來扮演。[6] 東歐的民族解放運動的革命性質，正等同於西歐的工人運動；兩者都代表著歐洲人口中「非歷史」（unhistorical）的階層，都力圖爭取到可靠的肯認與參與公共事務的資格。由於目標就是保持歐洲現狀，因此賦予所有歐洲民族以民族自決與主權，似乎就不可避免了；另一個選擇就是無情地將他們判處殖民地人民的地位（這是泛運動通常會做的事情），並將殖民地的做法引入歐洲事務。[7]

當然，關鍵在於，歐洲現狀無法維繫，而且只有在歐洲獨裁體制的最後殘餘也沒落之後，人們才清楚看到，統治歐洲的乃是一個從未對至少佔百分之二十五人口的要求有所考慮、有所回應的系統。然而這種邪惡並未隨著後續的建國而治癒，因為在粗略算作一億人的居民中，有大約百分之三十的人被官方認定為例外，必須由少數族裔條約來予以特殊保護。此外，這一數字根本也未反映總體全貌；它僅僅顯示了那些擁有自己政府的民族，是有別於那些被認為太小、太分散而無法獲得完整國族地位的民族。但少數族裔條約只涵蓋了那些至少在兩個後繼國家（succession

state）中人數可觀的少數民族，卻遺漏了其他沒有自己政府的少數民族，因此在一些後繼國家中，在國族締造上失敗的民族竟會佔到總人口的一半。[8]在這種情況中，最糟的甚至還不是少數民族理所當然地對被強加的政府並無忠誠，以及政府也理所當然地會盡可能壓迫少數民族，而是遭遇國族挫敗的民眾已經深信（就如同其他所有人一樣），只有通過充分實現民族解放，才能夠獲得真正的自由、真正的解放以及真正的人民主權，而且沒有自己的民族政府的人，就等於剝奪了人權。他們的這種確信建立在法國大革命已將人權宣言與國族主權相結合的事實之上，而又進一步被少數族裔條約所支持，該條約並不將保護少數民族的職責交託給政府，而是要求國際聯盟（the League of Nations）為那些已定居於斯土而被遺留下來、且沒有建立自己的民族國家的人們，提供權利保障。

事實上，國際聯盟並沒有比官方民族更得到少數族裔信任。聯盟畢竟是由各國政治家所組成的，他們必定會同情在原則上被百分之二十五到五十的民眾妨礙、反對的那些新成立的倒楣政府。因此，少數族裔條約的創立者們很快就被迫要更嚴格地說明他們真正的意圖，並闡明少數族裔對新建國家的那些「義務」；[9]如今事情發展到了這種地步，這份條約已僅僅被看作一種無痛而仁慈的同化方式，一種自然會激怒少數族裔的詮釋。[10]但是在一個主權民族國家的系統中，本來就無法再期待更多了；如果少數族裔條約並不只是想要暫時修補混亂不堪的情況，那麼其中所隱含的限制國族主權的意圖，就會影響到舊有歐洲強權的國族主權。各大國的代表們早已心知肚

[273]

明，民族國家內部的少數族裔遲早必定會被同化或清除。而且這無關乎他們是否出於人道考量，為保護散落的少數民族免遭迫害，或者出於政治考量，反對相關國家與少數族裔的母國締結雙邊協議（畢竟無論在數量或經濟上，德意志人都是所有官方認可的少數族裔中最強大的）；他們既不願意、也沒有辦法廢除民族國家賴以生存的法則。[11]

新建國家多少都會強迫少數族裔進行同化，這是國際聯盟與少數族裔條約都未能阻止的事情。反對同化的最大因素就是所謂官方民族在數量上與文化上的弱小。波蘭的俄羅斯或猶太少數族裔都不覺得波蘭文化比自身文化優越，而對於波蘭人大約佔波蘭總人口百分之六十的事實，他們也沒有多在意。

苦悶的少數民族完全無法指望國際聯盟，他們很快就決定要將問題的主導權掌握在自己手中。他們在一個少數族裔代表大會中緊密團結起來，在許多面向上都值得我們注意。它首先與國家聯盟背後的理念相矛盾，因為它在官方上自稱為「歐洲國家組織化民族團體大會」（Congress of Organized National Groups in European States），從而也就抹殺了和平協商期間為避免使用不祥的「民族的」（national）一詞，而付出的巨大努力。[12]此舉造成了重大後果：不僅止於「少數族裔」（minorities），所有的「少數民族」（nationalities）都加入其中，而「少數族裔的民族」（nation of minorities）增長到極可觀的程度，以至於在後繼國家中，結合起來的少數民族已在人數上超過了官方民族。但是「民族團體大會」更以另一種方式給予國際聯盟條約致命一擊。在東

歐少數民族問題中，最難解的問題之一（比土地少、人數多的相關民族更難解，也比「混雜人口地帶」更難解[13]）就是這些少數民族的地域交錯（interregional）特性，一旦他們各自將自己的民族利益置於政府的利益之上，他們就會成為威脅國家安全的明顯風險。[14]國際聯盟條約曾試圖與每個國家分別確立個別協定，以規避少數族裔這種地域交錯的特性，彷彿在每一個國家各自的國界之外不存在其他猶太或德意志少數族裔似的。「民族團體代表大會」不僅跨越了聯盟的領土原則；它還自然而然地被兩個少數民族支配，這兩個民族存在於所有後繼國家，並因此擁有（如果他們願意的話）讓整個東、南歐都對其份量有感的地位。這兩個群體就是德意志人與猶太人。羅馬尼亞、捷克斯洛伐克的德意志少數族裔，當然會與波蘭、匈牙利的德意志族裔投同樣的票，至於波蘭猶太人，則沒有人期待他們會對羅馬尼亞政府歧視猶太人的舉措無動於衷。換言之，在代表大會中構成真正成員基礎的並不是這些少數族裔的共同利益，而是民族利益，[15]唯有猶太人與德意志人之間的和諧關係使其得以維繫（威瑪共和國曾成功扮演了保護少數族裔的特殊角色）。因此到了一九三三年，當猶太代表團要求抵制第三帝國對待猶太人的政策（嚴格來說，這是一個他們無權提出的動議，因為德國猶太人並非少數族裔），❶而德意志人則宣稱他們與德國團結一

---

❶ 譯註：之所以說德國猶太人並非「少數族裔」，是因為嚴格來說「少數族裔」是指那些後繼新成立國家中的少數群體，而德國並非後繼國家。

致，並且得到大多數支持（反猶主義已在所有後繼國家發展成熟）的時候，這個代表大會就因猶太代表團永久退出，而完全變得無足輕重了。

少數族裔條約的真正意義不在其實際適用方面，而在於它們是由國際聯盟這個國際團體所保障。少數族裔早就存在，[16]但是少數族裔作為一種常設建制，有數百萬人民被認定是生活在常規法律保護之外，需要由一個外在團體來額外保護其基本權利，而且人們還認定這種事態不是暫時的，因此為了構建持久的生活方式就需要少數族裔條約；以如此規模發生的上述一切，都在歐洲歷史上是新鮮事物。少數族裔條約用淺白的語言道出此前僅僅是隱含在民族國家運作系統之中的東西，這就是：唯有國（族）民才是公民，唯有具備相同國族血統的人才能享有法律機構的充分保護，而具有不同民族身份的人則需要某些例外法規，直至或除非他們已完全同化並脫離其民族血統。那些沒有少數族裔問題的國家的政治家們，他們對聯盟條約的說明甚至更為直白：他們認為，一個國家的法律本就不應該為堅持另一種民族身份的人負責。[17]從而他們承認（並且很快就隨著無國之人的出現而有機會實際證明），國家從法律工具轉變為國族工具的過程已經完成；國族已經征服了國家，早在希特勒宣稱「對德意志人民有好處的就是正確的」之前，國族利益就已經凌駕於法律之上了。在此，暴民的語言再次成為清除了偽善與束縛的公眾輿論所使用的唯一語言。

這一發展事態的危險，當然從一開始就內在於民族國家的結構之中。但是只要民族國家的建

立同時伴隨著立憲政府的成立，則它們通常會代表並立基於法律統治，並對立於獨斷行政與專制。從而當國族與國家、國族利益與法律制度之間的這種脆弱平衡被打破時，這種由政府與各民族組織所構成的形式就會以駭人的速度崩解。再奇特不過的是，它的崩解恰恰始於民族自決的權利被整個歐洲肯認的時刻，始於它的基本信念——亦即國族意志之無上權威凌駕於所有法律與抽象制度——被普遍接受的時刻。

在少數族裔條約的時代，人們還能夠以對少數族裔有利的名義提出一些主張，彷彿完全是為了他們；人們主張舊有的民族國家已經享有隱然或公然（例如法國這個典範民族國家）立基於人權之上的憲法，因此即便其國內有其他少數民族，也不需要制訂針對他們的額外法律，而只有在新成立的後繼國家中，才有暫時強制推行人權保護的必要性，以作為一種妥協與例外的處理方式。[18]但無國之人的到來終結了這種幻覺。

少數族裔僅僅是半個無國之人；即使他們需要以特定條約保障的形式來給予額外保護，他們在法律上仍然屬於某個政治體；某些次要權利，包括說自己的語言，以及維持自己的文化、社會環境，它們確實處於危險狀態，並已由外在團體來進行半吊子的保護；但是其他更基本的權利，像是居留權與工作權，則從未受到影響。少數族裔條約的構想者們並沒有預見大規模人口轉移的可能性，也沒有預見會出現有些人因為已不在世界上的任何國家享有居留權，而成為「不可驅逐者」的問題。少數族裔仍可被視為一種例外現象，尤其是對某些偏離常態的領土而言。這種主張

是誘人的，因為它並未觸及系統本身；它在二戰之後仍以某種方式存在，因為和平締造者們已確信少數族裔條約無法實踐，從而開始在整理「混雜人口地帶」的努力中，嘗試盡可能地「遣返」這些少數民族。[19]而且這種大規模遣返的嘗試，並不是少數族裔條約之後發生的災難經驗的直接結果；人們更希望上述步驟最終能夠解決無國之人的問題，這個問題在晚近數十年間更加舉足輕重，且尚不存在一個國際上認可、接受的處理程序。

在事實上更頑固難解也更影響深遠的，乃是無國狀態這個當代歷史的最新大眾現象，亦即一個由無國之人所組成且不斷成長的人群的存在，這是當代政治中最具徵兆性的群體。[20]他們的存在不能僅僅歸咎於單一因素，但是如果我們考慮到無國之人中間的不同群體，則自一戰結束以來，似乎每一政治事件都不可避免地會新產生一種生活在法律範圍之外的人，而且無論原本的狀況發生了什麼改變，都沒有任何無國群體能夠被重新正常化。[21]

我們仍能夠在他們中間發現最古老的無國群體，亦即由一九一九年凡爾賽條約、奧匈帝國的解體以及波羅的海諸國的建立，所製造出來的失去家園者（**Heimatlosen**）。有時他們真正的來歷無法確定，尤其如果在他們在大戰末期時並未居住在出生城市的話，[22]有時他們的出生地在戰後爭端的騷亂中多次易手，導致其居民的國籍每年都在變動（就像維爾紐斯，法國官方曾一度將其歸為無國籍人士之都）；一戰後人們以無國狀態來避難，以便繼續留在原本的地方，避免被遣送

到一個將會視他們為陌生人的「祖國」(就如同法國、德國的許多波蘭人和羅馬尼亞猶太人，他們各自因「祖國」領事館的反猶態度而獲得了寬大的援助)(譯按：領事館因反猶而拒絕將他們遣送回「祖國」)，這樣的情況遠比人們想像的更為頻繁。

雖然無國籍對當事人而言是卑微的，在法律上明顯是反常的，但是當在革命中被迫離開祖國、且馬上被家鄉勝利方的政府剝奪國籍的戰後難民，前來共享無國籍者的法律地位時，無國籍者開始接收到遲來的關注與考量。按照時間順序來看，有數百萬俄羅斯人、數十萬亞美尼亞人、數千匈牙利人、數十萬德意志人以及超過五十萬的西班牙人，都屬於這一群體；這些還只是比較重要的族類。在今天來說，這些國家政府的行為看起來或許只是內戰的自然結果；但是在當時，大規模剝奪國籍乃是全新且無人預料之事。這些行為發生的前提是要有一種國家結構，這種結構就算還不是完全極權，也已經不能容忍任何反對勢力，而且寧願喪失本國公民，也不想容納異議群體。此外，這些行為還揭示出隱藏在整個國族主權歷史背後的事情，這就是不僅在戰爭的極端情況下，而且在和平狀態下，相鄰國家的主權也能夠發生致命衝突。如今已顯而易見的是，只有在歐洲國際秩序存在的情況下，充分的國族主權才有其可能；因為正是這種非組織化的團結一致精神，阻止任何政府行使完全主權權力。在國際法領域中，理論上主權行使最絕對的地方，就是關涉「移民、歸化、國籍、驅逐」的事務；[23]然而關鍵在於，在極權體制興起之前，實際上的考量以及對共同利益的默認，都會對國族主權施加限制。人們很難不以相關政府行使剝奪國籍之主

權權利的程度，來衡量其感染極權的程度（於是很有趣的現象是，墨索里尼的義大利格外不情願以這種方式對待難民[24]）。但是我們也必須記得，在兩次世界大戰之間，歐洲大陸上沒有一個國家不曾通過某些新的法案，這些法案就算沒有廣泛使用這項權利，也總是用各種措辭來允許政府在適當時機拋棄大量居民。[25]

在當代政治中，再沒有什麼悖論比理想主義者的善意努力與無權利者本身處境之間的落差，更充滿尖銳的諷刺了；這些理想主義者頑固地堅持要將人權視作「不可剝奪的」，然而只有最繁榮、最文明的國家的公民才能夠享有這些人權。無權利者的處境無可逆轉地惡化著，直至拘留營這個在二戰前作為針對無國之人的例外（而非常態）措施，成了處理「流離失所者」居住問題的日常解決方案。

甚至連適用於無國之人的術語都惡化了。使用「無國」（stateless）一詞的人，至少還了解這些人已喪失政府的保護，並要求國際團體同意保障他們的法律地位。而「流離失所者」（displaced persons）這個一戰後語彙，則是在戰爭期間，基於要通過無視其存在而一勞永逸地清除無國狀態的明顯意圖，而被發明出來的。不認可無國狀態，也就意味著遣返，也就是驅逐回原生國家，而該原生國家要麼拒絕承認即將被遣返者為公民，要麼就是相反地迫切想要此人歸國伏法。由於非極權國家即便因受到戰爭氛圍影響而萌生惡意，也普遍避免進行大規模遣返，因此在一戰後的十二年間，無國之人的數量增長到了前所未有的地步。政治家們解決無國問題的最終辦

法就是忽略它，從可靠統計數字的闕如就足以揭示這一點。然而更眾所周知的是：雖然存在一百萬「被承認的」無國之人，但同時還存在超過一千萬的所謂「事實上」的無國之人；儘管相對無害的「法律上」的無國之人問題，偶爾會在國際會議的議程中出現，但是無國狀態的核心問題就是，從未有人提及它實際上就等同於難民問題。更糟的是，潛在的無國之人仍在持續增加。在二戰之前，只有極權或半極權獨裁會在對付那些生來即是公民的人時，訴諸剝奪國籍這一武器；如今我們已走到了這樣一種地步，甚至連像美國這樣的自由民主國家，都在認真考慮要剝奪身為共產黨人的本土美國人的公民資格。這些措施的不祥之處在於，他們都是在完全無知的狀態下被納入考量的。我們只須回憶納粹的極端案例，就不難意識到無國狀態的真正意涵：納粹堅持所有不具有德意志國籍的猶太人都「應該在被驅逐之前、或在被驅逐的最後那一天，才被剝奪公民資格」[25a]（對於德國猶太人，其實並不需要動用這樣的命令，因為在第三帝國存在這樣一條法律，根據該法，所有離開德國領土的猶太人就會自動喪失公民資格，其中自然也包括那些被遣送到波蘭集中營的猶太人）。

數十萬無國之人對民族國家造成的第一個重大傷害，是避難權（the right of asylum）這個在國際關係領域中構成人權象徵的唯一權利，正在被廢除。它悠久而神聖的歷史，可以追溯到政治生活剛開始擁有規約的時代。自古以來，它就致力於保護難民與難民之地，以避免人們在無法掌控的情勢下被迫成為法外之人。它是「居此地則屬此地」的中世紀原則在現代的唯一殘存，因為

在其他所有情況下，現代國家都會保護在境外的本國公民，並通過互惠協議來確保他們仍舊遵從本國法律。但是即便在這個被組織成眾多民族國家的世界中，避難權仍繼續發揮作用，而且在個別案例中，甚至經歷了兩次世界大戰仍維持下來，但是它仍被視為不合時宜，並且與國家的國際權利有所衝突。因此人們無法在成文法、任何憲法或國際協議中發現它，國際聯盟協議甚至不怎麼提到它。[26]在這方面，它遭受的是與人權同樣的命運，人權同樣從未成為法律，而是像影子一般的存在，在常規法律機構不足以應對的個別、例外案例中，作為某種呼籲。[27]

難民的到來帶給歐洲世界的第二個重大衝擊[28]，就是意識到既不可能擺脫他們，也不可能將他們轉化為避難國的國民。所有人一開始就達成了共識，即只有兩條路可以解決這個問題：遣返或歸化。[29]而當第一波羅馬尼亞、亞美尼亞難民證明了這兩條路都無法帶來實質成果，避難國家也就對於之後抵達的所有難民，直接拒絕認可無國狀態，從而使難民的處境變得更加艱難。[30]從當事政府的角度來說，不難理解它們會不時提醒國際聯盟，「難民工作必須以最快的速度解決」；[31]它們有不少理由擔心那些被逐出舊有的「國家—人民—領土」三位一體（這仍構成了歐洲組織與政治文明的基礎）的人，只會構成一場不斷成長的運動的開端，只不過是從一個不斷擴大的水庫中流出的第一滴水。很明顯，甚至連埃維昂會議（Evian Conference）在一九三八年都承認，所有的德奧猶太人仍都是潛在的無國之人；很自然地，擁有少數族裔的國家也曾受到德國榜樣的鼓勵，嘗試用同樣的方法來擺脫國內的某些少數族裔人口。[32]處境最危險的就是猶太人與

[281] [282]

亞美尼亞人這兩個少數族裔，而他們也很快就顯示出最高的無國比例；但是他們也證明了少數族裔條約提供的並不必然是保護，而是也可以成為用來挑選出某些群體以實行最終驅逐的工具。

這些新興危險產生於歐洲古老的多事之地，而同樣讓人驚恐的，則是所有歐洲國民在「意識形態」鬥爭上的全新行為模式。不僅有人被驅離國家、剝奪公民資格，而且包括西歐民主國家在內，每個國家都有越來越多人自願投身於他國的內戰（目前為止，這還是只有一些理想主義者或冒險家才會去做的事情），哪怕這意味著要切斷與本國共同體的關聯，也在所不惜。這就是西班牙內戰的教訓，以及各國政府為何如此懼怕國際縱隊（International Brigade，譯按：共產國際為支援西班牙內戰而組建的軍事組織）的原因之一。❶如果這僅僅代表人們不再那麼緊密依附於自己的民族身份，而是已準備好要最終同化進另一個國族共同體，倒還沒有那麼糟。但情況完全不是這麼一回事。無國之人在維持自身民族身份方面展現出驚人的頑固；在各種意義上，難民都代表著獨立的外籍少數族裔，他們往往並不在乎歸化問題，也從未像少數族裔曾暫時做到的那樣，團結起來捍衛共同利益。[33]國際縱隊被組編成各民族的部隊，其中德國人覺得他們在對抗希特勒，義大利人覺得他們在對抗墨索里尼，正如在數年後的法國抵抗運動中（譯按：納粹德國佔領法國期間

---

❶譯註：西班牙內戰（一九三六到一九三九年）原本由西班牙國內保守派與自由派之爭引發，繼而發展為一場國際性戰爭，一方是由德、義支持的法西斯勢力，另一方則是有世界各國志願軍參與的反抗軍；當時包括歐威爾、海明威在內的許多知識份子，都來到西班牙參加這場對抗法西斯的戰爭。

的民間抵抗），西班牙難民幫助法國人對抗維琪政府時，覺得自己是在對抗佛朗哥（Francisco Franco）（譯按：維琪政府是納粹佔領法國期間的傀儡政府，佛朗哥則是西班牙獨裁者）。歐洲各國政府在此過程中感到懼怕的是，這些新的無國之人不再能夠被說成是民族身份模糊可疑的人。即便他們已放棄公民資格，不再與原生國家有任何關聯，不再對其忠誠，並且不將民族身份等同為一個有形且被充分認可的政府，他們仍然對自己的民族身份維持著強大的依附性。民族小團體與少數族裔既不扎根於其領土，對國家不忠誠也不具任何關聯，這種現象已不再僅見於東歐。他們如今已以難民與無國者之姿，滲透到更古老的西歐民族國家之中。

一旦人們開始嘗試遣返與歸化這兩種公認的補救方法，真正的麻煩就出現了。已經沒有任何國家可以用來遣返這些人的時候，遣返措施自然就會失敗。遣返之所以失敗，不是基於無國之人的立場（就如今日蘇俄宣稱的：民主國家必須保護不想被遣返的前蘇聯公民，使其免遭被遣返的命運）；也不是由於深陷難民麻煩的國家這一方具有人道主義情感；而是因為原生國家和其他任何國家，都不同意接收無國之人。無國之人的不可驅逐性似乎恰能夠阻止政府進行驅逐；但是沒有國家的人乃是「一個怪胎，在普遍的法律架構中沒有他的位置」[34]，換言之，他在定義上就是個法外之人，他完全任由警察擺佈，而警察也不憚於做出非法行為，以便為國家減輕這個不受歡迎的負擔。[35]換言之，堅持實施驅逐之主權權利的國家，由於無國狀態的非法本質，而被迫准許非法行為。[36]它偷偷將無國之人驅逐到鄰國，結果是鄰國也報復性地如法炮製。理想的遣返方

案，就是將難民偷偷遣送回原生國家，但這只在一些特別案例中獲得成功，部分是因為非極權體制的警察仍會受到殘存的倫理考慮的制約，部分是因為無國之人被母國遣送回來的機率，不遜於其他國家，而最後但並非最不重要的原因則是，整個輸送系統只有在鄰國的協助下才能夠維持。然而這種私運行為造成了邊境警方之間發生的零星戰爭，這完全無助於維持良好的國際關係，於是只能藉由一個國家的警方之力，讓無國之人「非法地」越入另一國的領土，從而導致（因非法而）入獄的人數不斷累積。

國際會議想為無國之人建立某種法律地位的嘗試，最終全都失敗了，因為在既存法律架構下，需要有領土來遣送外籍人士，任何協定都無法取代領土。所有關於難民問題的討論都一再圍繞這同一個問題：難民如何能夠再次成為可被驅逐者？唯一可以在實踐上取代不存在之故土的就是拘留營，這一點無須二戰與難民營就足以揭示。早在三〇年代，這無疑就是世界不得不提供給無國之人的唯一「國度」。[37]

在另一方面，歸化也被證明是失敗的。一旦遭遇無國之人，歐洲各國的整個歸化系統就都土崩瓦解了，而基於同樣的原因，避難權也被棄置一旁。在本質上，民族國家的法規僅僅針對「國民」，針對生於斯土且生來就是公民的人，而歸化則是這種法規的附屬物。在形勢驅使單一個人進入異國領土的例外案例中，才需要歸化程序。但是當要處理大規模歸化申請時，這整個程序就崩壞了：[38]甚至單純從管理的角度來說，也沒有任何歐洲行政機構有可能解決這一問題。各國並

沒有將至少一部分新來者予以歸化，反而是開始取消先前的歸化，這部分是由於恐慌，部分則是由於大批新來者的到來，已在實質上改變了與其係出同源的已歸化公民那向來脆弱的地位。[39]歸化的取消，以及明顯是在為大規模剝奪國籍鋪路而頒布的新法，[40]都粉碎了難民們原本或許抱持的適應新正常生活的微弱信心；如果說同化進新國家的行為，看起來一度顯得卑劣或不忠，如今則完全成為了荒唐可笑。已歸化公民與無國籍居民的差別，並沒有大到足以讓人忍受一切，因為前者常常會被剝奪重要公民權利，並且隨時被淪為後者的命運恐嚇著。已歸化者在很大程度上被等同為普通外籍人士的地位，而由於已歸化者已喪失了原本的公民資格，因此這些剝奪權利的措施不過是要用無國狀態來恐嚇另一個龐大群體（譯按：即外籍人士，詳見下段）。

看著歐洲各國政府儘管已意識到無國狀態對既存法政制度的危險，儘管已盡了一切努力想要力挽狂瀾，卻仍如此無望，不免令人感到難過。爆炸性事件不再必不可少。一旦大量無國之人獲准進入一個還算正常的國家，無國狀態就會像傳染病一樣擴散。不僅已歸化公民處於轉為無國地位的危險之中，所有外籍人士的生存條件也都會顯著惡化。在三〇年代，要清楚區分無國難民與正常外籍居民，已變得越來越困難。一旦政府試圖利用其主權，違背其本人意志地遣返一個外籍居民，他就會盡可能以無國狀態來避難。在一戰期間，屬於敵對國家的外籍人士已經發現無國狀態的巨大優勢。但是這種行為雖然一度只是鑽法律漏洞者的狡猾之舉，如今卻已成為大批群眾的本能反應。法國成為歐洲最大的移民接收地，[41]因為她調節其混亂勞工市場的方式，就是在需要

時招募外籍勞工，在發生失業與危機時則驅逐他們；法國教會了外籍人士無國狀態的優越之處，他們也不會輕易忘記。在拉瓦爾（Laval）政府於一九三五年進行的大規模遣返中，只有無國之人得以倖存，自此之後，所謂「經濟移民」以及來得更早的其他群體（巴爾幹人、義大利人、波蘭人、西班牙人），與難民潮就混合成一場從未解決的混亂。

無論是對於國民與外籍人士之間歷史悠久且必不可少的區分，或是對於各國在國籍與驅逐事務方面的主權權利，無國狀態都造成了重大影響，但比這更糟糕的，則是當大量居民不得不生活在國家法律的管轄範圍之外，而且未受到其他任何法律保護的時候，國家法律制度的結構本身就遭到了嚴重的傷害。無國之人無權居留也無權工作，從而當然不得不常常逾越法律。他甚至不用犯罪就該當被判刑入獄。更有甚者，文明國度向來具備的整個價值位階系統也在此案例中遭到顛倒。既然他是一般法律所無法適用的反常者，那麼他倒不如就去成為法律所能適用的反常者，也就是成為罪犯。

判斷某人是否被迫處於法律範圍之外的最佳標準，就是去問他是否會因犯罪而受益。如果一樁小小的盜竊案件至少能夠暫時提升他的法律地位，那麼這個人就可以確信自己已被剝奪了人權。於是，犯罪行為就成為重獲某種人類平等的最佳機會，即便這在規範上是一個被認可的例外。一個重要事實在於，這種例外是由法律所提供的。作為一個罪犯，就算是無國之人，他得到的待遇也不會比其他罪犯更差，也就是說，他將像其他所有人一樣被對待。只有作為法律的侵犯

者，他才能獲得法律的保護。只要他的審判與刑期仍在持續，他就能安然免於粗暴的警治，後者是任何律師與控訴都無法與之對抗的。一個昨日純粹因為他活在這個世界就被投入監獄的人，一個沒有任何權利且生活在被驅逐的威脅之下的人，一個僅僅因為試圖工作謀生，就未經宣判、未經某種拘留審訊而被處決的人，同樣的這一個人，可以因為一件小小的偷竊案，而成為幾乎擁有完全資格的公民。即便他身無分文，現在仍可以獲得一名律師來抱怨他的監獄看守，而且他會被對方以尊敬的態度聆聽。他已不再是大地的渣滓，而是變得非常重要，足以得知審判他的所有法律細節。他已成為一位受人尊敬的人物。[42]

還有一個更不可靠且困難許多的方法，可以讓人從不被認可的反常者地位上升到被認可的例外地位，這就是成為天才。正如在人與人之間，法律只知道正常非罪犯與反常罪犯之間的差別，循規蹈矩的社會也只會認可一種特定形式的個人主義，亦即天才。歐洲布爾喬亞社會希望天才身處人類法律之外，成為以製造刺激為主要社會功能的某種怪物，至於他實際上是不是法外之人，則無關緊要。此外，喪失公民資格不僅會剝奪人們被保護的權利，還會剝奪他們所有明確建立且被官方認可的身份，在此方面，這些人為了至少從剝奪其國籍的國家取得出生證明，而做出各種狂熱嘗試的事實，就是個不折不扣的象徵；當他們獲得了卓越地位，從而脫離巨大而無名的群眾，那麼他們的一個重要問題就被解決了。最終，唯有名聲能夠回應各階層難民們一再重複的抱怨，亦即「在這裡沒有人知道我是誰」；千真萬確的是，一位難民只要有名，在社會中就可能擁

有更好的機會，正如一隻狗擁有了名字，就會比只是芸芸眾犬之中的一條流浪狗有更好的生存機會。[43]

對於已喪失某一國政府保護的人，民族國家沒有能力提供可適用的法律，於是就將整個問題移交給警察。在西歐，這是警察首次獲得了依自身意志行動、並直接統治人民的權威；在公共生活的某個領域中，它已不再是執行、實施法律的工具，而是成為獨立於政府及其各部門的統治權威。[44]它的力量，以及它從法律與政府那裡解放出來的程度，直接與難民的流入成正比增長。無國者及潛在的無國者佔總人口的比例越高（在戰前法國，它已達到總人口的百分之十），該國逐漸轉變成警察國家的危險也就越大。

無須贅言，警察攀升至權力頂峰的極權政體，尤其渴望通過支配廣大人民團體來強化這種權力，這些團體無須犯下任何個人罪行，就會發現他們無論如何都已身處法律範圍之外。在納粹德國，紐倫堡法案區分了帝國公民（完全的公民）與國民（沒有政治權利的次等公民），此種區分已為如下發展趨勢開闢了道路：最終所有具有「異國血緣關係」的國民，都會在官方命令下喪失國籍。只是由於戰爭的爆發才阻止了與此趨勢相呼應的法案推出，該法案其實已經鉅細靡遺地籌備妥當。[44a]另一方面，在非極權國家中不斷增加的無國者群體，引發了一種由警察組織起來的無法形式，它使自由世界與極權國家法案形成了一種配合關係。即便在對待囚徒的方式上有不小差別，最終所有國家為集中營提供的正是同一批群體，這種做法的典型程度，正如群體的揀選全然

取決於極權政體的主動意願：如果納粹將一個人投入集中營，而且他成功逃到了荷蘭，那麼荷蘭人將會把他送入拘留營。因此，早在戰爭爆發之前很久，許多國家的警察就以「國家安全」為藉口，根據他們自身的主動意願來與蓋世太保、與國家政治保衛局（譯按：GPU，與德國蓋世太保對應的蘇聯組織）建立密切關係，因此人們或許可以說，警察具有獨立的對外政策。警察主導的這種對外政策，以高度獨立於官方政府的方式發揮作用；在萊昂·布魯姆（Leon Blum）還領導人民陣線政府的時代，蓋世太保與法國警方的關係最為熱絡，然而政府的主導精神卻是堅定的反德政策。與政府相反，警察組織從未受到對任何極權政體的「偏見」所累；國家政治保護局特務提供的消息，和法西斯或蓋世太保特務提供的舉發，他們都同等歡迎。他們完全了解警察機器在所有極權政體中的顯赫角色，了解它被拔高的社會地位與政治重要性，他們從未煩惱是否要撤回自己對極權警察的同情態度。納粹後來在被佔領國家的警方那裡，只遭遇到微弱得不甚光彩的抵抗，而且能夠在當地警力的協助下組織起恐怖，這些事實都要部分歸因於多年以來，警察早已在他們對無國者與難民的無限制專斷支配中獲得了強大的地位。

無論是在「少數族裔的民族」的歷史中，還是在無國之人的形成中，猶太人都扮演了重要角色。他們處於所謂少數族裔運動中的最前線，這是因為他們有被保護的強大需求（其程度唯有亞美尼亞人可以相比），也因為他們擁有出色的國際人脈，但歸根結底，還是因為他們在任何國家

都沒能構成多數，因此可以被看作典型的少數族裔（minorité par excellence），也就是只有通過國際上提供的保護才能捍衛其利益的唯一少數族裔。[45]

猶太人民的特殊需求成為一個最佳藉口，可以用來否定下述觀點：一方面，新興國族具有大力同化外籍人士的趨勢，另一方面，少數民族則由於權宜之計而暫時未被賦予民族自決權，少數族裔條約就是這兩方達成的妥協。

一個與之類似的偶然狀況，使猶太人在難民與無國問題的討論中變得尤其突出。最早的無國籍者（Heimatlose, apatrides）是凡爾賽和平條約製造出來的，他們大部分是來自後繼國家的猶太人，這些人無法也無意將自己置於母國對少數族裔的保護之下。在德國迫使德國猶太人移居國外或成為無國之人前，他們尚未在無國之人中佔據可觀比重。但是在希特勒成功迫害猶太人後的幾年內，擁有少數族裔的國家都開始考慮將少數族裔驅逐出境，且很自然地會從典型的少數族裔開始下手，這個族裔也是唯一實際上除了少數族裔制度（它如今已淪為笑柄）外，再沒有得到其他保護的少數民族。

認為無國狀態主要是個猶太人問題，[46] 這是所有試圖用無視問題來解決問題的國家都曾使用的藉口。希特勒解決猶太人問題的方式是：首先將德國猶太人貶低為德國一個不被承認的少數族裔，接著將他們以無國之人的身份驅趕出國界，最終再從各處將他們集中起來，以便送入滅絕集中營。沒有任何政治家意識到，希特勒這一做法已十分有力地向世界其他國家證明了如何真正

「消除」所有涉及少數族裔與無國之人的問題。戰後，曾被認為無法解決的猶太人問題的確被解決了，也就是通過對一片領土進行先殖民後征服的方式解決了，但是這既沒有解決少數族裔問題，也沒有解決無國之人問題。相反地，就像發生在我們世紀的其他所有事件一樣，猶太人問題的解決只是製造出一種新的難民類型，亦即阿拉伯人，從而又增加了七十萬到八十萬的無國、無權之人。❶而且在巴勒斯坦這最小的領土內發生、且涉及數十萬人的事情，再度以牽涉數百萬人的巨大規模發生在印度。自一九一九年與一九二〇年的凡爾賽條約以來，在地球上所有以民族國家為範本的新成立國家中，都有難民與無國之人像詛咒般緊緊依附著。

對這些新興國家來說，這個詛咒身上攜帶著致命疾病的病原體。因為在法律面前人人平等的原則一旦破碎，民族國家也就無法存在下去了。這種法定平等原本注定要取代封建社會古老法律秩序，一旦缺少這種平等，民族國家就會瓦解為由享有特權的個體與被剝奪權利的個體所組成的混亂人群。法律不對所有人平等，就會轉變為權利與特權，成為某種恰與民族國家本質相反的東西。他們未能以法律人格來看待無國之人的證據越是清楚，由警方命令所施加的專斷統治也就越是嚴重，而國家也就越難以抵抗這樣一種誘惑，亦即剝奪所有公民的法律地位，並用一個全能的

❶ 譯註：鄂蘭在此批評了以色列建國所堅持的民族國家原則，她認為以色列應該採取雙元國家或聯邦制的形式來與該地的巴勒斯坦人共處，這方面的批評尤其反應在她對主流錫安主義的檢討文章中，可參見鄂蘭的〈重思錫安主義〉（"Zionism Reconsidered", JW: 343-374），及其他許多相關文章。

警察系統來統治他們。

二、人權的困窘

十八世紀末的人權宣言乃是歷史上的轉捩點。它意味著：從此往後，成為法源的應當是人（Man），而非上帝誡命或歷史習俗。該宣言獨立於歷史曾賦予某些特定社會階層或特定民族的特權，它表明人已從所有監護指導下解放出來，並宣布自己已經成年。❷

除此之外，人權宣言中還包含另一種宣言構想者並未充分意識到的意涵。宣告人權也意味著在新時代裡有一種極度被需要的保護，因為在此時代，個體不再因生來繼承的財產地位而安定無虞，也不再確信基督徒在上帝面前所擁有的相互平等。換言之，在世俗化且普遍解放的新社會中，人們已不再確信在那之前都處於政治秩序之外，並且不是依靠政府與國家機構，而是由社會的、精神的與宗教的力量來提供保障的社會權利與人類權利。因此在整個十九世紀，一般會一致

❷譯註：「監護」、「成年」都是康德在〈何謂啟蒙〉一文中定義「啟蒙」時所使用的語彙，按照康德的定義，啟蒙就是「人之超脫於他自己招致的未成年狀態。未成年狀態是無他人底指導即無法使用自己的知性的那種無能」。引文參見康德著，李明輝譯，《康德歷史哲學論文集（增訂版）》（新北：聯經出版公司，二〇一三年），頁27。這種康德式啟蒙所導向的正是人的自由權利，然而正如本章後文所言，真正的喪失人權卻並不等同於喪失自由這種公民權利。

同意：一旦個體需要得到保護，以對抗國家的新型主權與社會的新型專斷，就必須召喚人權。

由於人權被宣稱為不可剝奪者，且不能化約為其他權利或法律，也不能後者中推導出來，因此人權的確立無法訴諸任何權威；人自身就是人權的淵源，亦是其終極宗旨。此外，人們認為不存在必定能夠保護它們的法律，因為所有法律都被設想為是要仰賴於它們。人（Man）在法律上是作為唯一的主權者，就如人民（the people）在統治上被宣稱為唯一的主權者。人民主權有別於國王主權，它並非由上帝的恩典所宣示，而是以人（Man）之名來宣告，因此似乎很理所當然地，不可剝奪的人權會找到它們的擔保，並成為人民自我統治之主權權利中不可剝奪的一部分。

換言之，人並未作為一個完全解放、完全孤立的存有者出現，他不能不訴諸某種包容性更廣的秩序而維持自身尊嚴，他已再度消失在某個民族（a people）的成員身份當中了。❶從一開始，不可剝奪之人權的宣言中就包含著一種悖論：它面對的是一個「抽象的」人類存有者，此存有者似乎不存在任何地方，因為即便是野蠻人也生活在某種社會秩序當中。如果一個部落或其他「落後」社群並未享有人權，這顯然是因為它在整體上尚未達到文明階段，亦即尚未到達人民主權與國族主權的階段，而是仍處於異族暴政或本土暴政的壓迫之下。因此整個人權問題很快就不可免地與民族解放的問題混雜在一起；似乎唯有被解放的人民主權、被解放的本國族主權，才有

❶ 譯註：大寫的人（Man）與人民（the people）相通，而當人民被特殊化、成為可數名詞（a people, peoples）時，也就有了民族的意涵，再進一步就成為了與國家等同的國族（nation）。因此從人權到民族／國族權利的背後，亦存在語詞上的微妙變化。

辦法為人權提供保障。由於自法國大革命以來，人們都是在民族大家庭的圖像中認識人類，因此人的圖像並非個體而是人民／民族這一點，也逐漸變得不證自明。

當一個人數與民族數不斷增長的群體忽然出現，歐洲中部民族國家的日常運作機制卻極度缺乏對該群體基本權利的安全保障，彷彿身處非洲內陸；只有到了這個時候，人權與民族權利的這種等同，才開始展現它的全幅意涵。人權畢竟是被界定為「不可剝奪者」，因為它們被認為是獨立於所有政府之外；但結果是，在人類沒有自己的政府，並不得不依靠最低限度權利的時刻，卻不再有任何權威能夠保護他們，也沒有任何機構願意為他們提供保障。或是，正如少數族裔案例所顯示的，當一個國際團體硬是宣稱自己擁有一種非政府權威的時候，甚至早在它充分開始實施其措施之前，就已敗象畢露；不僅各國政府基本上都公開反對這種對主權的侵犯，而且所涉的少數民族自己也不認可非國族式的保障，不信任一切沒有明確支持其「國族」（對立於純粹的「語言、宗教、族裔」）權利的行為，他們更偏好的若不是像德意志人或匈牙利人那樣，訴諸「國族」母國的保護，就是像猶太人那樣訴諸某種跨領土的相互團結。[47]

無國之人就像少數族裔一樣，確信喪失國族權利就等同於喪失人權，前者不可避免地會引發後者。他們越是被排除在任何形式的權利之外，就越是會尋求重返某個國族共同體，尤其是本國族共同體。俄羅斯難民不過是最早要堅持其民族身份的一批，而且還猛烈抗拒將他們與其他無國之人混合在一起的企圖。在他們之後，已有不止一個難民或流離失所者群體發展出一種猛烈狂暴

的群體意識，並大聲要求屬於——並僅屬於——波蘭人或猶太人、德意志人的權利。

更糟的是，所有為了保衛人權而組建的社團，以及所有想要達成一項新的人權法案的嘗試，都是由邊緣人物所倡導的，其中包括一些沒有政治經驗的國際法學家，或是懷抱專業理想主義之模糊情感的博愛專家。他們組建的團體、發布的宣言，在措辭與性質上都酷似於反虐待動物團體。沒有一個政治家或任何有分量的政治人物會把它們當一回事；也沒有任何歐洲自由派或激進派政黨會認為有必要在黨綱中納入新的人權宣言。在二戰之前與之後，受害者們曾試圖在各種事變驅趕其進入的鐵絲網迷宮中，以各種方式尋找出路，但他們從未訴諸這些明顯被他們否定的基本權利。相反地，對於邊緣社團在推行基本意義或普遍意義上的人權上所進行的任何嘗試，這些受害者們就和各大強權一樣抱持著鄙夷、冷漠的態度。

所有想用宣告新人權法案的方式，來應對被迫生活在實際法律之外且數量不斷增加的群體的相關人士，都遭遇了失敗，這當然不是因為某種惡意。在法國大革命與美國獨立革命莊嚴地將人權宣告為文明社會的根基之前，它們從未成為實際政治議題。在十九世紀，為了保護個體並對抗不斷增強的國家權力，為了緩解由工業革命引起的社會不安定，人們曾以格外敷衍了事的方式訴諸這些權利。於是人權的意義獲得了新的意涵：它們成為被剝奪者的保護人的標準口號，成為一種額外的法律，一種沒有其他更好的東西可依靠的人們所必不可少的例外權利。

人權概念為何被十九世紀政治思想視為收養來的棄兒，以及為何在二十世紀即便出現了貫徹

人權的緊急需要，也沒有自由派或激進派政黨覺得適合將其納入黨綱，其中存在顯而易見的理由：公民權，亦即在不同國家會有所變化的公民權利，被認為以實際的法律形式體現、道出了永恆的人權，而人權就其本身而言，則被認為是獨立於公民資格與民族身份之外的。所有人類存有者都是某種政治共同體的公民；如果國家法律辜負了人權的要求，那麼人們就會期待可以通過民主國家中的立法，或是專制國家中的革命行動來改變它們。

人權被認為是不可剝奪的，然而只要出現不再是任何主權國家之公民的人，它們就會被證明是無法執行的，甚至連那些將憲法建立在人權之上的國家也不例外。這個事實已夠讓人煩惱了，除此之外，晚近設計新人權法案的嘗試，又造成了不小的混亂；這種混亂業已證明，對於這些有別於公民權利的普遍人權，沒人有把握定義出它們究竟是什麼。即使每個人似乎都同意，這些人的困境正在於他們喪失了人權，可是似乎沒有人知道，當他們喪失這些人權時，究竟是喪失了何種權利。

無權利者首先喪失的是他們的家園，這意味著他們喪失了一整個社會組織網絡，而正是在這一網絡中，他們出生，並在世界上為自己構建了一個獨特的位置。這種災難絕非史無前例；在漫長的歷史記憶中，為了政治上或經濟上的理由，個人或整個群體被迫移民的案例，可謂司空見慣。真正史無前例的並不是喪失家園，而是找到新家園的不可能。忽然間，大地上沒有任何地方可供移民們前往而不遭受到最嚴苛的限制，也沒有任何國家能夠讓他們同化，沒有任何領土能夠

讓他們創建自己的新共同體。此外，這無關乎任何人口過多的實際問題；這不是空間的問題，而是政治組織的問題。沒有人意識到，人類固然長期被放在眾民族大家庭的圖像中看待，如今卻已來到了這樣一個階段：在這些緊密組織起來的密閉共同體之中，任何人只要被其中一個民族拋棄，就會發現自己也同時被徹底拋出了整個民族大家庭。[48]

無權利者所承受的第二個損失，就是喪失政府的保護，而這不僅意味著喪失了在自己國家中的法律地位，還意味著在所有國家都是如此。雙邊協議與國際條約已經在整個地表編織出了一張網絡，使每個國家的公民無論去到何方，都有可能伴隨著他（原本的）法律地位（因此，比如一個納粹體制下的德國公民就由於紐倫堡法案的緣故，而無法在國外進行異族通婚）。而且，任何不再身陷這張網絡之中的人，就會發現自己完全身處法律性之外（因此在二戰期間，無國之人所處的位置總是比敵國人士還要更糟，因為後者仍通過國際協議而間接受到本國政府保護）。

就其本身而言，喪失政府的保護，並不比喪失家園更史無前例。文明國家的確會為那些因政治因素而被本國政府迫害的人提供避難權，這種實際做法固然從未被正式寫入任何憲法，但是在整個十九世紀、乃至二十世紀，都運作得頗為良好。可是當新的被迫害類型數量太多，無法藉由一種適用於例外案例的非官方措施來處理的時候，麻煩就來了。此外，大部分人很難證明自己符合避難權資格，而避難權隱含的預設，是某些政治或宗教罪行在避難國家並不是非法的。新的難民之所以被迫害，不是由於他們的行為或思想，而是由於他們身上某些從未改變的東西：生於一

個錯誤的種族或錯誤的階級，或是被錯誤的政府挑選出來（就如西班牙共和軍隊那樣）。[49]

無權利者的數量越是增加，我們也就越是會關注被迫害者的處境地位，而非政府的迫害行徑。第一個顯眼的事實在於，這些人雖然因為某些政治藉口而遭迫害，卻不再像歷史上的被迫害者那樣，成為迫害者背負的債務與可恥的象徵；他們也不再被視作或被偽裝成當前的敵國人民（比起二〇年代數百萬屬於錯誤階級的難民，二戰後數千名自願離開蘇聯並在民主國家避難的蘇聯公民，對蘇聯的聲譽造成了更大損害），而是僅僅成為、且看起來就是一些其清白無辜本身恰成為最大不幸的人類存有者，這種無辜從各種角度，尤其是行迫害的政府的角度來看，皆無可置疑。在完全缺乏責任的意義上，無辜乃是他們無權利狀態的標誌，因為這也正是喪失政治地位的印記。

因此，強化人權的要求只在表面上涉及了真正政治難民的命運。政治難民必須數量不多，才能繼續在多國享有避難權，這種權利以非正式的方式成為了國家法律的真正替代。

在我們的經驗中，有一個驚人的面向業已成為事實，這就是無國之人會在法律上受益於犯罪行為，因為比起一個犯法之人，剝奪一個完全無辜者的合法性（legality）似乎更容易。「如果我被控偷走了巴黎聖母院的塔樓，那麼我就只能流亡國外了」，佛朗士（Anatole France）這句著名的諷刺之語，已成為恐怖的現實。法官們早已習慣於從懲罰的角度來思考法律，而懲罰的確總是剝奪我們的某些權利，但是他們因此會比門外漢還更難認清一項事實，即合法性的剝奪（亦即所

有權利的剝奪）已不再關乎任何具體罪行。

這種情形揭示出內在於人權概念之中的諸多疑難。無論它們曾被如何界定（無論是依照美國模式的生命、自由與幸福追求，還是法國模式的法律面前人人平等、自由、財產保護以及國族主權）；無論人們曾如何嘗試改善像是追求幸福這樣模棱兩可的方案，或是無限制財產權這樣過時的方案；二十世紀那些被驅離法律範圍之外者的真實處境，顯示出這些都只是公民的權利，喪失這些權利並不會導致絕對的無權利狀態。士兵在戰爭期間被剝奪了生命權利，罪犯則被剝奪了自由權利，所有身處緊急狀態的公民都被剝奪了追求幸福的權利，但是沒有人會主張說在這些狀況下我們喪失了人權。在另一方面，人們就算是處在根本無權利的狀況下，也會被賦予這些權利，即便很少真正享受到它們。

無權利者的困苦不在於他們被剝奪了生命、自由、幸福追求或是法律面前人人平等、意見自由，這些都是被設計出來用以解決既定共同體內部問題的方案，他們的困苦，在於他們不再屬於任何意義上的共同體。他們的困境也並非在法律面前不平等，而是不存在任何適用於他們的法律；並非是他們遭受到壓迫，而是甚至沒有人想要壓迫他們。只有在一個相當漫長的過程的最後階段，他們的生存權才會受到威脅；只要他們還完全是「多餘者」，只要找不到任何人要「宣稱」保護他們，他們的生命就會岌岌可危。甚至連納粹在開始滅絕猶太人之前，也要先剝奪掉他們所有的法律地位（二等公民的地位），並將他們驅趕進猶太隔離區與集中營，以切斷他們與生

者世界的聯繫；而在運作毒氣室之前，他們也曾小心翼翼地進行地基測試，並滿意地確認沒有國家會宣稱要保護這些人。關鍵在於，早在生存權實際遭到威脅之前，完全的無權利狀態就已經被創造出來了。

如果我們考慮自由權這個有時會被視作人權之根本的權利，則情況亦是如此，甚至還有些諷刺。那些身處法律範圍之外的人，或許比依法入獄的罪犯擁有更多的遷徙自由，而他們在民主國家的拘留營中，也會比在任何普通的專制國家（更不用說在極權國家）享有更多的意見自由。[50]但是無論是物質上的安全（被某些國家或私人福利機構供養），還是意見自由，都絲毫沒有改變他們根本的無權利狀態。他們生命的延長要歸功於慈善而非權利，因為不存在能夠迫使國家供養他們的任何法律；他們的遷徙自由（如果他們真的有的話）並沒有賦予他們居留的權利，而這是甚至連牢裡的犯人都理所當然享有的權利；至於他們的意見自由，則是傻子的自由，因為無論他們想什麼，也全都是無關痛癢。

最後這幾點頗為關鍵。人權的根本剝奪，首先就是剝奪一個人在世界上的位置，正是這個位置使意見有其意義，使行動有其效力。當一個人不再理所當然地歸屬於他出生的共同體，且這種狀況不再取決於自身選擇的時候，當一個人若不犯罪，人們就不會依照他做過或沒做過什麼來對待他的時候，某些比自由、正義這些公民權利更根本的事物就岌岌可危了。正是這種極端處境，而非其他任何東西，構成了被剝奪人權者的處境。他們被剝奪的不是自由的權利，而是行動的權

利；不是隨心所欲地思考的權利，而是發表意見的權利。無論是某些情況下的特別待遇，還是大多數情況下的不公，無論是祝福抑或厄運，這些待遇的降臨都純屬偶然，與他們做了什麼或會做什麼，都毫無關係。

唯有當新的全球政治形勢，使數百萬人喪失且無法重獲這些權利的時候，我們才開始意識到，存在一種擁有權利的權利（a right to have rights），這意味著生活在一個依其行動與意見來評斷人的框架之中，這也是一種歸屬於某種組織化共同體的權利。麻煩在於，這種災難並非源自任何的文明缺失、落後，或單純的暴政，情況恰恰相反，它之所以無法修補，是因為地球上不再存在任何「未開化」地帶，而且無論喜歡與否，我們都已經開始在**同一個世界**（One World）中生活。唯有當全人類都被統一組織起來的時候，喪失家園與政治地位，才會等同於從人類中被完全驅逐。

在發生上述狀況之前，我們今日必定會稱作「人權」者，應該被視為人類境況（human condition）的一項普遍特徵，這是任何暴君都無法奪走的。❶喪失它，就會喪失言說的實質意義（而自亞里斯多德以來，人就被定義為具有言說與思考能力的存有者），也會喪失所有的人類關

❶ 譯註：鄂蘭在此所說的人類境況，尤其應區別於帶有生來不可剝奪色彩的人類本性（human nature），這種人類境況對應的是複數的人們已生活在同一個世界的處境，而作為「擁有權利的權利」的人權也應該從這種處境來理解，而非從生來不可剝奪的本性來理解。可以說，此處已預示了鄂蘭後來的代表性著作《人的條件》的主題。

係網絡（同樣是自亞里斯多德以來，人就被認為是「政治動物」，亦即在定義上就是要生活在共同體之中），換言之，就是喪失了人類生活某些最為根本的特質。這在某種程度上正是奴隸的困境，從而亞里斯多德也並不把他們算入人類之列。奴隸制對人權的根本冒犯，並不在於它奪走了自由（這也可以發生在許多其他情境中），而在於它將某一類別的人排除在為自由而戰的可能性之外，而這種戰鬥在暴政底下、乃至在現代恐怖的絕望處境底下，都仍有可能進行（但在集中營的生活條件下就不可能）。奴隸制對人性所犯下的罪行，並非始於一個民族擊敗並奴役它的敵人（即便這當然很糟），而是始於奴隸制成為一種有人「生而」自由、有人「生而」為奴的制度，始於正是人自己剝奪其同伴的自由這一點，始於制裁罪犯被歸因於其本性邪惡。而且以晚近的事件來看，我們仍可以說甚至連奴隸都仍然屬於某種人類共同體；他們的勞動被需要、利用以及壓榨，而這使他們仍處在人性範圍之內。成為一個奴隸，畢竟仍擁有一個獨特的角色，仍在社會中擁有一個位置，這已經強過除了人類外什麼也不是的那種抽象的赤裸。降臨在數量不斷增加的這群人身上的災難，並不是具體權利的喪失，而是喪失了一個有意願也有能力保障其任何權利的共同體。結果證明，人可以喪失一切所謂的人權，而不喪失他作為人的基本特質和人類尊嚴。唯有喪失政治體本身，才會使他被逐出人性之外。

我們無法用十八世紀的範疇來表述對應於上述喪失狀態的權利，這種權利甚至從未被算入人權之列，而十八世紀則預設權利直接源自人的「本性」（nature），這導致無論這種本性是否被具

體化在自然法條款、或以上帝形象所造之存有者的範疇之內，無論它是否關乎「自然」權利或神聖命令，都沒有太大差別。❶決定性因素在於，即便只有一個人類存於大地之上，這些權利以及由此賦予的人類尊嚴，都仍然有效且真實；它們獨立於人類複數性（human plurality）之外，從而即使一個人被逐出人類共同體之外，它們仍然應當有效。❷

在人權首次被宣告的時候，它們被視為獨立於歷史、也獨立於歷史曾給予某些社會階層的特殊待遇。這種新的獨立性構成了新發現的人類尊嚴。從一開始，這種新的尊嚴就具有格外模糊的本質。歷史權利被自然權利取代，「自然」佔據了歷史的位置，而這隱然假定著歷史比自然更疏離、悖反於人的本質。「不可剝奪」、「天生秉受」、「不證自明的真理」，這些獨立宣言與人權宣言都同樣使用的語言中蘊含著一種信念，亦即存在某種人類「本性」，它與個體一樣都服從同樣的生長法則，而權利與法律也是由此推導出來的。如今我們或許更有資格來準確判斷這種人類「本性」的意涵；各種事件都向我們顯示出，雖然西方哲學與宗教在三千多年的時間裡反覆重新定義過這個「本性」，但是它仍具有從未被認可過、乃至從未被猜想過的潛在意涵。但這不僅僅

❶ 譯註：我們在此將 human nature 譯作人類「本性」，而非人類「本質」，是因為 nature 在此帶有有機生命體的目的論意涵，並與「自然」意相通。

❷ 譯註：十八世紀的人權與人類尊嚴因直接源自於人的「本性」，而僅僅關於抽象、單數的人，而上一段中與政治體密切相關的人類尊嚴與「人性」，則奠基於人類複數性。

是自然（本性）下的人類樣貌對我們來說已變得有問題。自從人類學會如何掌控自然，乃至用人造工具毀滅地球上的所有有機生命，都變得可以想像，且在技術上可能辦到，人就已經疏離於自然了。❸自從對自然過程更深刻的認識，使人類萌生了自然法（則）究竟是否存在這一嚴重懷疑，自然本身就開始顯出兇惡的一面。人們如何還有可能從宇宙中推導出法律與權利呢？宇宙顯然對這兩者都一無所知。

二十世紀的人已從自然中解放，正如十八世紀的人從歷史中解放。歷史與自然已同樣疏離於我們，亦即就人的本質而言，我們不再能夠以這兩種範疇來予以掌握。在另一方面，人性在十八世紀、在康德的術語中，還不過是個規定性理念，如今卻已成為不可逃避的事實。在這一新處境中，「人性」（humanity）實際上承接了先前歸給自然或歷史的角色，這意味著在此脈絡下，擁有權利的權利，或是每一個體屬於人性範疇的權利，都應該由人性本身來給予保障。❹這究竟是否可能，從來都無法確定。因為，通過國際組織來達成新的人權宣言這樣具有良善意圖的人道主義嘗試固然存在，但我們應該知道的是，這種理念已超出當前的國際法領域，該領域仍是以主權國

❸ 譯註：鄂蘭在本書之後的著作中，開始更關注這種人類科技與自然的關係，此處掌握自然、毀滅地球生命的可能，後來被她稱之為「以行動介入自然」（acting into nature）的現象（BPF: 59）。

❹ 譯註：在中文脈絡中，「人性」（humanity）常常與「人類本性」（human nature）相等同，然而兩者在此處的意涵卻截然相反，後者對單一人類個體仍然有效，而前者則與具複數性的人類共同體境況密切相關，嚴格來說，後者或許宜譯作「人間性」。

家間的雙邊協議、條約來運作；而且以目前來說，超出各國之上的領域並不存在。更糟的是，這種困境絕不可能通過建立「世界政府」來消除。這種世界政府誠然仍有可能出現，但是我們可以合理猜想，它在現實中會大大有別於懷抱理想主義信念的組織所倡導的樣貌。侵犯人權的罪行已成為極權體制的專長，人們總是可以主張說，正確就等同於對整體（有別於局部）有好處或有用處，並以此藉口來為這種罪行辯護（希特勒的座右銘「對德意志人民有益的就是正確的」，不過是某種法律觀念的庸俗形式，這種觀念隨處可見，唯有依靠在憲法中仍然有效的舊有傳統來遏制，它才不會在實踐層面產生效果）。一旦絕對而超越的宗教尺度或自然法則喪失其權威，一種將正確與（對個人、家族、人民或最多人）有益相等同的法律觀念也就必然會出現。而且就算「有益」的適用範圍大到等同於人類本身，也無法解決這種困境。因為我們已經很可以想像這一幕：在一個美好的日子裡，高度組織化、機械化的人類將會非常民主地（亦即通過多數決地）決定，為了人類整體，最好將某些部分清除掉；而且這一幕甚至有可能已經在政治上實際發生。在事實問題上，我們面對的是政治哲學最古老的困境之一；只要穩定的基督教神學為所有政治、哲學問題提供基本框架，人們就還不會覺察這種困境，但是它很早以前就促使柏拉圖宣稱：「作為萬物尺度的不是人，而是神。」

上述事實與反思，似乎為伯克反對法國大革命之人權宣言的著名論點，提供了一個諷刺、苦

[299]

澀的遲來確認。它們看起來正支持了他的如下主張：人權是個「抽象概念」，明智得多的做法則是，仰賴一個人像生命自身般傳承給子女的那種「繼承而來」的權利，並宣稱一個人的權利就是「作為一個英國人的權利」，而非人的不可剝奪之權利。[51]根據伯克的說法，我們所享有的權利源自「國族內部」，因此法律淵源不需要自然法、神聖天命，也不需要任何像羅伯斯比所說的「人類種族」、「大地主權」這樣的人類概念。[52]

以我們的種種經驗看來，伯克觀念中的實用主義似乎具有無可置疑的穩妥性。不僅在所有案例中，喪失國族權利都會導致喪失人權；而且迄今為止，正如晚近以色列國的例子所證明的，唯有通過恢復或建立國族權利，才能達成人權的恢復。當聲稱相信人權的人首次遭遇到那些除了仍是人類外、其他所有特質與人類聯繫都已喪失殆盡的人們，建立在人類存有者那被預設的存在樣態之上的人權概念就轟然崩解了。這個世界在生而為人的抽象赤裸之中，沒有找到任何神聖的事物。❶而且以客觀政治處境來看，我們很難說人權所立基的那些人的概念會有助於找到問題的解方；無論它們是什麼樣的概念——人係以上帝形象所造（美國版本），或者他乃是人類的代表，

❶ 譯註：這種赤裸與神聖之間的弔詭諷刺性，已預示了後來義大利當代哲學阿岡本（Giorgio Agamben）所發展的「裸命」（bare life）、「神聖／牲人」（Homo Sacer）等概念。阿岡本在八〇、九〇年代歐洲新一輪的難民危機中重新思考相關問題，得出了集中營正是西方現代民主之核心機制的激進化結論。然而我們要注意到，在鄂蘭的脈絡中，此處的非極權國家中的難民處境，跟極權國家中的集中營之間仍有一段距離。

或者在人自身之內就蘊含著自然法則的神聖命令（法國版本），都無濟於事。

滅絕集中營的倖存者、集中營與拘留營的囚徒，乃至相對幸運的無國之人，都無須藉由伯克的觀點，就能明白純然為人的那種抽象赤裸是他們最大的危險。他們因此被當作野蠻人對待，而且深怕最終會被當作野獸來對待，他們堅持自己的民族身份這個前公民資格的最後標記，以作為他們與人類之間尚存的唯一被認可的紐帶。他們對自然權利的不信任、對民族權利的偏好，是因為他們意識到甚至連野蠻人都會被賦予自然權利。伯克就曾害怕這種自然的「不可剝奪的」權利將只會肯認了「赤裸裸的野蠻人權利」，[53]從而使文明民族淪落到野蠻人的地位。因為只有野蠻人才會除了人類血緣這一最低限度的事實之外一無所憑，當人們喪失民族身份曾賦予他們的權利與保護之後，就會越發不顧一切地想要緊抓住自己的民族身份。似乎唯有他們那尚有所傳承的過去（"entailed inheritance"），才能證明他們仍屬於文明世界。

如果一個人類存有者喪失了他的政治地位，那麼根據與生俱來且不可剝奪的人權，他將正好處於這些普遍權利宣言所設定的處境之中。但實際情況則恰恰相反。一個除了身為人以外什麼也不是的人，就喪失了那些讓其他人將其視為同伴的特性。這就是為什麼摧毀一個罪犯的法律人格是很困難的，因為這個罪犯是背負了某個行為的責任，這個行為的後果會決定他的命運。相較起來，摧毀一個被否定掉所有人類共同責任者的法律人格，要來得容易許多。

因此，如果我們僅僅考慮那些被迫離開所有政治共同體者的普遍人類處境，那麼伯克的觀點

就又會獲得另一種意義。他們被置之不顧，獨立於特權抑或壓迫、正義抑或不義之外，從而喪失了這個世界上的許多東西、人類生存的許多面向，而他們所喪失的實為我們共同勞動的所有結果、人文造設（human artifice）的所有產物。如果說野蠻人部落的悲劇在於，他們棲息在自己無法掌握的不變大自然之中，其生計全然仰賴其榮枯，而且他們無論已逝還是尚存，都沒有留下任何痕跡，沒有對某個共同世界有所貢獻；那麼無權利者確實就是被拋回到某種特殊的自然狀態之中了。他們當然不是野蠻人；他們中的一些人還屬於各自國家中最富教養的階層；儘管如此，在一個幾乎已清除了野蠻狀態的世界中，他們看起來正像是文明有可能會倒退的第一個信號。

一個文明越是高度發展，它所產生的世界也就越是完善，人們也越是在其人文造設之內覺得舒適自在：他們也就是越是會反感於一切非其造物的東西，一切僅僅是被神祕地給予他們的東西。一個人若喪失在共同體中的位置，喪失在時代鬥爭中的政治地位，喪失使行為與命運構成連貫整體的法律人格，他身上就只會留下那些通常只表現在私人生活領域的特性，而且它們在所有公眾關注的事務中，都只會作為不夠格的純然存在而已。這種純然存在，也就是所有經由出生而被神祕地給予我們、並塑造了我們的形體與心智才能的東西，只有藉由友誼與同情那不可預期的偶發性，才有辦法充分應對，要不然就要借助於愛那偉大且不可測量的恩典，也就是聖奧古斯丁所說的「我要你存在」（Volo ut sis）；對於這樣至高無上、無可超越的肯認，是無法給出任何特

殊理由的。❶

自古希臘人以降，我們已經知道高度發達的政治生活，會孕育出對這種私人領域根深蒂固的懷疑，而對於在我們每個人都被造得如此唯一、獨特、不可改變的事實中所蘊含的令人困擾的奇蹟，也會抱持深深的憎惡。這一整個純然既予的領域，亦即在文明社會中被貶謫到私人生活之中的領域，實為對公共領域的持久威脅，因為公共領域一貫建立在平等法則之上，正如私人領域建立在普遍差異與區分之上。平等與囊括在純然存在之中的一切正相反，它不是被給予我們的，而是人類在正義原則的引導下組織起來的結果。我們並非生而平等；我們是作為某個團體中的成員才變得平等，靠的是我們決心捍衛相互平等權利的力量。

我們的政治生活所仰賴的預設乃是，我們可以通過組織化來產生平等，因為一個人可以與、也只能與他的同輩（equals）一道在一個共同世界中，展開行動、改變與締造。當純然既予的晦暗背景，那由我們不可改變且獨一無二的本性所構成的背景，忽然作為陌異者闖入政治舞台，就會再明顯不過地提醒我們人類活動的界限，而這也等同於人類平等的界限。類似於古代城邦國家或是現代民族國家這樣高度發達的政治共同體，它們之所以如此頻繁地堅持族群同質性的原因，

---

❶ 譯註：鄂蘭的博士論文題目正是《聖奧古斯丁的愛的概念》（*Der Liebesbegriff bei Augustin*），不過那是她從哲學轉向政治、並開始關注具體政治現實之前的著作。

正在於它們希望盡可能消除那些自然且總是當下既存的差異與區分，僅是這些差異、區分本身，就足以喚起盲目的仇恨、不信任以及歧視，因為它們再清楚不過地揭示出人們無法展開行動、也無法憑意願予以改變的那些領域，也就是人文造設的界限之外的領域。這種「陌異」正是一個令人恐懼的象徵，代表著存在如此這般的差異、如此這般的個體性的事實，而且它還揭示出人在其中既無法改變也無法行動、從而只會具有明顯的毀滅傾向的那些領域。如果在一個白人社群中間，一個黑人僅僅被視作黑人，此外無他，那麼他就會喪失掉特屬於人的行動自由，也連帶喪失了獲取平等的權利；從而他所有的行徑都會被解釋為某些「黑人」特質所產生的「必然」後果；他已成為某個動物種屬的樣本，其名曰人。類似的事情也發生在那些喪失了所有獨特政治特質、且已成為單純的人類的人身上。無疑，一旦公共生活及其平等法則獲得全面勝利，一旦一個文明將差異所構成的晦暗背景成功消除或降至最低，終將導致全面的僵化，這個文明將會因為遺忘了人只是世界的主宰而非創造者的事實，而遭受懲罰。

從被迫生活在共同世界之外的人們的生存狀態中，產生出一種巨大的危險，這就是身處文明世界的他們，竟被拋回到了他們的自然既予性（natural givenness）與純然區異性（mere differentiation）之上。他們缺乏那種因成為某個共同體公民、進而將差異予以驚人平等化的經驗，而且由於他們不再被允許參與到人文造設之中，他們就開始像動物歸屬於特定物種一般地歸屬於人類種族。人權喪失所蘊含的悖論在於，這樣的喪失恰恰對應著一個人成為一般人類（a

human being in general），亦即沒有職業、沒有公民資格、沒有觀點、沒有藉以辨識指明自身行為事蹟的時刻，此時他也會在一般意義上變得與人有別，但這種差別不代表任何東西，只代表他自身絕對獨一無二的個體性，它被剝奪了內在表達的方式，也剝奪了在共同世界中的行動，它已喪失了所有的意義。

在這些人的生存樣態中，蘊含著雙重危險：首先，較為明顯的危險在於，他們持續增加的數量威脅到了我們的政治生活、我們的人文造設，以及作為我們共同協調之努力結果的世界，其嚴重程度堪比大自然的野性元素一度對人造城市、村莊之生存所造成的威脅，可怕程度甚至還猶有過之。對於任何文明的致命危險，已不再會是自外而來。大自然已被掌握，也沒有什麼野蠻人會威脅要毀滅掉他們不能理解的事物，就像蒙古人曾經威脅歐洲數百年那樣。甚至極權政府的出現，也不是一個來自我們文明之外的現象，而是來自於我們文明之內。危險在於，一個全球性的普遍相互關聯的文明，或許會迫使數百萬人進入無論怎麼看都屬野蠻人處境的處境當中，進而從自身當中產生出野蠻人。[54]

譯者識

本章是本書最常被引述、討論的一個章節，影響力可能甚至超過了對極權體制的分析，其原因主要在於它揭示出現代人權問題中的深層悖論，並提出「擁有權利的權利」這一著名說法，這些觀點在解釋當代難民、人權問題時，仍有不可替代的啟發性。就本章在本書中的位置來看，它一方面是「帝國主義」部分的最後一環，集中呈現了民族國家崩解的決定性時刻，另一方面也直接跟「極權主義」部分的最後一章，尤其是講述集中營（全面支配）的部分相呼應。如果說上一章所分析的大陸帝國主義是極權主義的直接前奏，那麼本章所討論的則是歐洲極權與非極權國家之間的某種共同元素。

本章分為兩個小節，第一節分析了「少數族裔」與「無國之人」這兩個群體，第二節則可視為在此分析的基礎上，進一步對人權問題進行理論性探討。在第一節中，「少數族裔」現象悖論式地肇始於美國總統威爾遜所提倡的「民族自決」原則，問題在於類似於捷克、匈牙利這樣的少數民族固然獲得了獨立建國的機會，可是在多民族分散混居的東、南歐地帶，人們很難將屬於同一民族的人民全部聚集在一起，然後成立一個國族主權國家；因此在每一個新成立的民族國家中，都不可避免地還居住著眾多「少數族裔」，這些「少數族裔」在以民族自決原則立國的新建國家中處境尤其尷尬，進而大規模離開母國，引發了「無國之人」的問題。在「無國之人」現象中已然出現了預示極權的危險跡象，亦即警察統治與拘留營的常態化。值得注意的是，「少數族裔」與「無國之人」的交匯點恰恰是猶太人，猶太人既是典型的「少數族

裔」，又往往被視為「無國」問題本身。

第二節從對《人權宣言》的深刻反思出發，其要旨在於：人權宣言所宣稱的人與生俱來且不可剝奪的權利，恰恰無法被任何法律保護。由此產生的一個直接後果，就是人權被等同為民族自決的權利，然而在多民族共居的世界裡，民族自決的權利往往同時意味著對境內其他少數民族的排斥，這正是引發第一節中的難民問題的根源所在。鄂蘭在這一節中正面提出的人權新定義，就是「擁有權利的權利」，亦即通過歸屬於一個共同體而有表達意見、開展行動的權利。值得思考的是，這種人權定義有時也會被拿來證成民族自決的民族主義立場，然而就鄂蘭的論述來說，她對於不顧及其他民族的民族自決主張，顯然有所保留，這裡所說的共同體也不完全限於單一民族國家的共同體。

另外值得一提的是，對於本章所分析的現象，鄂蘭本人無疑是深有親身經驗的見證者，她自一九三三年從德國流亡到一九五一年取得美國國籍的這段期間，正是本章所說的「無國之人」。鄂蘭在一九四三年寫了一篇頗富情感的短文〈我們這些難民〉（"We Refugees", JW: 264-274），以複數第一人稱的口吻，極為生動地呈現了身為難民的種種無奈、尷尬。

註釋

前言

1 這些數據分別參照Leo Model, "The Politics of Private Foreign Investment" and Kenneth M. Kauffman and Helena Stalson, "U.S. Assistance to less developed Countries, 1956–65" respectively, both in *Foreign Affairs*, July, 1967.

2 前引L. Model的文章（p. 641）為這些問題提供了非常有價值且中肯的分析。

3 這是Dulles先生一九五七年在耶魯大學的一場演講中所說的，依照David Wise and Thomas B. Ross, *The Invisible Government*, New York, 1964, p. 2.

4 根據Dulles先生的說法，政府不得不「以其人之道還治其人之身」，接著帶著令人疑慮頓消的坦誠，CIA的前主管將自己與他在其他國家的同行們區分開來，他也解釋了這種說法的意思。含蓄地說，CIA不得不摹仿了蘇聯國家安全局，後者「不僅僅是一個祕密警察組織，不僅僅是一個情報與反情報組織。它是一個**為顛覆、操控以及暴力而服務的工具，是為了祕密干涉他國事務**。」參見Allen W. Dulles, *The Craft of Intelligence*, New York, 1963, p. 155.

5 參見一篇非常具有建設性的文章，Orville L. Freeman, "Malthus, Marx and the North American Breadbasket," in *Foreign Affairs*, July, 1967.

第五章　布爾喬亞的政治解放

1 J. A. Hobson, Imperialism, London, 1905, 1938, p. 19：「雖然為了方便起見，人們常把一八七〇年視作有意識的帝國主義政策的開端，但是很顯然，這一運動直到八〇年代中期、從一八八四年左右才開始獲得充分的推動力。」

2 S. Gertrude Millin, *Rhodes*, London, 1933, p. 138.

3 這些數據參照Carlton J. H. Hayes, *A Generation of Materialism*, New York, 1941, p. 237，它們涵蓋從一八七一年到一九〇〇年這段時期。同樣可參見Hobson, *op. cit.*, p. 19：「在十五年內，大英帝國增添了大約三百七十五萬平方公尺的領土，德國增添了一百萬平方公尺、一千四百萬人口，法國增添了三百五十萬平方公尺、三千七百萬人口。」

4 參見Ernst Hasse, *Deutsche Weltpolitik*, Flugschriften des Alldeutschen Verbandes, No. 5, 1897, p. 1.

5 Ernest Renan在他的經典文章〈什麼是民族〉（Qu'est-ce qu'une nation?, Paris, 1882）中強調，「實質性的贊同，共同生活的慾望，正當地保存傳承下來的不可分割之遺產的意志」，這些構成了讓一群人民聚集起來並形成一個民族的主要元素。譯自*The Poetry of the Celtic Races, and other Studies*, London, 1896.

6 Hobson, *op. cit.*

7 這種壞良知源自於認為贊同乃是所有政治組織之基礎的信念，Harold Nicolson在*Curzon: The Last Phase 1919-1925* (Boston-New York, 1934)中對此進行了很好的描寫：「我們在埃及的存在合法性仍然不是建立在征服的自我保衛權利，或武裝力量之上，而是建立在我們自身對贊同要素的信念之上。在一九一九年，這種要素並未以清楚的形式存在。一九一九年三月的埃及革命戲劇性地挑戰了它。」

8 索爾斯伯利侯爵在為格萊斯頓的第一個母國統治法案的挫敗而歡欣鼓舞時，如是評論道。在接下來十二年的保守黨統治期間（也是帝國主義的時代），英愛衝突不僅並未得到解決，而且還日益尖銳。也可參見Gilbert K. Chesterton, *The Crimes of England*, 1915, pp. 57 ff.

9 有關於都鐸王朝為何在其國家發展的初始階段，並未像瓦盧瓦王朝將布列塔尼與勃艮第整合進法國一樣，將愛爾蘭整合進大不列顛，這仍然是個謎。然而或許一個類似的過程乃是被克倫威爾的統治粗暴打斷了，克倫威爾將愛爾蘭視作分賞給追隨者的一種豐厚戰利品。克倫威爾革命在形塑英格蘭民族國家上的關鍵性地位，正如法國大革命之於法國，在此之後，聯合王國已臻於成熟階段，通常也就喪失了國家政治體在其初始階段才具備的同化、整合力量。其後發生的則是一個漫長而悲傷的故事：「武力強制所強加於人民的不是沉默的生存，而是沉默的死亡」（Chesterton, *op. cit.*, p. 60）。對於包括了最新發展的愛爾蘭問題的歷史調查，讀者可對照Nicholas Mansergh出色而公正的研究：*Britain and Ireland* (in *Longman's Pamphlets on the British Commonwealth*, London, 1942).

10 J. A. Froude在帝國主義時代開始前不久做出的如下聲明非常典型：「我們希望能夠實現：一個移民到加拿大、好

望角、澳大利亞或紐西蘭的英國人，不會喪失其國民身份，他仍然站立在英國的土地上，就像他在德文郡或約克郡一樣，只要大英帝國屹立不倒，他就仍然是一個英國人；如果我們將陷入巴拉克拉瓦泥潭的四分之一人數，派遣到那些殖民地去建立我們兩百萬的人民，那麼這對於國家根本力量的貢獻，將遠大於我們所捲入的從亞金科特到滑鐵盧這所有的戰役。」參照 Robert Livingston Schuyler, *The Fall of the Old Colonial System*, New York, 1945, pp. 280–81.

11 傑出的南非作家Jan Disselboom非常坦率地表達出大英國協人民對此問題的態度：「大不列顛僅僅是一個利益上的夥伴……一切都源自於同一條緊密連結在一起的根莖……那些不是由這些種族所居住的帝國組成部分，從未成為利益夥伴。……它們是前統治夥伴的私人財產。你可以統治白人，或者統治印度，但你不能同時擁有這兩者。」參照A. Carthill, *The Lost Dominion*, 1924.

12 Ernest Barker, *Ideas and Ideals of the British Empire*, Cambridge, 1941, p. 4. 也參見有關法蘭西帝國之創建的非常出色的介紹性評述：*The French Colonial Empire* (in *Information Department Papers* No. 25, published by The Royal Institute of International Affairs, London, 1941), pp. 9 ff.：「其宗旨在於將殖民地人民同化為法國人民，或者是，對於那些不大可能進行同化的更為原始的社群，則與他們進行「聯合」，從而讓法國首都與海外法國之間的差別，僅僅是地理上的而非根本性的。」

13 參見Gabriel Hanotaux, "Le Général Mangin" in *Revue des Deux Mondes* (1925), Tome 27.

14 W. P. Crozier, "France and her 'Black Empire'" in *New Republic*, January 23, 1924.

15 David Lloyd George, *Memoirs of the Peace Conference*, New Haven, 1939, I, 362 ff.

16 拿破崙的失敗為已嚴重消耗的荷蘭母國保留了殖民地，此後荷蘭的東印度公司，就在為國家之故而粗暴壓榨海外領土這方面做出了類似的嘗試。通過強迫教化，原住民被簡化為替荷蘭政府謀利的奴隸。Multatuli最初出版於上個世紀六〇年代的Max Havelaar則針對母國政府，而非海外機構。（參見de Kat Angelino, *Colonial Policy*, Vol. II, *The Dutch East Indies*, Chicago, 1931, p. 45）

這一制度很快就被廢止了，而荷蘭印度公司則一度成為「所有殖民國家的欽佩對象」（參見烏干達、北奈及利亞的前行政官Hesketh Bell爵士等所撰寫之*Foreign Colonial Administration in the Far East*, 1928, Part I）。荷蘭模式與法國模式有許多類似之處：賦予有功勞的原住民以歐洲人地位，引入歐洲的學校系統以及其他逐漸進行同化的措施。荷蘭人因而得到了同樣的結果：臣屬民族中間興起了強大的民族獨立運動。今日的研究多忽略荷蘭與比利時的帝國主義。前者是法國模式與英國模式奇特而變動不定的混合體；後者所展開的則不是比利時國家的的擴張，甚至也不是比利時布爾喬亞的擴張，而是比利時國王個人的領土擴張，既未經任何政府核准，也與其他任何機構都毫無關聯。荷蘭與比利時形態的帝國主義都是非典型的。荷蘭在八〇年代並未擴張，而是僅僅對其就有領地進行鞏固與現代化。另一方面，把在比利時的剛果所發生的前所未有的暴行，當作海外領土的普遍狀況，則又是不太公允。

17 Ernest Barker, *op. cit.*, p. 69.

18 Selwyn James, *South of the Congo*, New York, 1943, p. 326.

19 有關這些少年理想，以及它們在英國帝國主義中所扮演的角色，可參見第七章。吉普林的*Stalky and Company*則描述了他們如何發展、如何被塑造出來。

20 Ernest Barker, *op. cit.*, p. 150.

21 Lord Cromer, "The Government of Subject Races," in *Edinburgh Review*, January, 1908.

22 *Ibid.*

23 第一個使用帝國主義概念來清楚區分「帝國」與「國協」（Commonwealth）的學者是J. A. Hobson。但其中的根本差異從來都廣為人知。例如為美國革命後的所有自由派英國政治家所抱持的「殖民地自由」原則，就只有在該殖民地「由英國人民組成或……是有英國人口成分的混合物，以便能安全引入代議機構。」參見Robert Livingston Schuyler, *op. cit.*, pp. 236 ff.

在十九世紀，我們必須在大英帝國內部區分三種類型的海外領土：定居地、移民地或殖民地，比如澳大利亞與其他自治領；貿易站或像印度這樣的領土；像好望角這樣的海運、海軍驛站，其存在是因前者（第二種類型）之故。所有這些領土都在帝國主義時代經歷著治理與政治地位上的變動。

24 Ernest Barker, *op. cit.*

25 Millin, *op. cit.*, p. 175.

26 這種誤用很有可能源自於英國在南非的統治歷史，並可以追溯到當地行政官羅德斯與詹森使倫敦的「帝國主義政府」，在對抗波耳人的戰爭中大力反對其意圖的時代。「實際上，羅德斯或詹森乃是面積三倍於英格蘭的領土

的絕對統治者，其管理無需等待上層特使充滿妒忌的批准或文雅的譴責，雖然後者乃是那個僅僅維持『名義上的控制』的帝國主義政府的代表。」（Reginal Ivan Lovell, *The Struggle for South Africa, 1875–1899*, New York, 1934, p. 194.）而且在那些英國政府將司法權授權給已喪失了民族國家的所有傳統與憲政限制的當地歐洲人的領土上，發生的事情可以很好地展現在南非聯邦自獨立以來，也就是自「帝國主義政府」已不再有任何權利予以干涉以來，所發生的悲劇故事中。

27 在這方面，一九〇八年五月Charles Dilke與殖民大臣在下議院進行的討論是很有趣的。Dilke反對授予直轄殖民地以自治權，因為這會導致由白人移民通知其有色工人。他被告知原住民也在英國下議院有一個代表席位。參見G. Zoepfl, "Kolonien und Kolonialpolitik" in *Handwörterbuch der Staatswissenschaften*。

28 Lawrence J. Zetland, *Lord Cromer*, 1923, p. 224.

29 A. Carthill, *The Lost Dominion*, 1924, pp. 41–42, 93.

30 在T. E. Lawrence為《觀察家報》（一九二〇）寫的一篇文章〈法國、英國與阿拉伯人〉中，對我們詳盡描繪了近東地區「平亂」的一個例子：「起初阿拉伯人獲得了勝利，而英國的增援部隊則作為懲罰性力量出征。他們以他們的方式與反抗者作戰，後者同時被炮兵、戰機、炮艦所炮轟。最終或許會有一座村莊被燒毀，而該地區獲得平定。古怪的是，我們在這些時機並未使用毒氣。轟炸房屋只是一種會傷及婦女、兒童的湊合方式……使用毒氣攻擊，可以將叛亂區域的所有人口一掃而空；而且作為一種治理方法，這也不會比現行制度更不道德。」參見其書信*Letters*, edited by David Garnett, New York, 1939, pp. 311 ff.

31 在另一方面，一九一〇年殖民大臣B. Dernburg不得不提出辭呈，因為他為了保護原住民而與殖民地的移民對抗。參見Mary E. Townsend, *Rise and Fall of Germany's Colonial Empire*, New York, 1930，以及P. Leutwein, *Kampfe um Afrika*, Luebeck, 1936.

32 這是馬達加斯加的前地方長官兼貝當好友Leon Cayla的說法。

33 有關這一問題以及下面的論述，請對照第二章。

34 有趣的是，帝國主義發展過程的所有早期觀察者們都十分強烈地強調猶太元素，而它在更晚近的文獻中卻很少扮演任何角色。尤其值得注意的是J. A. Hobson在此方面的研究進展，因為他的觀察十分可靠，其分析也十分誠實。在有關這一主題的第一篇論文〈南非的資本主義與帝國主義〉（*Contemporary Review*, 1900）中，他寫道「大部分（金融家）是猶太人，因為猶太人是典型的國際金融家，而且即便是說英文，他們大部分人也擁有歐陸血統……他們去那裡（川斯瓦）是為了錢，而那些較早到來且已打撈一筆的人則已大多隱退，只在其犧牲品的屍體上留下了他們的利齒。他們牢牢掌握著蘭特（譯按：南非貨幣）……正如他們已準備要掌握全球的所有其他據點…他們主要是金融投機者，他們並不是從工業（甚至是他國工業）的真正成果中獲利，而是從公司的建設、推廣與金融操控中獲利。」然而在Hobson後來的研究《帝國主義》中，猶太人甚至沒有被提到；與此同時變得顯而易見的是，他們的影響力與地位只是暫時的，而且或多或少只是表面上的。

有關猶太金融家在南非扮演的角色，參見第七章。

35 以下所有引文如未註明，則皆參照《利維坦》。

36 有重大意義的是，這種兩者等同的做法，正與極權主義假裝已取消了私人利益與公共利益之矛盾的做法相一致（參見第十二章）。然而我們不應忽略這一事實，即霍布斯想要大部分人來保衛私人利益，他通過假裝它們也是政治體的利益來達成這一點，而極權體制則相反地宣稱私有性並不存在。

37 將機運提升到整個生活的最終決定者位置的這種做法，在十九世紀獲得了充分的發展。伴隨而來的是新文學類型小說的出現與戲劇的衰落。因為戲劇在這個沒有行動的世界已變得毫無意義，而小說則能夠恰當地安置那些人的命運，他們不是必然性的受害者就是好運的寵兒。巴爾扎克充分展現了這種新類型，並將人類激情呈現為人的命運，其中所涉者既非美德亦非惡習，既非理性亦非自由意志。唯有充分成熟、且詮釋／再詮釋了所有人類事務的小說，才能宣揚這種迷戀自身命運的新福音，後者已在十九世紀的知識分子心中扮演了重要角色。藝術家與知識分子試圖通過這種迷戀，在他們與市儈們之間劃出界線，保護他們免受好運或厄運之非人性的傷害，而且他們發展出了現代感受性的所有秉賦（忍受、理解、扮演指定角色）：人類尊嚴極度需要它們，而且要求人至少要充當一個有意願的受害者。

38 當前流行的有關世界政府的自由主義觀念，就像所有有關政治權力的自由主義觀念一樣，都同樣建立在個體服從一個「威嚇所有人」的中央權威的基礎上，只是如今國家取代了個體的位置。世界政府將會打敗並消滅真正的政治，而真正的政治本該是不同族群的人民藉其權力的充分力量來彼此相處。

39 Walter Benjamin, “Über den Begriff der Geschichte,” *Institut fur Sozlalforschung*, New York, 1942，油墨印件。帝國主義者自己完全有意識到他們的進步概念的意涵。來自印度行政機構的一位極具代表性的作者，以A. Carthill的化

名寫道：「人們總是必須為那些被進步的凱旋戰車碾過的人感到抱歉。」（*op. cit.*, p. 209）

40 「這些機構為侵略性的國外政策提供了最清楚、最自然不過的支持；帝國擴張通過為其子女們提供榮譽而有利可圖的職位，而向貴族與職業階級提出了強烈的訴求。」（J. A. Hobson, "Capitalism and Imperialism in South Africa," *op. cit.*）「畢竟是不顧政治聯姻、不計個人經濟利益的愛國教授與共和主義者們」發起了「七〇年代與八〇年代早期國外的帝國主義衝鋒。」（Hayes, *op. cit.*, p. 220）

41 有關這一主題以及接下來的論述，可參見J. A. Hobson, *Imperialism*，他早在一九〇五年就對其經濟驅動力量與動機、乃至其政治意涵，進行了出色的分析。當在一九三八年他的早期研究出版時，Hobson能夠在為一個毫無改動的文本撰寫導論之際合理地表明，他的書足以證明「今日的主要危險與動亂都潛藏在一個世代前的世界，並且可在其中辨識出來……」

42 關於六〇年代發生在英國、七〇年代發生在歐陸的嚴重危機與帝國主義之間的明顯關聯，Hayes（*op. cit.*）僅僅在一個註腳中有所提及（p. 219），而Schuyler（*op. cit.*）則相信「移民興趣的復興在帝國主義運動的初始階段乃是重要因素」，而這種興趣是由「英國貿易與工業的一場持續到六〇年代末的嚴重蕭條」所引發的（p. 280）。Schuyler也花費一些筆墨描寫了「維多利亞時代中期強大的反帝國主義情緒」。不幸的是，Schuyler並沒有在國協與帝國之間做出區分，即便討論前帝國主義的材料時本來會很容易提出這樣的區分。

43 Rosa Luxemburg, Die Akkumulation des Kapitals, Berlin, 1923, p. 273.

44 對於帝國主義「忽然再度使用資本主義財富的原始累積方法」這一事實的意涵，Rudolf Hilferding在*Das*

Finanzkapital（Wien, 1910, p. 401）雖有所提及，但並未進行分析。

45 根據盧森堡對於帝國主義政治結構的傑出洞見（*op. cit.*, pp. 273 ff., pp. 361ff.），「資本累積的歷史過程在所有方面上都仰賴非資本主義社會階層的存在」，因此「帝國主義乃是資本累積為了競爭到非資本主義世界剩餘者的領地，而採取的政治表達方式」。資本主義對於非資本主義的這種根本依賴性，遍布於帝國主義的所有其他面向的基礎之中，這或許可以被解釋為過度儲蓄與分配不均的結果（Hobson, *op. cit.*），或解釋為過度生產與隨之而來的新市場需求的結果（列寧《帝國主義，資本主義的最後階段》，1917年），或解釋為原材料的供給不足的結果（Hayes, *op. cit.*），抑或是為了平等化國家利潤率而進行資本輸出的結果（Hilferding, *op. cit.*）。

46 根據Hilferding（*op. cit.*, p. 409, note）的說法，英國的國家收入從一八六五年到一八九八年翻了一倍，而源自國外投資的收入則增長了九倍。他認為德國與法國的國外投資即便不那麼引人注目，但也有類似的增長。

47 法國方面可參見George Lachapelle, *Les Finances de la Troisième République*, Paris, 1937, and D. W. Brogan, *The Development of Modern France*, New York, 1941. 德國方面可對照如下有趣的當代見證：Max Wirth, *Geschichte der Handelskrisen*, 1873, chapter 15, and A. Schaeffle, “Der ‘grosse Boersenkrach’ des Jahres 1873” in *Zeitschrift für die gesamte Staatswissenschaft,* 1874, Band 30.

48 J. A. Hobson, “Capitalism and Imperialism,” *op. cit.*

49 參見Hilferding, *op. cit.*, p. 406。「於是所有在異國擁有既得利益利益的資本家都要求強大的國家力量……外輸資本只有在本國國家權力完全統治新地域時才最感安全……只要有可能，其利潤就應該由國家來保護。因此資本

的輸出青睞帝國主義政策。」頁423：「當國家的政治權力變成為世界市場的金融資本服務的競爭工具，布爾喬亞對於國家的態度當然也就經歷了徹底的轉變。布爾喬亞在它與經濟上的重商主義與政治上的專制主義鬥爭時，曾與國家敵對……至少在理論上，經濟生活將完全免於國家干涉；國家在政治上將自身限於保衛安全、建立國民平等的範圍內。」頁426：「然而對擴張主義政策的渴望在布爾喬亞的頭腦中引發了一場革命性變動。他們不再秉持和平主義與人文主義了。」頁770：「在社會上，擴張乃是維繫資本主義社會的關鍵條件；在經濟上，它是維繫利潤率並使其暫時增長的條件。」

50 這些動機在德國的帝國主義中尤其顯著。在泛德意志聯盟（成立於一八九一年）最初開始活動時，就曾努力阻止德國的移民轉變其公民身份，而威廉二世最初的帝國主義演說，則發表在帝國建立二十五週年的慶典上，其中包含如下典型段落：「德意志帝國已成為一個世界帝國。我們數以千計的同胞生活在各個地方，生活在地球上的遙遠地域……紳士們，幫助我將這個更大的德意志帝國與我們的本土國家統合起來，乃是你們莊嚴的責任。」也可對照註解10中J. A. Froude的陳述。

51 E. H. Damce, *The Victorian Illusion*, London, 1928, p. 164：「非洲從未被納入撒克遜領土的路線，也未曾進入帝國歷史的專業哲學家們的視野，如今卻成為了大英帝國主義的文化溫床。」

52 參照Millin, *op. cit.*

53 「海軍政策的支持者是自由派，而非議會中的右派。」Alfred von Tirpitz, Erinnerungen, 1919. 也可參見 Daniel Frymann (pseud, for Heinrich Class), (*Wenn ich der Kaiser wär*, 1912：「真正的帝國主義政黨是國家自由黨。」

Frymann這個一戰期間出類拔萃的德國沙文主義者，甚至在保守主義方面認為：「保守派對種族學說漠不關心的氛圍也值得留意。」

54 Hobson, *op. cit.*, p. 61.

55 Hobson（*op. cit.*）是首位辨識出帝國主義與民族主義之間的根本對立，以及民族主義變成帝國主義之趨勢的人。他稱帝國主義為民族主義的敗壞，「在其中，各國將各種國族模式間健康的鼓勵性的競賽，轉變為競爭性帝國之間的有害鬥爭」（頁9）。

56 可參見第七章。

57 Hobson, *op. cit.*, pp. 146 ff. 「內閣對抗下議院的權力無疑已穩定、迅速地增強，而且看起來仍在增強」，一九〇一年Bryce在*Studies in History and Jurisprudence* (1901, I, 177)中指出。有關前板凳制度的運作方式，也可參見Hilaire Belloc and Cecil Chesterton, *The Party System*, London, 1911.

58 Curzon勳爵在紀念Cromer勳爵的石碑上這樣題辭。參見Lawrence J. Zetland, *Lord Cromer*, 1932, p. 362.

59 Sir Hesketh Bell, *op. cit.*, Part I, p. 300. 同樣的情緒也盛行於荷蘭的殖民行政機構中。「等待東印度行政官員去完成的乃是最高的任務、史無前例的人物……在這個隊伍、在這個履行荷蘭海外使命的精挑細選的團體中服務，應當被視為最高榮耀……」參見De Kat Angelino, *Colonial Policy*, Chicago, 1931, II, 129.

60 德國「殖民協會」主席Hohenlohe-Langenburg在一八八四年提出的說法。參見Mary E. Townsend, *Origin of Modern German Colonialism. 1871–1885*, 1921.

第六章　種族主義之前的種族思想

1 在德—俄互不侵犯協議期間，納粹宣傳部門停止了對「布爾什維克」的所有攻擊，但從未放棄種族路線。

2 "Lettres de Alexis de Tocqueville et de Arthur de Gobineau," in *Revue des Deux Monties*, 1907, Tome 199, Letter of November 17, 1853.

3 以「觀念史」的方式對種族思想進行的最佳歷史解釋，可參見Erich Voegelin, *Rasse und Staat*, Tuebingen, 1933.

4 關於十九世紀眾多相互衝突的觀點，可參見Carlton J. H. Hayes, *A Generation of Materialism*, New York, 1941, pp. 111–122.

5 「自七〇年代以來，Huxley就不再過問自己的科學研究，而是忙於扮演『達爾文的鬥犬』的角色，不斷對神學家們狂吠、啃咬」（Hayes, *op. cit.*, p. 126）。Ernst Haeckel在推廣科學成果方面的熱情，一點不遜色於他對科學本身的激情，晚近一位納粹作家H. Bruecher對此大為讚賞道「Ernst Haeckel乃我國思想界生物學的先驅者」，見*Nationalsozialistische Monatshefte* (1935, Heft 69.)。兩個更為極端的例子或許應該在此引用一下，以展現科學家能夠做到什麼地步。兩位都是在一戰期間寫作的口碑良好的科學家。德國藝術史學家Josef Strzygowski在其*Altai, Iran und Völkerwanderung* (Leipzig: 1917)一書中，發現北歐人種是由日耳曼人、烏克蘭人、亞美尼亞人、波斯人、匈牙利人、保加利亞人以及土耳其人所構成的（pp. 306-307）。巴黎藥學會不僅刊登了一篇在日耳曼種族上發現「特別純種」與「特殊體味」的報導，還提出了日耳曼人種的尿液分析；據說從日耳曼人的尿液中「發現」百分之二十的無尿氮，而其他種族則只有百分之

十五。參見Jacques Barzun, *Race*, New York. 1937, p. 239.

6 這種因果倒置部分是由於，研究者們熱心地想要處理每一個提及種族的單一案例。從而他們就某些相對無害的作者錯當成貨真價實的種族主義者了，實則對於這些作者來說，用種族來進行解釋只是一種可能且有時吸引人的觀點而已。這樣的觀點就其自身而言是無害的，卻被早期人類學家推進為研究的出發點。一個典型的例子就是Paul Broca，上個世紀中葉一位知名法國人類學家的天真假說。他假設「大腦與種族有關，而測量頭蓋骨的形狀則是獲知大腦容量的最佳方法」（參照Jacques Barzun, *op. cit.*, p. 162）。很顯然，這種設想若非是有某種有關人之本性的概念予以支持，就純然是荒誕不經的。

至於十九世紀早期的語言學家們，他們的「雅利安主義」這一概念已誘使幾乎所有種族主義研究者，將他們算入種族思想的宣揚者、乃至發明者之列，但他們其實是很無辜的。當他們跨越純粹研究的界線時，只是想要盡可能多地將相同文化的兄弟民族囊括進來。以Ernest Seilliere（*La Philosophie de l'lmpérialisme*, 4 vols., 1903–1906）的話來說：「這裡存在一種酒醉狀態：現代文明相信自己已經恢復了血統……一種有機主義誕生了，它以同樣的博愛擁抱所有語言與梵文有親緣關係的民族。」（Preface, Tome I, p. xxxv.）換言之，這些人仍處於十八世紀的人文主義傳統中，並共同擁有對陌異民族、異域文化的熱情。

7 François Hotman，著有*Frunco-Callia*一書的一位十六世紀法國作家，有時就被認為是十八世紀種族學說的先行者，例如by Ernest Seillière, *op. cit.* Théophile Simar則與這種誤解相反，他正確地辯護說：「Hotman看起來不像是條頓人的辯護者，而是像是被君主壓迫的人民的辯護者。」（*Etude Critique sur la Formation de la doctrine des*

Races au 18e et son expansion au 19e siècle, Bruxelles, 1922, p. 20）

8 *Histoire de l'Ancien Gouvernement de la France*, 1727, Tome I, p. 33.

9 布蘭維勒伯爵的歷史觀乃是用以對抗第三等級的政治武器，這種說法始於孟德斯鳩（Esprit des Lois,1748, XXX, chap. x）。

10 *Les Origines de l'Ancien Gouvernement de la France, de l'Allemagne et de l'Italie*, 1789.

11 Seillière, *op. cit.*, p. xxxii.

12 參見René Maunier, *Sociologie Coloniale*, Paris, 1932, Tome II, p. 115.

13 Montlosier甚至在流亡期間都還與法國警察總長Fouché維持著密切聯繫，後者幫助他改善了難民的糟糕財務狀況。之後，他在法國社會中作為祕密代理人為拿破崙服務。參見Joseph Brugerette, *Le Comte de Montlosier*,1931, and Simar, *op. cit.*, p. 71.

14 《什麼是第三等級》（1789）出版於大革命爆發前不久。譯文參照J. H. Clapham, *The Abbé Siéyès*, London, 1912, p. 62.

15 Seilliere（*op. cit.*,p. ii）觀察到「歷史雅利安主義發源於十八世紀的封建主義，並在十九世紀得到日耳曼主義的支持」。

16 *Lettres sur l'histoire de France* (1840).

17 這樣的例子有施萊格爾*Philosophische Vorlesungen aus den Jahren 1804–1806*, II, 357。同樣的狀況可見於Ernst

Moritz Arndt。參見 Alfred P. Pundt, *Arndt and the National Awakening in Germany*, New York, 1935, pp. 116 f. 甚至連費希特這位人們最喜歡拿來當作德國種族思想的現代替罪羊的人，也很少有跨越民族主義的界限。

18 Joseph Goerres, in *Rheinischer Merkur*, 1814, No. 25.

19 In *Phantasien zur Berichtigung der Urteile Uber künftige deutsche Verfassungen*, 1815.

20 「雜交動物沒有真正的繁殖能力；混血民族也沒有自身的民間繁衍能力……人類的祖先已經死去，原初的種族已然滅絕。這是就是為何每一個瀕死的民族都是人類的不幸……人類的高貴無法在一個民族身上表現出來。」（*Deulsches Volkstum*, 1810）

同樣的情況體現在 Goerres 身上，他雖然對於民族有著自然主義的定義（「所有民族成員乃是藉由血緣的共同紐帶聯繫在一起的」），卻依循著真正的民族原則：「沒有任何民族有權利支配另一個民族」（*op. cit.*）。

21 *Blick aus der Zeit auf die Zeit*, 1814.—Translation quoted from Alfred P. Pundt, *op. cit.*

22 E. M. Arndt 在其 *Erinnerungen aus Schweden* (1818, p. 82.) 中寫道：「直到奧地利與普魯士在徒勞的戰鬥中失敗後，我才真正開始熱愛德意志……隨著德意志屈從於征服與統治，這種愛對我而言就變得唯一而不可消解。」譯文參照 from Pundt, *op. cit.*, p. 151.

23 “Neue Fragmentcnsammlung” (1798) in *Schriften*, Leipzig, 1929, Tome II, p. 335.

24 有關德國浪漫主義的態度，可參見 Carl Schmitt, *Pohtische Romantik*, Munchen, 1925.

25 Mussolini, “Relativismo e Fascismo,” in *Diuturna*, Milano, 1924. 譯文參照 F. Neumann, *Behemoth*, 1942, pp. 462–463.

26 參見自由派作家Buchholz反對貴族的有趣小冊子*Untersuchungen ueber den Geburtsadel*（Berlin, 1807, p. 68）：「真正的貴族是不能被放棄或奪走的，因為就像權力與天才一樣，它設立自身並自力生存著。」

27 Clemens Brentano, *Der Philister vor, in und nach der Geschichte*, 1811.

28 "Entwurf eines Friedenspaktes." In Gerhard Ramlow, *Ludwig von der Marwitz und die Anfänge konservativer Politik und Staatsauffassung in Preussen*, Historische Studien, Heft 185, p. 92.

29 Sigmund Neumann, *Die Stufen des preussischen Konservatismus*, Historische Studien, Heft 190, Berlin, 1930. Especially pp. 48, 51, 64, 82. For Adam Mueller, see *Elemente der Staatskunst*, 1809.

30 譯文參照*The Inequality of Human Races*, translated by Adrien Collins, 1915.

31 參見Robert Dreyfus, "La vie et les prophéties du Comte de Gobineau," Paris, 1905, in *Cahiers de la quinzaine*. Ser. 6, Cah. 16, p. 56.

32 *Essai*, Tome II, Book IV, p. 445, and the article "Ce qui est arrivé à la France en 1870," in *Europe*, 1923.

33 J. Duesberg, "Le Comte de Gobineau," in *Revue Générale*, 1939.

34 參見法語評論雜誌*Europe*（1923）的戈比諾紀念專號。尤其是Clément Serpeille de Gobineau的文章"Le Gobinisme et la pensée moderne."「直到戰爭中期，我才想到《種族不平等論》源自一個有創造力的假說，這是唯一可以解釋某些正在我們眼前發生的事件的東西……我驚訝地注意到這個觀點幾乎被人們毫無異議地共享著。戰後，我發現戈比諾的著作幾乎成了整個年輕一代的啟示錄。」

35 *Essai*, Tome II, Book IV, p. 440 and note on p. 445：「祖國」詞，只有在高盧羅馬群體崛起並承擔起政治角色時，才會重獲意義。伴隨著他們的勝利，愛國主義將再度成為一種美德。」

36 參見Seillière, *op. cit.*, Tome I: *Le Comte de Gobineau et l'Aryanisme historique*, p. 32：「在《不平等論》中，德意志不太是日耳曼，大不列顛還更日耳曼的多……當然，戈比諾後來改變了想法，但是在成功的影響之下。」有趣的是，對於戈比諾主義的忠實信徒Seillière來說，成功似乎構成了戈比諾忽然修改其觀點的重要原因。

37 例子可以舉出很多。此處引用取自Camille Spiess, *Impérialismes Gobinisme en France*, Paris, 1917.

38 有關Tainede立場，可參見John S. White, "Taine on Race and Genius," in *Social Research*, February, 1943.

39 按照戈比諾的觀點，閃米特人乃是白色混血種族，因與黑色人種混血而變得不純。有關赫南的觀點，可參見*Histoire Générale et Système comparé des Langues*, 1863, Part I, pp. 4, 503, and *passim*. 同樣的區分參見*Langues Sémitiques*, I, 15.

40 這已很好地揭露在Jacques Barzun, *op. cit.*

41 這位令人訝異的紳士，正是知名作家、歷史學家Elie Faure, "Gobineau et le Probleme des Races," in *Europe*, 1923.

42 *Reflections on the Revolution in France,* 1790, Everyman's Library Edition, New York, p. 8.

43 *Liberty, Equality, Fraternity,* 1873, p. 254. For Lord Beaconsfield see Benjamin Disraeli, *Lord George Bentinck*, 1853, p. 184.

44 對於這種內在的為難狀態，一個重要且較為溫和的反應可以在十八世紀的許多旅行報導中發現。伏爾泰認為其

重要性足以讓他在*Dictionnaire Philosophique*中做一個特別註解：「此外，我們已看到居住在這個星球的各種族之間是多麼不一樣，而黑人與白人之間首次相遇的驚訝會是多麼巨大。」(Article: *Homme*)

45 *Histoire Naturelle*, 1769–89.

46 *Op. cit.*, letter of May 15, 1852.

47 *Allgemeine Kulturgeschichte der Menschheit*, 1843–1852.

48 A. Carthill, *The Lost Dominion*, 1924, p. 158.

49 參見Friedrich Brie, *Imperialistische Strömungen in der englischen Literatur*, Halle, 1928.

50 可參見Otto Bangert, *Gold oder Blut*, 1927.「因此文明可以永恆，」p. 17.

51 In *Lebenswunder*, 1904, pp. 128 ff.

52 在演化主義披上科學的外衣之前差不多一百年，對於當時仍停留在純粹想像階段的瘋狂，就已經出現了對內在於其中的後果的預先警告。伏爾泰不止一次玩弄演化論式的觀點，主要參見"Philosophie Générale: Métaphysique, Morale et Théologie," *Oeuvres Complètes*, 1785, Tome 40, pp. 16ff. 在他的*Dictionnaire Philosophique*, Article "Chaîne des Etres Créés,"中，他寫道：「起初，對於從混亂的質料轉變成有組織的治療、從植物變成植物型動物、從植物型動物變成動物、從動物變成人、從人變成靈體、從具有小小氣身的靈體變成非物質的實體；最總變成神本身……但是最高存有所創造的最完美的精神，是否可以成為神呢？在他與神之間不是橫亙著某種永恆嗎？……在猴子與人之間不是明顯存在著一片空白嗎？」

53 Hayes, *op. cit.*, p. 11. Hayes正確地強調，在所有這些早期唯物主義者身上存在強大的實踐道德。他用「後來的社會學家所描述的時間差」，來解釋「道德與信念之間的這種奇特分離」。然而這一解釋也會顯得非常薄弱，只要人們想到其他像是德國的Haeckel或法國的Vacher de Lapouge這樣的唯物主義者，都為宣傳活動而離開了平靜的研究生活，他們就並沒有強烈感受到這樣的時差；在另一方面，他們同時代的沒有沾染其唯物主義學說的人，像是法國的Barrés and Co.，則是在德雷福事件期間橫掃法國的邪惡獸性的實踐追隨者。道德準則在西方世界的忽然衰敗，似乎不太是某種「觀念」的自動發展結果，而是更多地源自於遭遇了發狂、混亂的人性的，一系列新政治事件、新政治社會問題。

54 這正是Fr. Galton被廣泛閱讀的著作（出版於一八六九年）的標題，它在接下來的數十年間引發了圍繞同一主題的文學浪潮。

55 "A Biological View of Our Foreign Policy" 由P. Charles Michel刊登於*Saturday Review*, London, February, 1896. 這方面最重要的著作有：Thomas Huxley, *The Struggle for Existence in Human Society*, 1888. 他的主要論點是：只要出生率無法控制，文明的衰落就是必然的。Benjamin Kidd, *Social Evolution*, 1894. John B. Crozier, *History of Intellectual Development on the Lines of Modern Evolution*, 1897–1901. Karl Pearson (National Life, 1901)，倫敦大學的優生學教授，是最早將進步形容為某種會吞噬所遇一切的無人格怪獸的人之一。Charles H. Harvey則在*The Biology of British Politics*（1904）中主張，通過嚴格控制民族內的「生命鬥爭」，一個民族可以在為生存而與其他民族進行的不可避免的鬥爭中，成為最為強大者。

56 尤其參見K. Pearson, *op. cit.* 但Galton已指出：「我希望指出這一事實，人類未來世代自然秉賦的培育，已大大處於我們的控制之下。」（*op. cit.*, ed. 1892, p. xxvi）

57 *Testament of John Davidson*, 1908.

58 C. A. Bodelsen, *Studies in Mid-Victorian Imperialism*, 1924, pp. 22 ff.

59 E. H. Damce, *The Victorian Illusion,* 1928. "Imperialism began with a book . . . Dilke's Greater Britain."

60 "Two Lectures on South Africa," in *Short Studies on Great Subjects*, 1867–1882.

61 C. A. Bodelsen, *op. cit.*, p. 199.

62 In his *Discours sur l'Ensemble du Positivisme*, 1848, pp. 384 ff.

63 「我們應該在亞洲實行權力與影響力：進而影響到西歐」（W. F. Monypenny and G. E. Buckle, *The Life of Benjamin Disraeli, Earl of Beaconsfield,* New York, 1929, II, 210）。但是「即便歐洲因其短視而陷入低落衰竭的狀態，英國也仍有有著輝煌的未來」（*Ibid.*, I, Book IV, ch. 2）。因為「英國已不再僅僅是一個歐洲強權……比起歐洲強權，她已更加是一個亞洲強權」（*Ibid.*, II, 201）。

64 Burke, *op. cit.*, pp. 42–43：「下議院的權力確實很大，它或許會能維持大權很久……只要它能夠防止印度毀法者變成英國立法者，那麼它就能做到。」

65 Sir James F. Stephen, *op. cit.*, p. 253, and *passim*; see also his "Foundations of the Government of India," 1883, in *The Nineteenth Century*, LXXX.

66 有關迪斯雷利的種族主義，請參照第三章。

第七章　種族與官僚體系

1 康拉德，〈黑暗之心〉，收於*Youth and Other Tales* (1902)，這是在非洲的實際種族經驗方面最有啟發性的作品。

2 參照Carlton J. Hayes, *A Generation of Materialism*, New York, 1941, p. 338. 比利時的Leopold II無疑是一個甚至更糟的案例，他要為非洲歷史上最黑暗的篇章負責。「只有一個人應該為（剛果）使原住民人口在一八九〇到一九一一年間，從兩千到四千萬減少至八百五十萬的暴行而受到譴責，他就是Leopold II」。參見Selwyn James, *South of the Congo*, New York, 1943, p. 305.

3 參見A. Carthill's description of the "Indian system of government by reports" in *The Lost Dominion*, 1924, p. 70.

4 需要留意的是，美國與澳大利亞的殖民過程由於原住民在數量上的弱勢，而伴隨著相對較短的殘忍滅絕階段，然而「在理解現代南非社會的起源時，最重要的就是要瞭解到，好望角範圍之外的土地並非澳大利亞移民到來之前的那種開放之地。它已是一個定居區域，由大量班圖人民所居住」。參見C. W. de Kiewiet, *A History of South Africa, Social and Economic* (Oxford, 1941), p. 59.

5 「遲至一八八四年，英國政府仍希望降低它在南非的權威與勢力」（De Kiewiet, op. cit., p, 113）。

6 下面這個在一九二四年到一九二八年間，從英國移入與從南非移出的統計表格顯示出，英國人比其他國家移民有著更強的離開該國的傾向，除了一年例外，每年離開該國的英國人都比進入的多：

年份	英國移入者	總移入者	英國移出者	總移出者
1924	3.724	5.265	5.275	5.857
1925	2.400	5.426	4.019	4.483
1926	4.094	6.575	3.512	3.799
1927	3.681	6.595	3.717	3.988
1928	3.285	7.050	3.409	4.127
Total	17.184	30.911	19.932	22.254

這些表格參照 Leonard Barnes, *Caliban in Africa. An Impression of Colour Madness*, Philadelphia, 193[illegible], p. 59, note.

7 J. A. Froude, "Leaves from a South African Journal" (1874), in *Short Studies on Great Subjects*, 1867–1832, Vol. IV.

8 *Ibid.*

9 參照 Paul Ritter, *Kolonien im deutschen Schrifttum*, 1936, Preface.

10 Selbourne爵士在一九〇七年寫道：「南非白人所開闢的道路，之前很少有民族曾嘗試過，也沒有一個曾成功過。」參見 Kiewiet, *op. cit.*, chapter 6.

11 尤其可參見 Kiewiet, *op. cit.* 第三章。

12 「奴隸與霍屯督人共同在殖民者的思想與習性上，引發了令人矚目的改變，因為氣候與地理條件並非形塑波耳種族的特性的唯一因素。奴隸與旱災，霍屯督人與隔絕，廉價勞力與土地，這些結合起來創造出了南非社會的制度與習慣。強壯的荷蘭人與胡格諾教徒所生的子女們，都學會了蔑視這片土地的勞動，都將所有艱苦的體力

勞動視為勞役種族的功能。」（Kiewiet, *op. cit.*, p. 21）

13 參見James, *op. cit.*, p. 28.

14 「南非真正的殖民歷史描繪的並非歐洲人定居的成長過程，而是一個由不同種族、膚色、文化程度所構成的全新的獨特社會的成長，其中充滿了種族傳統間的衝突與不平等社會全體之間的對抗」（Kiewiet, *op. cit.*, p. 19）。

15 Kiewiet, *op. cit.*, p. 19.

16 「（波耳人的）社會是叛逆的，但不是革命的」（*ibid.*, p. 58）。

17 「人們在提升奴隸、奴僕階級的生活水準或增加其機會方面，沒有做出多少努力。以這種方式，殖民地有限的財富就成為了白人的特權所有……因此南非很早就意識到，通過將種族與膚色的差異轉變為社會與經濟區分的措施，一個有自覺的群體或許就會逃離這個貧窮無望的土地上最糟的生活」（*ibid.*, p. 22）。

18 關鍵在於，比如「在西印度群島，這樣像在開普敦一樣的大量奴隸將會被視為財富的象徵與繁榮的源頭；然而「在開普敦，奴隸乃是懶惰經濟的象徵……其勞動力被極為浪費、低效地使用著」（*ibid.*）」。這正是引導Barnes（*op. cit.*, p. 107）以及許多其他觀察者得出以下結論的主要原因：「南非乃屬異國，不僅僅是在其立場明確非英國這種意義上，更在更徹底意義上基於其存在理由本身，它作為一種建立組織性社會的嘗試，與基督教國家的創建原則相對立。」

19 這對應的人數多達十六萬之多（Kiewiet, *op. cit.*, p. 181）。James（*op. cit.*, p. 43）則估計一九四三年貧困白人的數量為五十萬，這相當於整個白人人口的百分之二十。

20 「波耳人沒有能力或頑固拒絕學習農業科學的結果就是，貧窮的阿非利卡人過著跟班圖人相同水準的生活。波耳人也像班圖人一樣，喜歡從一個地區漫遊到另一個地區，耕種土地直到它不再肥沃，射殺野獸直到野獸絕跡」（*ibid.*）。

21 「他們的種族就是他們凌駕於原住民的優越頭銜，而從事體力勞動則於其種族尊嚴相衝突……在那些最去道德化的人身上，這樣的排斥退化為一種將特權視為權利的宣稱」（Kiewiet, *op. cit.*, p. 216）。

22 荷蘭歸正教會早已處在波耳人對抗開普敦基督傳教士勢力的戰鬥前線。然而在一九四四年，他們走出了更遠的一步，他們「毫無任何反對聲音」地採納了反對波耳人與說英文的公民同婚的運動。（根據開普敦時報，editorial of July 18, 1944. Quoted from *New Africa*, Council on African Affairs. Monthly Bulletin, October, 1944.）

23 Kiewiet（*op. cit.*, p. 181）提到「種族優越性的學說出自聖經，並因十九世紀對達爾文理論的流行詮釋而得到加強」。

24 「舊約的神對他們而言，幾乎就像其對於猶太人一樣乃是一種民族形象……我回憶起在開普敦值得紀念的一幕，當時一個魯莽的英國人偶然與三或四個荷蘭人一起用餐，他冒險提出他的觀察說，基督並非歐洲人，而且從法理上來說，他在南非聯邦會是一個非法移民。荷蘭人聽了震驚不已，幾乎要從椅子上掉下來」（Barnes, *op. cit.*, p. 33）。

25 「對於波爾農民來說，原住民的隔離與退化乃是上帝的旨意，若主張相反觀點就是犯罪與褻瀆」（Norman Bentwich, "South Africa. Dominion of Racial Problems." In *Political Quarterly*, 1939, Vol. X, No. 3）。

26 「對於波耳人來說，傳教士乃是主要叛徒，白人居然站在黑人一邊來對抗白人」（S. Gertrude Millin, *Rhodes*, London, 1933, p. 38）。

27 「由於缺乏藝術、建築與文學，他們完全仰賴他們的農田、聖經及血統來將自身全然對立與原住民與外來者」（Kiewiet, *op. cit.*, p. 121）。

28 「真正的移民先驅（Vortrekker）厭惡疆界。當為殖民地及其內部的農場固定疆界時，就把某種東西從他那裡奪走了……當然他們最好是穿過邊界，去往有水與自由土地的地方，那裡沒有英國政府來禁止流浪法則，也沒有白人會被傳喚到法庭來回應其奴僕的抱怨」（*Ibid.*, pp. 54-55）。「牛車大遷徙，殖民史上一場獨一無二的運動」，（p. 58）「乃是更密集的移民政策的挫敗。要求用加拿大所有的整個區域來移入十戶人家的措施，被延用到整個南非。它使在不同定居區域內白人與黑人的分隔不再可能……通過把波耳人帶離英國法律的管轄範圍，牛車大遷徙使他們得以建立與原住民的『適當』關係」（p. 56）。「在後來，牛車大遷徙不僅僅成為一種抵抗，更成為了對抗英國行政管理的反叛，成為了二十世紀盎格魯—波耳種族主義的奠基石」（James, *op. cit.*, p. 28）

29 在一九三九年，全南非聯邦的人口約有九百五十萬，其中七百萬是當地土著，兩百五十萬是歐洲人。後者中有超過一百二十五萬是波耳人，三分之一是英國人，還有十萬猶太人。參見Norman Bentwich, *op. cit.*

30 J. A. Froude, *op. cit.*, p. 375.

31 Kiewiet, *op. cit.*, p. 119.

32 Froude, *op. cit.*, p. 400.

33 Kiewiet, *op. cit.*, p. 119.

34 「豐饒的雨水與牧草之於紐西蘭綿羊，大量廉價的牧草地之於澳大利亞羊毛，肥沃的阿克爾大草原之於加拿大小麥，正如廉價的當地勞動力之於南非金礦業與工業」（Kiewiet, *op. cit.*, p. 96）。

35 J. A. Froude, *ibid.*

36 「金礦是聯邦的命脈……一半人口直接或間接靠金礦業維持生計，而且有一半的政府財政也直接或間接源自於金礦」（Kiewiet, op. cit., p. 155）。

37 參見Paul H. Emden, *Jews of Britain, A Series of Biographies*, London, 1944, chapter "From Cairo to the Cape."

38 然而Kiewiet (*op. cit.*, pp. 138–39)也提到另「一種形勢」：「英國政府對川斯瓦政府做出的任何安全讓步或改革，都使它無可避免地成為了黃金巨頭……大不列顛為資本與金礦的投資提供支持，無論這是否明確在唐寧街執行。」

39 「在波耳戰爭之前那個時代的英國政治人物，都在行為上有許多猶豫、逃避之處，這是因為英國政府在對於原住民的義務與對於白人社群的義務之間無法做出決斷……然而如今波耳戰爭強迫他們要在原住民政策上做出決定。基於和平考量，英國政府承諾在額外的共和國被賦予自治之前，它不會試圖改變原住民的政治地位。在這個重大決定中，英國政府從其人道主義立場退縮，並讓波爾領袖們在標誌其戰敗的和平協議上贏得了獨有的勝利。大不列顛放棄對白人與黑人之間的致命關係進行管控。唐寧街已向前線投降。」（Kiewiet, *op. cit.*, pp. 143–44）

40 「認為阿非利卡人與南非的英語母語者仍然在如何對待原住民問題上不相一致，這是完全錯誤的觀念。相反地，這是他們少數達成一致的事情之一。」（lames, *op. cit.*, p. 47）

41 這大半要歸功於貝特的方法，他在一八七五年來此為一家漢堡公司購買鑽石。「在那之前，只有投機者會成為金礦業的股東，貝特的方法則吸引到了真正的投資人。」（Emden, *op. cit.*）

42 這方面非常典型的是，Barnato在他的生意被羅德斯集團吞併時的態度。「對Barnato而言，併購不過是他希望能藉以賺到錢的一項金融交易……因此他希望公司應該無關政治。然而羅德斯則不僅僅是個生意人……」這顯示出，當時他所想的「如果我接受了羅德斯所受的教育，那麼世界上就不會有羅德斯」（*ibid.*），是多麼錯誤。

43 請對照第五章，註34。

44 帝國主義在經濟方面的特徵乃是，國外投資上的利潤增長與國外貿易利潤的相對減少。據估計，一八九九年大不列顛的整個國外與殖民地貿易僅僅為她帶來一千八百萬英鎊的收入，而同年從國外投資所獲得的利潤則大約為九千萬或一億英鎊。參見J. A. Hobson, *Imperialism*, London, 1938, pp. 53 ff. 很顯然，比起單純的貿易，投資要求一種更有自覺的長期剝削政策。

45 十八世紀與十九世紀初的南非早期猶太移民都是冒險家；貿易商與零售商則在十九世紀中葉到來，其中最突出的人都轉向諸如捕魚、獵海豹、獵鯊魚（De Pass兄弟）以及鴕鳥飼養（Mosenthal家族）等產業。後來他們幾乎都被迫轉入金伯利的鑽石產業，然而在那裡他們從未取得過類似Barnato與Beit那樣的突出地位。

46 Ernst Schultze, "Die Judenfrage in Sued-Afrika," in *Der Weltkampf*, October, 1938, Vol. XV, No. 178.

47 Barnato將自己的股份賣給羅德斯，是為了被引介進金伯利俱樂部。據報導，羅德斯這樣對Barnato說：「這不僅僅是金錢交易。我建議讓你變成一名紳士。」Barnato享受了八年的紳士生活，然後自殺。參見Millin, *op. cit.*, pp. 14, 85.

48 「從一個猶太人（在此案例中是來自漢堡的貝特）到另一個猶太人的道路是好走的。羅德斯前往英國拜見羅斯柴爾德爵士，後者支持了他。」（*ibid.*）

49 Emden, *op. cit.*

50 「南非幾乎將它和平時期的所有產業能量都集中在黃金生產上。一般投資者也都會將資金投入黃金業，因為它能提供最快速、最巨大的回報。但是南非同樣也有大量的鐵礦、銅礦、石棉、錳礦、錫礦、鉛礦、鉑礦、鉻礦、雲母、石墨。這些連同煤礦以及一些生產消費品的工廠，被稱之為「次要」產業。投資大眾對它們的興趣有限。而這些次要產業的發展也不被黃金產業公司與政府鼓勵」（James, *op. cit.*, p. 333）。

51 James, *op. cit.*, pp. 111-112.「政府考慮到，這是一個讓私人雇主效法的好範例……而公眾意見則迅速迫使許多雇主的僱傭政策發生改變。」

52 James, *op. cit.*, p. 108.

53 我們在這裡可以再次在早期定居者與金融家之間發現明確差異，直到十九世紀末皆是如此。例如Saul Salomon一個熱愛黑人的開普敦議員，就是一個在十九世紀初定居南非的家族的後裔。Emden, *op. cit.*

54 在一九二四與一九三〇年之間，有一萬兩千三百一十九名猶太人移居到南非，同時只有四百六十一人遷離。如

果我們考慮到在扣除移出人口後同期的移民總數約為一萬四千兩百四十一人，那麼上述數據就是非常讓人震驚的（參見Schultze, *op. cit.*）。如果我們將這些數據與註6的移民表格對照，則會發現猶太人大約構成了二〇年代移居南非人口總數的三分之一，而他們與其他所有外邦人都形成強烈對比的是，他們都是永久定居；他們之中只有不到百分之二的人定期遷離。

55 「狂熱的阿非利卡民主主義領袖們探查出，南非聯邦存在十萬兩千名猶太人；其中大部分人是白領工人、工廠雇主、鞋店老闆或職業人員。猶太人對於南非次要產業（也就是金礦、鑽石礦之外的產業）的建設貢獻良多，尤其集中在服飾與家具製造業。」（James, *op. cit.*, p. 46）

56 *Ibid.*, pp. 67–68.

57 在十九世紀，有超過十萬名印度苦力輸入納塔爾的蔗糖種植業。隨後到來的是一九〇七年投入礦業的約五萬五千名中國勞工。在一九一〇年，英國政府命令遣返所有中國礦工，而在一九一三年則進一步禁止任何來自印度或其他亞洲地區的移工。在一九三一年，南非聯邦境內仍有十四萬兩千名亞洲人，他們被像非洲原住民一樣對待。（也可參見Schultze, *op. cit.*）

58 Barnes, *op. cit.*, p. 13.

59 Kiewiet, *op. cit.*, p. 13.

60 「當經濟學家宣稱更高的工資是一種恩惠，且保護勞動力是不經濟的，這一答案預設了如果白人中不幸的一部分人在現代生活中發現了確定的立足點，就該做出犧牲。」「但是自大戰結束以來，常規經濟學家不被注意的情

性也不僅是在南非發生……一整個時代見證了英國放棄了自由貿易，美國離棄了金本位，德意志帝國擁抱了專制……南非堅持其經濟生活必須以保障白人種族的統治地位的方式來組織，這並不算太過離譜。」（Kiewiet, *op. cit.*, pp. 224 and 245）

61 Rudyard Kipling, "The First Sailor," in *Humorous Tales*, 1891.

62 In *The Day's Work*, 1898.

63 Lawrence J. Zetland, *Lord Cromer*, 1932, p. 16.

64 Lord Cromer, "The Government of Subject Races" in *Edinburgh Review*, January, 1908.

65 柯曾爵士在克羅默紀念碑揭幕儀式上的演講。參見Zetland, *op. cit.*, p. 362.

66 參照克羅默的一首長詩。參見Zetland, *op. cit.*, pp. 17–18.

67 參照克羅默爵士寫於一八八二年的一封信。*Ibid.*, p. 87.

68 Lord Cromer, *op. cit.*

69 賄賂「在俄羅斯秩序的鐵絲網混亂中或許是最為人性的一種結構」。Moissaye J. Olgin, *The Soul of the Russian Revolution*, New York, 1917.

70 Zetland, *op. cit.*, p. 89.

71 參照克羅默爵士寫於一八八四年的一封信。*Ibid.*, p. 117.

72 參照一八八五年寫給自由黨黨員Granville爵士的一封信。*Ibid.*, p. 219.

73 參照一八八六年寫給Rosebery爵士的一封信。*Ibid.*, p. 134.

74 *Ibid.*, p. 352.

75 參照一八九三年寫給Rosebery爵士的一封信。*Ibid.*, pp. 204–205.

76 參照一八九三年寫給Rosebery爵士的一封信。*Ibid.*, p. 192.

77 參照一九〇四年後克羅默在議會的一場演講。*Ibid.*, p. 311.

78 在協調、考慮吞併蘇丹的行政模式期間，克羅默堅持讓這件事在法國的影響範圍之外進行；他這樣做不是因為他想要確保英國在非洲的壟斷地位，而更多的是因為他「對於他們的行政系統之適用於陳述種族，保持強烈的信心」（參照一八九九年寫給Salisbury的一封信，*Ibid.*, p. 248）。

79 羅德斯草擬了六份遺囑（最早的一份在一八七七年已完成），所有這些遺囑都提到了「祕密社團」。延伸性的引用，參見Basil Williams, *Cecil Rhodes,* London, 1921, and Millin, *op. cit.*, pp. 128 and 331. The citations are upon the authority of W. T. Stead.

80 眾所周知，羅德斯的「祕密社團」最終成為頗受尊敬的羅德斯獎學金基金會，如今不僅英國人，而且所有「北歐種族」的成員，諸如德國人、斯堪地納維亞人、美國人都可以申請。

81 Basil Williams, *op. cit.*, p. 51.

82 Millin, *op. cit.*, p. 92.

83 Cromer, *op. cit.*

84 參照克羅默爵士在一八八六年寫給Rosebery爵士的一封信。Zetland, *op. cit.*, p. 134.

85 「根據報導，印度的治理系統（在英國）是引人懷疑的。在印度沒有任何審判有陪審團，而法官則都是過往的支薪僕從，其中許多人都憑自己高興來改變決定……其中一些具備正式法律訓練的人對於印度實驗的成功，感到格外不安。他們說：『如果專制與官僚體系在印度運作得這麼好，那麼或許有一天它不就會被用來證明應該將同樣的制度引進這裡的主張了嗎？』」無論如何，印度政府「充分了解到它將不得不在英國公眾輿論面前，為自己的存在與政策辯護，而且它也很清楚公眾輿論將絕不會容忍壓迫」（A. Carthill, *op. cit.*, pp. 70 and 41–42）。

86 Harold Nicolson在他的*Curzon: The Last Phase 1919–1925*（Boston-New York, 1934）一書中講述了下述故事：「在法蘭德斯的戰線後方有一個大型釀酒廠，士兵們會在從戰壕返回時用那裡的大酒桶洗澡。有人曾帶柯曾去觀看這一但丁式的畫面。他興趣盎然地看著這數百具裸露的身軀在水氣中嬉戲。他說：『親愛的！我不知道底層階級居然有這麼白的皮膚』柯曾會否認這個故事的真實性，但絕對會喜歡它。」（pp. 47-48）

87 Carthill, *op. cit.*, p. 88.

88 T. E. Lawrence, *Seven Pillars of Wisdom*, Introduction (first edition, 1926)。該導言根據蕭伯納的建議而被從後來的版本中刪掉了。參見See T. E. Lawrence, *Letters*, edited by David Garnett, New York, 1939, pp. 262 ff.

89 參照一封寫於一九一八年的信，p. 244.

90 T. E. Lawrence, *Seven Pillars of Wisdom*, Garden City, 1938, chapter i.

91 *Ibid.*

92 要了解此過程必定會有多麼曖昧、困難，我們參考以下軼事中的描繪：「勞倫斯接受了一個Claridge那裡用餐的邀請，以及一個其後在Harry Lindsay夫人家的派對的邀請。他逃開了餐會，卻穿著阿拉伯服飾參加了派對。」這發生在一九一九年。*Letters*, p. 272, note 1.

93 Lawrence, *op. cit.*, ch. i.

94 勞倫斯在一九二九年寫道：「任何像我曾經那樣提升得那麼快速……並且已多次見識過世界頂點的內在樣貌的人，都會完全失去其欲求，並對行為的日常動機感到厭倦，後者直到他抵達頂峰之前都還能驅使他行動。我不是國王或首相，但我造就他們，或玩弄他們，自此之後，在這個方向已不再有多少事情值得我去做。」（*Letters*, p. 653）

95 *Ibid.*, pp. 244, 447, 450. 尤其可對照一九一八年的信 (p. 244) 與兩封於一九二三年 (p. 447)、一九二八年 (p. 616) 寫給蕭伯納的信。

96 蕭伯納在一九二八年詢問勞倫斯：「你的遊戲到底是什麼？」並提出說他在軍隊中的角色，或他尋求守夜人工作（他能夠「獲得好的參照」）的舉動都不是真實的。

97 Garnett, *op. cit.*, p. 264.

98 *Ibid.*, in 1924, p. 456.

99 *Letters*, in 1930, p. 693.

100 *Ibid.*, p. 693.

101 Lawrence, *op. cit.*, chapter I.

102 Millin, *op. cit.*, p. 15.

103 正如Thomas Watt先生，這位具有英國式體面的南非公民所說的。參見Barnes, *op. cit.*, p. 230.

第八章　大陸帝國主義：各種泛運動

1 希特勒在《我的奮鬥》（*Mein Kampf*, New York, 1939）中寫道：在維也納，「我已為一種普遍的世界概念與一種特定的政治思考方式，奠定了基礎，後來我只是在細節上完成它們而已，它們也從未捨我而去。」（p. 129）史達林在二戰期間重新擁抱了泛斯拉夫主義的宣傳口號。一九四五在索菲亞舉行的泛斯拉夫大會，由勝利的俄羅斯人召集，並通過了一項解決方案，其宣布「主張俄語既是所有斯拉夫國家進行普遍溝通的語言，也是官方語言，這不僅僅具有國際政治上的必要性，也有道德上的必要性。」（參見 *Aufbau*, New York, April 6, 1945.）不久前，巴爾幹廣播才剛播放了一則來自神聖巴爾幹教團的史蒂芬大主教的消息，他在其中呼籲俄羅斯人民「記起他們的彌賽亞使命」，並預言「斯拉夫人民的統一團結」即將到來。（參見 *Politics*, January, 1945.）

2 對於斯拉夫派的詳盡呈現及討論，可參見Alexandre Koyré, *La philosophie et le problème national en Russie au début du 19e siècle* (Institut Français de Leningrad, Bibliothèque Vol. X, Paris, 1929).

3 Ernst Hasse, *Deutsche Politik*. 4. Heft. *Die Zukunft des deutschen Volkstums*, 1907, p. 132.

4 *Ibid.*, 3. Heft. *Deutsche Grenzpolitik*, pp. 167–168. 在泛德意志聯盟的成員間，這種地緣政治理論廣為流傳。他們

總是會將德國的地緣政治需求與俄國的進行比較。而奧地利的泛日耳曼主義者則不會做出這樣的類比。

5 斯拉夫派作家Danilewski的著作*Russia and Europe* (1871) 已成為泛斯拉夫主義的經典之作，這位作家稱讚俄羅斯人的「政治才能」，因為他們具有千年歷史的國家至今仍在成長，而且其權力也沒有像歐洲強權那樣以殖民的方式擴張，而是始終圍繞其核心莫斯科發展。參見K. Staehlin, *Geschichte Russlands von den Anfangen bis zur Gegenwart*, 1923–1939, 5 vols., IV/1, 274.

6 參照波蘭出版家J. Slowacki在十九世紀四〇年代所寫的文字。參見N. O. Lossky, *Three Chapters from the History of Polish Messianism*, Prague, 1936, in International Philosophical Library, II, 9.

泛斯拉夫作為第一個泛主義（參見Hoetzsch, *Russland*, Berlin, 1913, p. 439），表述這些地緣政治理論的時間，幾乎比泛日耳曼主義開始「思考大陸」要早了四十年。英國式海洋權力與大陸權力之間的對立如此顯而易見，要尋找兩者間的相互影響將會是牽強附會。

7 Reismann-Grone, *Ueberseepolitik oder Festlandspolitik?*, 1905, in Alldeutsche Flugschriften, No. 22, p. 17.

8 泛德意志聯盟的Ernst Hasse建議，以海外帝國主義對待非歐洲大陸原住民的相同方式，來對待某些弱勢民族（如波蘭人、捷克人、猶太人、義大利人等等）。參見*Deutsche Politik*. 1. Heft: *Das Deutsche Reich als Nationalstaat*, 1905, p. 62. 這正是創立於一八六三年的泛德意志聯盟與早期的殖民社團（像是創立於一八六三年的the Central-Verein fur Handelsgeographie）之間的主要差別。有關泛德意志聯盟活動非常可靠的描繪，可參見Mildred S. Wertheimer, *The Pan-German League, 1890–1914*, 1924.

9 Emil Deckert, *Panlatinismus, Panslawismus und Panteutonismus in ihrer Bedeutung fur die politische Weltlage*, Frankfurt a/M, 1914, p. 4.

10 早在一戰之間，泛日耳曼主義者就已討論過「異國人」與「異族人」之間的差別，前者是具有日耳曼血統卻恰好生活在他國當局之下的人，後者則是不具有日耳曼血統卻恰好生活在德國的人。參見Daniel Frymann (pseud, for Heinrich Class), *Wenn ich der Kaiser war. Politische Wuhrheiten und Noiwendigkeiten*, 1912.

當奧地利被吞併進第三帝國時，希特勒向奧地利的德意志人發出了典型的泛日耳曼主義宣傳口號：「無論我們生在何方，我們都是德意志人民的子孫」。*Hitler's Speeches*, ed. by N. H. Baynes, 1942, II, 1408.

11 Th. G. Masaryk, *Zur russischen Geschichts- und Religionsphilosophie* (1913), 該書描寫了自Danilewski (p. 257) 以降斯拉夫派的「動物學民族主義」。泛德意志聯盟的官方歷史學家Otto Bonhard則指出，其意識形態與Gobineau和H. S. Chamberlain的種族主義有著密切關係。參見*Geschichte des alldeutschen Verbandes*, 1920, p. 95.

12 *Central Europe* (London, 1916) 的作者Friedrich Naumann是個例外，他想要用一個德國領導下的統一「經濟民族」，來取代中歐的眾多弱勢民族。即便他的書在一戰期間頗為暢銷，但它影響的僅僅是奧地利社會民主黨；參見Karl Renner, *Oesterreichs Erneuerung. Politisch-programmatische Aufsätze*, Vienna, 1916, pp. 37 ff.

13 「至少在戰前，大黨在外交事務上的興趣都完全被國內議題所掩蓋。泛德意志聯盟的態度則有所不同，這無疑是一種宣傳上的資產」（Martin Wenck, *Alldeutsche Taktik*, 1917）。

14 參見Paul Molisch, *Geschichte der deutschnationalen Bewegung in Oesterreich*, Jena, 1926, p. 90：事實上，「學生團

體絕不僅僅是在模擬一般的政治形勢；相反，強有力的泛日耳曼主義觀念大量出產自學生團體，從而找到它們進入一般政治領域的途徑」。

15 關於泛德意志聯盟成員的社會組成、其位置、執行人員等的材料，都可以在Wettheimer (*op. cit.*) 中找到。也可參見Lothar Werner, *Der alldeutsche Verband. 1890–1918*. Historische Studien. Heft 278, Berlin, 1935, and Gottfried Nippold, *Der deutsche Chauvinismus*, 1913, pp. 179 ff.

16 參照Hans Kohn, "The Permanent Mission" in *The Review of Politics*, July, 1948.

17 Danilewski (*op. cit.*) 的結論是，未來的俄羅斯帝國會囊括所有巴爾幹國家、土耳其、匈牙利、捷克斯洛伐克、加利西亞、伊斯特利亞半島以及的里雅斯德。

18 在十九世紀中葉寫作的斯拉夫派K. S. Aksakow，就像後來的泛斯拉夫主義者一樣十分精確地看待「神聖俄羅斯」這一官方名稱。參見Th. G. Masaryk, *op. cit.*, pp. 234 ff. 泛日耳曼主義典型的模糊謬論可參見Moeller van den Bruck, *Germany's Third Empire* (New York, 1934)，他宣稱：「只有一個帝國，正如只有一個教會。其他任何宣稱這一頭銜的或許是國家、社群或教派。帝國則是唯一的。」（p. 263）

19 George Cleinow, *Die Zukunft Polens*, Leipzig, 1914, II, 93 ff.

20 在克里米亞戰爭（一八五三到一八五六年）期間，民俗學家與文獻學家Michael Pagodin寫了一封信給沙皇，他在其中稱斯拉夫各民族為俄羅斯唯一可靠而強大的盟友（Staehlin, *op. cit.*, p. 35）；不久後，「俄羅斯帝國最偉大的締造者之一」，Nikolai Muravyev-Amursky將軍希望「將斯拉夫人從奧地利與土耳其解放出來」（Hans Kohn, *op.*

cit.）；早在一八七〇年就出現過一本軍事宣傳手冊，其中要求「將奧地利的崩解作為泛斯拉夫聯邦的一項必要條件」（參見Staehlin, *op. cit.*, p. 282）。

21 參見Otto Bonhard, *op. cit.*, pp. 58 ff., and Hugo Grell, *Der alldeutsche Verband, seine Geschichte, seine Bestrebungen, seine Erfolge*,1898, in Alldeutsche Flugschriften, No. 8.

22 根據一九一三年的奧地利泛日耳曼計畫，參照Eduard Pichl (al. Herwig), *Georg Schoenerer*, 1938, 6 vols., VI, 375.

23 當薛納爾在一八七六年懷著對俾斯麥的崇敬宣稱「作為一個強權的奧地利必須終結」（Pichl, *op. cit.*, I, 90）時，俾斯麥告訴他的追慕者：「一個強大的奧地利對於德國具有至關重要的必要性。」參見F. A. Neuschaefer, *Georg Ritter von Schoenerer* (Dissertation), Hamburg, 1935. 沙皇對於泛斯拉夫主義的態度要模糊曖昧得多，因為泛斯拉夫的國家概念中，包含對專制政府的大眾支持。然而即便是在這樣誘人的情勢下，沙皇仍拒絕支持斯拉夫派及其後繼者們的擴張主義要求。參見Staehlin, *op. cit.*, pp. 30 ff.

24 參見第二章。

25 Pichl, *op. cit.*, I, 26. 該譯文參照Oscar Karbach傑出的文章"The Founder of Modern Political Antisemitism: Georg von Schoenerer," in *Jewish Social Studies*, Vol. VII, No. 1, January, 1945.

26 Vassiliff Rozanov, *Fallen Leaves*, 1929, pp. 163–164.

27 參見 C. A. Macartney, *National States and National Minorities*, London, 1934, pp. 432 ff.

28 Karl Marx, *The Eighteenth Brumaire of Louis Bonaparte*. English translation by De Leon, 1898.

29 參見J. T. Delos, *La Nation, Montreal*, 1944. 這是有關該主題的一項出色研究。

30 參見Duc de Rohan, *De l'Intérêt des Princes et Etats de la Chrétienté*, 1638, dedicated to the Cardinal Richelieu.

31 對於主權原則最具啟發性的討論之一，仍是Jean Bodin, *Six Livres de la République*, 1576. 對於Bodin主要理論的講述與討論，參見George H. Sabine, *A History of Political Theory*, 1937.

32 在此脈絡下，Karl Renner與Otto Bauer提出的社會主義式建議頗令人感興趣，他們主張將民族身份完全與其領土基礎相分離，並使其成為一種個人身份；這當然對應著這樣一種情境，各族群遍佈在整個帝國，同時也沒有喪失他們任何的民族特質。See Otto Bauer, *Die Nationalitätenfrage und die österreichische Sozialdemokratie*, Vienna, 1907, on the personal (as opposed to the territorial) principle, pp. 332 ff., 353 ff.「個人性原則試圖將民族僅僅組織為個人的聯合體，而非領土性的團體」。

33 Pichl, *op. cit.*, I, 152.

34 除非具備這些條件，不然沒有任何成熟的泛運動有辦法發展起來。反拉丁主義是對拉丁民族想要締造某種聯盟來對抗德國威脅的某些流產嘗試的錯誤命名，甚至連波蘭的彌賽亞主義也都從來不會對超出曾為波蘭統治範圍的領土提出要求。

35 Nicolas Berdyaev, *The Origin of Russian Communism*, 1937, p. 102. K. S. Aksakow在一八五五年稱俄羅斯民族為「大地上唯一的基督教民族」（參見Hans Ehrenberg and N. V. Bubnoff, *Oestliches Christentum*, Bd. I, pp. 92 ff.），而詩人Tyutchev則在同一時期宣稱說，「俄羅斯民族之作為基督徒，不僅僅是通過其東正教信仰，而且是憑藉某種更

為緊密的東西。它通過捨棄與犧牲的能力而成為基督教的，而這也正是其道德本性的根基。」參照Hans Kohn, *op. cit.*

36 參考Chaadayev的*Philosophical Letters.* 1829-1831，其中構建了第一個以俄羅斯民族為中心來看待世界歷史的系統性嘗試。參見Ehrenberg, *op. cit.*, I, 5 ff.

37 一九四五年一月三十日的演講，記錄在New York *Times*, January 31.

38 坦波夫大主教Lukede的話，參照*The Journal of the Moscow Patriarchate*, No. 2, 1944.

39 這一點已反映在俄羅斯耶穌會士Prince Ivan S. Gagarin的小冊子La Russie sera-t-elle catholique?中，他在其中攻擊了斯拉夫派，因為「他們渴求建立最完整的宗教、政治、民族之統一體。在他們的對外政策中，他們渴望將具有任何民族身份的東正教徒，具有任何宗教信仰的斯拉夫人，都融合在一個巨大的斯拉夫—東正教帝國」（參照Hans Kohn, *op. cit.*）。

40 「人們將會認識到，人除了通過一種社會性的非個人性的生存，來致力於摧毀其人格及其替代物外，就再無其他命運。」Chaadayev, *op. cit.* 參照Ehrenberg, *op. cit.*, p. 60.

41 出自Frymann (*op. cit.*, p. 186)的下述文字頗為典型：「我們了解我們自己的人民，了解其特質與缺陷——至於人類，則我們並不了解，我們也拒絕關心它，拒絕對其產生熱情。它始於何處，終於何所，我們僅僅因為它屬於人類就要愛它嗎……？頹廢、半人半獸的俄羅斯村社農民，東非的黑人，西南非的混血德意志人，或是加利西亞與羅馬尼亞那些無法忍受的猶太人，他們都是人類的成員？……人們能夠相信日耳曼各民族的團結，在此範

圍之外的任何人都不關我們的事。」

42 這種地理距離的縮小體現在Friedrich Naumann's *Central Europe*：「將只有『一個圍欄、一個牧羊人』的日子仍然十分遙遠，但是那種不知數目的牧羊人驅趕羊群毫無限制地漫遊在歐洲草原的日子，無疑已經過去。大規模工業生產的精神，以及超國族組織已經控制了政治。人們就像羅德斯曾表述的那樣『從大陸出發』思考。」這些文字當時曾被無數文章與小冊子引用。

43 在此方面非常讓人感興趣的，是蘇俄的遺傳學新理論。既受特徵的遺傳明確意味著，生活在惡劣環境下的人必然會遺傳到貧乏、不健全的天賦，反之亦然。「一言以蔽之，我們必定擁有固定的主人種族與臣屬種族。」參見H. S. Muller, "The Soviet Master Race Theory," in *New Leader*. July 30, 1949.

44 G. Fedotov's "Russia and Freedom," in *The Review of Politics*, Vol. VIII, No. I, January, 1946. 這是歷史書寫方面不折不扣的傑作，它為我們提供了整個俄羅斯歷史的要旨。

45 N. Berdyaev, *op. cit.*, p. 29.

46 K. S. Aksakov in Ehrenberg, *op. cit.*, p. 97.

47 例如可參看薛納爾所抱怨的，奧地利「立憲黨」仍然讓民族利益隸屬於國家利益（Pichl, *op. cit.*, I, 151）。也可參見泛日耳曼主義者Graf E. Reventlow's *Judas Kampf und Niederlage in Deutschland*,1937, pp. 39 ff. 的典型表述。Reventlow將國家社會主義視為泛日耳曼主義的實現，因為它拒絕偶像化國家，它認為國家不過是人民生活中的一個功能而已。

48 Ernst Hasse, *Deutsche Weltpolitik*, 1897, in Alldeutsche Flugschriften, No. 5, and *Deutsche Politik*, 1. Heft *Das deutsche Reich als Nationalstaat*, 1905, p. 50.

49 Wertheimer, *op. cit.*, p. 209.

50 Rozanov, *op. cit.*, pp. 56–57.

51 Oscar Karbach, *op. cit.*

52 Louis Levine, *Pan-Slavism and European Politics*, New York, 1914. 該書描繪了這種從舊式斯拉夫派世代到新興泛斯拉夫運動的轉變。

53 Oscar Karbach, *op. cit.*

54 林茨計畫在奧地利熱管維持為泛日耳曼計畫，它原本並沒有涉及猶太人的段落；在一八八二年的起草委員會中甚至還有三個猶太人。猶太人段落是在一八八五年被添加進去的。參見Oscar Kaebach, *op. cit.*

55 Otto Bonhard, *op. cit.*, p. 45.

56 無疑並非反猶主義者的社會主義者Otto Bauer (*op. cit.*, p. 373) 就是如此表述的。

57 A. S. Steinberg's essay "Die weltanschaulichen Voraussetzungen der jüdischen Geschichtsschreibung," in *Dubnov Festschrift*, 1930，在猶太人的自我詮釋方面頗富教育意義：「如果一個人確信生活的概念被表達在猶太歷史中……那麼無論他會如何回答這一問題，國家問題都失去了它的重要性。」

58 這些概念彼此間的密切程度或許可以反映在下述眾多其他例子中：Steinberg, *op. cit.*, 如此評價猶太人：他們的歷

史發生在所有常規歷史法則之外：Chaadayev稱俄羅斯人為一個例外的民族。Berdyayev (*op. cit.*, p. 135) 則大膽斷言：「俄羅斯彌賽亞主義類似於猶太彌賽亞主義。」

59 參見反猶的E. Reventlow, *op. cit.*，也可參見愛猶的俄國哲學家Vladimir Solovyov, *Judaism and the Christian Question* (1884)：在俄羅斯與波蘭這兩個宗教民族之間，歷史引入了第三個宗教民族，這就是猶太人。參見Ehrenberg, *op. cit.*, p. 314 ff. 以及 Cleinow, *op. cit.*, pp. 44 ff.

60 參見John S. Curtiss, *The Protocols of Zion*, New York, 1942.

61 參見Berdyaev, *op. cit.*, p. 5：「宗教與民族身份在莫斯科大公國中共同成長，正如它們也在古希伯來民族的意識中成長。以同樣的方式，彌賽亞意識之作為猶太教特性，也正如它作為俄羅斯東正教的特性。」

62 在Léon Bloy的下述文句中，我們可以為這整件事中的瘋狂找到一個奇特的例子（幸運的是，它並非法國民族主義的典型特質）：「法國無疑是眾民族中第一個其他任何民族都必須予以榮耀的民族，如果這些民族被准許去吃她的狗的麵包的話。唯有法國開心，那麼世界的其他國家才會滿意，即便它們不得不為此付出奴役或毀滅的代價。但是如果法國遭受痛苦，那麼上帝自身也會痛苦，可怕的上帝……這就像是注定的祕密一樣絕對且無可避免。」參照R. Nadolny, *Germanisierung oder Slavisierutig?*, 1928, p. 55.

62a 參見M. Larcher, *Traité Elémentaire de Législation Algérienne*, 1903, Vol. II, pp. 150–152：「命令體制是所有法國殖民地的治理方式。」

63 尤其可參見卡夫卡《城堡》（1930）有關Barnabas一家的絕妙故事，它讀起來就像是對俄羅斯文學作品一次不可

思議的戲仿。這個家庭生活在詛咒之下，被人們視為避之唯恐不及的麻風病人，直到他們也這樣看待自己，這一切僅僅是因為他們的一個美麗女兒曾膽敢拒絕一位重要官員的下流示愛。普通村民身上的每一個細節都被官僚體系所掌控，這些奴隸甚至在思想上也要追隨手握重權的官員們的心血來潮；他們很久以來就意識到，對於他們來說正確或錯誤純然是「命運」的問題，這不是他們所能改變的。情況不像K. 天真地設想的那樣，是一封威脅書信的送信人被揭露出來，而是收信人遭受烙印酷刑與毒化。這就是村民們提及他們的「命運」時所意指的事情。在K. 看來，「這是不義且極度荒謬的，但（他是）村子裡唯一抱持這種觀點的人」。

64 對意外事件的神化，無疑有助於將每個並非其自身命運主宰的民族予以合理化。例如可參見Steinberg (*op. cit.*)：「因為在猶太歷史結構中發揮決定性作用的，正是意外事件。於是意外事件在宗教語言中就被稱作天意。」（p. 34）

65 一個俄羅斯作家曾說過，泛斯拉夫主義「催生出對西方無可調解的仇恨，催生出一種對一切俄羅斯事物病態的偶像崇拜……拯救宇宙仍有可能，但只能通過俄羅斯來達成……泛斯拉夫主義者到處看到其觀念的敵人，於是就去迫害每個不同意他們的人……」（Victor Bérard, *L'Empire russe et le tsarisme*, 1905.）。也可參見N. V. Bubnoff, *Kultur und Geschichte im russischen Denken der Gegenwart*, 1927, in Osteuropa: Quellen und Studien. Heft 2. Chapter v.

66 Ehrenberg (*op. cit.*) 在其後記中強調：Kirejewski, Chomjakow, Leontjew的想法「或許都已在革命後的俄羅斯消亡。但如今，它們已傳遍歐洲，活躍在索菲亞、君士坦丁堡、柏林、巴黎、倫敦。俄羅斯人，尤其是這些作者的信

徒們……紛紛出書、編印雜誌，所有歐洲國家都閱讀這些東西；通過他們，這些想法（他們精神之父的想法）被再現出來。俄羅斯精神已成為歐洲的精神。」（p. 334）

67 關於政黨機器的官僚化，至今仍屬典範之作的乃是Robert Michels, *Political Parties; a sociological study of the oligarchical tendencies of modern democracy* (English translation Clencoe, 1949, from the German edition of 1911).

68 K. Staehlin, "Die Entstehung des Panslawismus," in *Germano-Slavica*, 1936, Heft 4.

69 M. N. Katkov：「所有的權力都源自上帝；然而俄國沙皇被賦予特殊地位，以此與世界上的其他統治者判然有別…他是東羅馬帝國凱撒的繼承者……基督信仰教義的創立者……這就是俄羅斯與世界上所有民族之間的深刻差異的神祕之處所在。」參照Sato W. Baron, *Modern Nationalism and Religion*, 1947.

70 Pobyedonostzev在其*Reflections of a Russian Statesman* (London, 1898) 中提出：「權力並不單為其自身存在，而是為上帝之愛存在。它是一種讓人們獻身其中的服務。於是湧現出權力無限且可怕的力量，以及它無限且可怕的重負」（p. 254）。或是：「法律不僅成為人民的陷阱，而且對於深陷行政事務的當局也是如此……如果執法者在每一步上都要從法律自身中找到嚴格限制的前提…那麼所有權威都會在懷疑中喪失，都會被法律所削弱……都會被對責任的恐懼所壓倒。」（p. 88）

71 根據Katkov的說法，「俄羅斯的政府意指某種跟其他國家對這個概念的理解全然不同的東西……俄羅斯政府在該詞的最高意義上，乃是行動中的至高權力…」Moissaye J. Olgin, *The Soul of the Russian Revolution*, New York, 1917, p. 57. 在一種更為合理化的形式中，我們還可以發現這樣的理論：「唯有建立在通過階級、種族衝突來進行征服

與恐嚇的國家，才需要法律保障；在階級和諧、種族友愛的俄羅斯，這些都是多餘的」（Hans Kohn, *op. cit.*）。即便權力的偶像化並沒有在泛日耳曼主義中扮演那麼明確的角色，但也總是存在某種反對法律的傾向，比如在Frymann (*op. cit.*) 那裡就有明顯跡象，他早在一九一二年就建議引入「保護式監護」（*Sicherheitshaft*），也就是無需任何法律理據就可以進行逮捕，後來納粹正是用這種方法填滿了集中營。

72 在德雷福事件（參見p. 111）期間的法國暴民組織與俄羅斯集體迫害團體之間，當然存在強烈的相似性，後者有像是「黑暗百人團」，其中「老俄羅斯最狂野、最不文明的渣滓聚集起來，並與大部分的東正教主教保持聯繫」（Fedotow, *op. cit.*）或是像「俄羅斯人民聯盟」，它擁有從警方低級特工那裡招募來的祕密戰鬥中隊，並由政府所僱用，由知識份子來領導。參見E. Cherikover, "New Materials on the Pogroms in Russia at the Beginning of the Eighties" in *Historishe Shriftn* (Vilna), II, 463; and N. M. Gelber, "The Russian Pogroms in the Early Eighties in the Light of the Austrian Diplomatic Correspondence," *ibid.*

73 Delos, *op. cit.*

74 正如德國殖民協會主席在一八八四年所說的。參見Mary E. Townsend, *Origin of Modern German Colonialism: 1871–1885*, New York, 1921. 泛德意志聯盟總是堅持它的存在「超乎政黨；這曾是且仍是聯盟存在的關鍵條件」（Otto Bonhard, *op. cit.*）。第一個真正聲稱自己不止是一個政黨，也就是說是一個「帝國主義政黨」的，乃是在Ernst Bassermann領導下的德國國家自由黨（Frymann, *op. cit.*）。在俄羅斯，泛斯拉夫主義者為了免於與其他所有政黨的競爭，就只需要假裝大眾對政府的支持即可；因為政府作為「行動中的至高權力……無法被認為與政黨

有任何關聯」。與Pobyedonostzev關係密切的記者M. N. Katkov就是這麼做的。參見Olgin, *op. cit.*, p. 57.

75 這明顯仍是早期的「超政黨」團體的宗旨，而直至一九一八年，泛德意志聯盟都仍必須歸入此列。「站在所有組織性政黨之外，我們將踏上純粹的民族道路。我們不會提出這樣的問題：你是保守派？還是自由派？……德意志民族就是讓所有政黨有其共同起源的交匯點。」Lehr, *Zwecke und Ziele des alldeutschen Verbandes.* Flugschriften, No. 14. 譯文參照Wertheimer, *op. cit.*, p. 110.

76 Carl Schmitt (*Staat. Bewegung, Volk*, 1934) 提出：「在十七、十八世紀，國家已壟斷了政治。」

77 Wertheimer (*op. cit.*) 十分準確地描述了這種情境，她說：「認為戰前的泛德意志聯盟與帝國主義政府之間存在任何關鍵連結的想法，都完全是荒謬可笑的」。在另一方面，一戰期間德國的政策卻千真萬確地受到了泛德意志的決定性影響，因為高層官員們都變成了泛德意志主義者。參見Hans Delbrück, *Ludendorffs Selbstportrait*, Berlin, 1922. 也可參見他在此主題上的早期文章"Die Alldeutschen," in *Preussische Jahrbücher*, 154, December, 1913.

78 Sigmund Neumann, *Die deutschen Parteien*, 1932, p. 99.

79 Moeller van den Bruck, *Das dritte Reich*, 1923, pp. vii-viii. 其中描寫了這樣的情境：「當世界大戰在戰敗中結束……我們在任何地方遇到的德國人都會說他們不屬於任何政黨，都在談論「如何從政黨中解放」，都在試圖找到一個超乎政黨的觀點……對議會（它從來都不知道這個國家真正在發生什麼事）全然缺乏敬意的風氣在人民中間廣為流傳。」

80 英國人對前板凳制度的不滿，與這種反議會派情緒毫無關聯，英國人敵視任何阻礙議會正常運作的東西。

81 英國政黨系統中最古老的部分，「僅僅在國家事務不再全然由國王獨斷的時候，才開始成形……」，也就是在一六八八年之後。「在歷史上，國王所扮演的角色就是代表作為統一體的國家，以對抗政黨的派系鬥爭。」參見 "Political Parties" 3, "Great Britain" by W. A. Rudlin in *Encyclopedia of the Social Sciences*.

82 關於「政黨」最早的歷史，George W. Cooke (*The History of Party*, London, 1836) 在前言中界定為一個「由兩個政治家階級所組成的系統……他們交替治理一個強大的帝國」。

83 對歐陸政黨系統本質的最佳描述，已由瑞士法官Johann Caspar Bluntschli提供，*Charakter und Geist der politischen Parteien*, 1869。他提出：「一個政黨確實只是更大整體的一部分，絕非此整體自身……它絕不能將自身等同為整體，等同為人民或國家……，因此一個政黨將要與其他政黨戰鬥，但是它絕不能忽視它們，而且通常也不應摧毀它們。沒有任何政黨可以僅憑自身生存下去」（p. 3）。德國黑格爾派哲學家Karl Rosenkranz也表達了相同的想法，其著作在德國出現政黨之前就討論了政黨：*Ueber den Begriff der politischen Partei* (1843)：「政黨就是自覺的偏袒。」（p. 9）。

84 參見John Gilbert Heinberg, *Comparative Major European Governments*, New York, 1937, chapters vii and viii.「在英國，通常有一個政黨在下議院佔據多數席，而其政黨領袖則是內閣成員……在法國，實際上沒有任何政黨能在責任內閣中構成多數，於是部長委員會也就是由眾多政黨的領袖們所組成。」（p. 158）。

85 參見*Demokratie und Partei*, ed. by Peter R. Rohden, Vienna, 1932。其導論：「德國政黨的決定性特徵在於，所有議會團體的任命都不是為了代表普遍意志……這就是當十一月革命讓它們得以掌握權力後，各政黨之所以感到

尷尬的原因所在。每個政黨的組織方式都讓它們只能做出一種相對的主張，也就是說，它總是要面對達標其他黨派利益的其他政黨的存在，於是很自然地會限制自身的野心。」（pp. 13-14）

86 有關歐陸政黨系統的資料都出現得相當晚近。除了可追溯到法國大革命的法國政黨這一例外，在一八四八年之前，沒有任何歐洲國家了解政黨代表制。政黨通過形成議會中派系而出現。在瑞典，社會民主黨是第一個（在一八八九年）具有充分藍圖規劃的政黨（*Encyclopedia of Social Sciences, loc. cit.*）。至於德國的情況，則可參見Ludwig *Bergstraesser, Geschichte der politischen Parteien*, 1921. 所有政黨都坦率地建立在利益維護之上；例如德國保守黨就是從創立於一八四八年的「旨在保護大地主資產利益的協會」發展而來。然而利益不必然是經濟方面的。例如荷蘭的政黨就「建立在兩個極大程度上支配力荷蘭政治的問題上，亦即拓寬投票權與補助私人教育」（*Encyclopedia of the Social Sciences, loc. cit.*）。

87 Edmund Burke對政黨的定義是：「政黨乃是，人們憑藉共同努力聯合起來推進國家利益的團體，它建立在黨內所有人都贊同的某些特定原則之上。」（*Upon Party*, 2nd edition, London, 1850）

88 Arthur N. Holcombe (*Encyclopedia of the Social Sciences, loc. cit.*) 正確地強調，在兩黨制中，兩個政黨的原則「會趨同。如果它們沒有大體趨同，那麼屈從於勝利黨，將會對失敗黨來說變得難以忍受」。

89 Burke (*op. cit.*)：「他們相信：若不協同行動，則沒有人能夠展開有效的行動；若不滿懷信心地行動，則沒有人能夠協同行動；若不是由共同觀點、共同情感以及共同利益所捆綁在一起，則沒有人能夠滿懷信心地行動。」

90 有關中歐公民概念（the Staatsbürger）與黨員概念之間的對立，可參見Bluntschli, *op. cit.*：「政黨並非國家結構，

並非國家有機系統中的成員，而是自由的社會結盟；它們建立在在不斷變動的成員之上，旨在通過一個確定的信念而聯合起來，進行共同政治行動」。國家利益與政黨利益之間的差別一再被強調：「政黨必須絕不把自己置於國家之上，絕不把自身的政黨利益置於國家利益至上」（pp. 9, 10）。相反地，Burke反對政黨利益或政黨身份會使人成為壞公民的觀念。「共和國由眾多家庭組成，也由政黨的自由共同體所組成；我們要強調，自然關係與血緣紐帶才不可避免地會讓人成為壞公民，正如也要強調政黨紐帶會削弱我們對祖國的奉獻」（*op. cit.*）。John Russell爵士甚至在*On Party* (1850) 中走得更遠，他斷言政黨的主要良性影響在於，「它為政客晦暗的觀點提供了寄託實體，並將他們與穩定且持久的原則相捆綁」。

91 試將這種態度與如下明顯事實相對照：在英國，Ramsay MacDonald絕對沒有辦法讓人們遺忘他對工黨的「背叛」。在德國，公職服務的精神要求身居公職的人「超於政黨之上」。納粹反對這種舊式普魯士公職精神，並主張政黨的優先地位，因為他們想要進行獨裁。Goebbels明確要求：「每個成為國家公務人員的黨員都必須首先維持國家社會黨人的身份……並與黨內行政密切合作。」（參照Gottfried Neesse, *Partei und Stoat*, 1939, p. 28）

92 例如Kolonialverein, the Centralverein fur Handelsgeographie, the Flottenverein, 甚至還包括泛德意志同盟，它在一戰前仍與任何大型事務毫無關聯。參見Wertheimer, *op. cit.*, p. 73. 布爾喬亞的這種「超乎政黨」的典型無疑是Nationalliberale；參見註74。

93 Erich Ludendorff, *Die überstaatlichen Mächte im letzten Jahre des Weltkrieges*, Leipzig, 1927. See also *Feldherrnworte*, 1938, 2 vols.; I, 43, 55; II, 80.

94 這一團結國家的主要宗旨乃是，「對十九世紀工業革命所帶來的狀況予以糾正，該革命瓦解了工業中資本與勞工，一方面催生了一個由勞工雇主所構成的資本家階級，另一方面也催生了一個龐大的無產階級，工業時代的無產階級。這些階級的並存，不可避免會導致對立利益的衝突。」（*The Fascist Era*, published by the Fascist Confederation of Industrialists, Rome, 1939, Chapter iii）

95 「如果國家真的代表民族，那麼構成了民族的人民就必定是國家的一部分。」「如何確認這一點？」「法西斯主義的回答是：通過將人民組織成立基於其各自活動的團體……像金字塔那樣層層累加，其底部是大眾，其頂端則是國家。」「沒有任何團體外在於國家，沒有任何團體反對國家，所有團體都在國家之內……國家就是民族自身得以表達的載體。」（*Ibid.*）

96 有關極權國家中政黨與國家的關係，特別是法西斯黨如何整合進義大利國家的研究，可參見Franz Neumann, *Behemoth*, 1942, chapter 1.

97 參見關於政黨與運動之關係極為有趣的闡述，the "Dienstvorschrift für die Parteiorganisation der NSDAP," 1932, p. II ff. Werner Best在*Die deutsche Polizei*（1941, p. 107）中的闡述有同樣的方向：「維繫運動，為運動提供支持與引導，就是政黨的任務。」

98 墨索里尼在他一九三三年十一月十四日的演講中，以在戰爭期間的所有民族國家中都十分流行的觀點來捍衛其一黨統治：單一政黨是必需的，唯有這樣「政治紀律才能存在…而共同命運的紐帶則會將每個人團結在對立的利益之上」（Benito Mussolini, *Four Speeches on the Corporate State*, Rome, 1935）。

99 由Berdyaev記錄的這則軼事值得我們留意：「一個蘇聯青年前往法國……他被問到法國給他留下了什麼樣的印象。他回答：『在這個國家裡沒有自由。』這個青年還闡述了他的自由觀：所謂（法式）自由就是讓一切保持不變；每天都跟從前一樣；因此這位來自俄羅斯的青年在法國覺得百無聊賴。」（*op. cit.*, pp. 182–183）。

100 奧地利人對國家的敵意，有時也發生在德國的泛德意志份子身上，尤其是像Moeller van den Bruck這樣旅居國外的德國人。

101 希特勒在一九三二年選舉期間正確描述了這種處境：「在德國反對國家社會主義的只有消極的大多數。」（參照Konrad Heiden, *Der Führer*, 1944, p. 564）

102 在二戰爆發之際，至少有百分之十的法國人口是外國人，且並未歸化。其北部礦區的工作主要是波蘭人與比利時人在承擔，而南部農業則是西班牙人與義大利人。參見Carr-Saunders, *World Population*, Oxford, 1936, pp. 145–158.

103 「自一九一八年以來，沒有任何（後起國家）曾產生過擁抱不止一個種族、不止一種宗教、一種社會階級或一個地域的政黨。唯一的例外就是捷克斯洛伐克的共產黨。」（*Encyclopedia of the Social Sciences, loc. cit.*）。

104 參見Karl Marx, *op. cit.*

105 Carl Schmitt, *op. cit.*, p. 31.

106 Vaclav Fiala, "Les Partis politiques polonais," in *Monde Slave*, Février, 1935.

107 詳盡的分析可參見Charles A. Micaud, *The French Right and Nazi Germany. 1933–1939*, 1943.

108 最著名的例子就是法國社會黨在一九三八年的分裂，在塞納省的黨大會期間，Blum派是對抗D éat的前慕尼黑團體的少數派。

109 德國社會黨自世紀初到一九三三年之間，經歷了典型的轉變。在一戰前，只有百分之十的黨員不屬於工人階級，儘管有百分之二十五的選民來自中產階級。然而在一九三〇年，卻只有百分之六十的黨員是工人，而至少有百分之四十的選民是中產階級。參見Sigmund Neumann, *op. cit.*, pp. 28 ff.

110 Schmitt, *op. cit.*

第九章　民族國家的衰落與人權的終結

1 參照S. Lawford Childs, "Refugees—a Permanent Problem in International Organization" in *War is not Inevitable. Problems of Peace*. 13th Series, London, 1938, published by the International Labor Office.

2 我們必須將納粹對德國猶太人早期迫害，視為一種試圖在「所有西歐民主國家中，那些對猶太人友善的人中間」散播反猶主義的行為，而非一種擺脫猶太人的努力。在一九三年的集體迫害後不久，一封外交部發給國外各德意志機構的通告就聲稱：「只要有十萬猶太人的移民運動，就足以喚起許多國家對猶太威脅的關注……德國有志於繼續散播猶太人……在世界各地流竄的猶太人將會引起當地居民的反對，從而構成德國猶太政策的最佳宣傳……對於該國來說，猶太移民越是貧窮、越是讓人難以負荷，國家的反應也就會越是強烈。」參見*Nazi Conspiracy and Aggression*, Washington, 1946, published by the U. S. Gov ernment, VI, 87 ff.

3 Kurt Tramples, "Völkerbund und Völkerfreiheit," in *Süddeutsche Monatshefte*, 26. Jahrgang, Juli 1929.

4 斯洛伐克人在布拉格對抗「捷克」政府的鬥爭，最終導致希特勒支持斯洛伐克獨立；而南斯拉夫一九二一年憲法的通過，是建立在不顧所有克羅地亞人與斯洛維尼亞人代表所投之反對票的前提上。對於兩次世界大戰之間的南斯拉夫歷史做出的出色總結，可參見*Propyläen Weltgeschichte. Das Zeitalter des Imperialismus*, 1933, Band 10, 471 ff.

5 墨索里尼在慕尼黑危機後寫下的話頗為正確：「如果捷克斯洛伐克今日發現自身處在所謂『脆弱處境』中，那麼這是因為她不僅僅是捷克斯洛伐克，而是捷克—德意志—波蘭—馬扎爾—魯塞尼亞—羅馬尼亞—斯洛伐克……」（參照Hubert Ripka, *Munich: Before and After*, London, 1939, p. 117）

6 這個術語首先由Otto Bauer所造，*Die Nationalitäenfrage und die österreichische Sozialdemokratie*, Vienna, 1907. 在民族意識的形成中，歷史意識扮演了重要角色。民族從王朝統治與國際貴族領主權下解放出來，這同時伴隨著文學從知識階層的「國際」語言（先是拉丁文，後來則是法文）中解放，以及民族語言從民間方言中成長起來。似乎一旦該民族的語言適合發展文學，那麼它就已經在定義上達到了民族成熟。因此東歐弱勢民族的解放運動始於某種文獻復興（其結果有時是可笑的，有時則頗為豐碩），其政治功能就是證明擁有自己的文學與歷史的民族，就擁有民族主權的權利。

7 當然這並不總是一個明確的選項。至今尚無人費心找出殖民剝削與少數族群剝削之間的相似特徵。唯一的例外就是Jacob Robinson, "Staatsbürgerliche und wirtschaftliche Gleichberechtigung" in *Süddeutsche Monatshefte*, 26. Jahrgang,

July, 1929。他評論道：「一種特殊的經濟保護出現了，它並非針對其他國家，而是針對某些住民群體。令人訝異的是，我們可以在中歐發現某些殖民剝削的方式。」

8 據估計，在一九一四年之前大約有一億人民的民族願望未能達成（參見Charles Kingsley Webster, "Minorities: History," in *Encyclopedia Britannica*, 1929.）。少數族群的人口被估計為兩千五百萬到三千萬之間（P. de Azcarate, "Minorities: League of Nations," *ibid.*）。捷克斯洛伐克與南斯拉夫的實際情況還要更糟。在前者，官方民族捷克人以七百二十萬的數量構成總人口的百分之五十，而在後者中，五百萬塞爾維亞人僅僅構成總人口的百分之四十二。參見W. Winkler, *Statistisches Handbuch der europäischen Nationalitäten*, Vienna, 1931; Otto Junghann, *National Minorities in Europe*, 1932. Tramples (*op. cit.*) 則提供了稍有差異的數據。

9 P. de Azcarate (*op. cit.*)：「少數族群條約中並不包含有關少數族群對於本國所負之『義務』的條款。然而在一九二二年，國際聯盟的第三次常務會議則採納了考慮『少數族群之義務』的解決辦法……」

10 法國、英國代表團在這方面的表現最為明顯。Said Briand說：「我們應該推動的進程不是少數族群的消失，而是一種同化……」而英國代表Austen Chamberlain爵士甚至宣稱：「少數族群條約的目標在於保障……相關保護措施與正義將逐漸為他們融入所屬民族共同體做好準備。」（C. A. Macartney, *National States and National Minorities*, London, 1934, pp. 276, 277）。

11 事實上，某些捷克政治家，某些最自由派、民主派的民族運動領袖，曾幻想過要讓捷克斯洛伐克共和國成為某種形式的瑞士。之所以連Beneš都從未認真嘗試推動這樣的解決方案來面對其尷尬的民族身份問題，是因為瑞士

不是一個可以被模仿的模型，而是一個證明了另一種統治建制的尤為幸運的例外。新成立的國家不覺得放棄集權國家機器是安全的，而且也無法在一夜之間創造出那些小型的自我管理共同團體與各個州，而瑞士聯邦系統正是建立在這些東西的基礎之上。

12 值得注意的是，Wilson雖然曾是賦予「少數族群種族、宗教及語言上的權利」的熱心提倡者，卻「擔心一旦少數群體由此被視為應遭到妒嫉與攻擊的團體，那麼『民族權利』就會被證明是有害的」（Oscar J. Janowsky, *The Jews and Minority Rights*, New York, 1933, p. 351）。Macartney (*op. cit.*, p. 4) 描寫了這種情形，以及「聯合國外交委員會謹慎的做法」，他們極力避免使用「民族」一詞。

13 這個用語來自Macartney's, *op. cit., passim.*

14 「和平條約解決方案所帶來的結果就是，如今在混雜人口地帶的每個國家……都將自己視為一個民族的國家。但事實與此相反。事實上這些國家中沒有任何一個是民族統一的，正如在另一方面，也不存在一個所有成員都生活在同一個國家中的民族。」（Macartney, *op. cit.*, p. 210）

15 在一九三三年，大會主席明確強調：「有一件事是確定的：我們並不是僅僅作為抽象少數族群的成員而在此碰面；我們每個人的肉體與靈魂都屬於一個特定的自己的民族，並認為自身無論如何都與該民族的命運相連。在結果上，如果容我這樣說的話，那麼我們站在這裡的每一個人都是純正血統的德意志人或猶太人，純正血統的匈牙利人或烏克蘭人。」參見*Sitzungsbericht ties /Congresses der organisierten nationalen Gruppen in den Staaten Europas*, 1933, p. 8.

16 當新教的良心自由政策達成對各地宗教原則的壓制時，最初的少數族群就誕生。一八一五年的維也納會議已採取措施來確保俄羅斯、普魯士、奧地利的波蘭居民的某些權利，這些權利當然不僅僅是「宗教」方面的；然而這卻構成了後來所有條約的特徵，這包括一八三〇年確保希臘獨立的草案，一八五六年確保摩爾達維亞與瓦倫西亞獨立的草案，以及一八七八年有關羅馬尼亞的柏林會議；這些條約說的都是「宗教」而非「民族」的少數族群，如此一來，它們所賦予的就是「公民」而非「政治」的權利。

17 國際聯盟委員會中的巴西代表De Mello Franco將問題說得很清楚：「對我來說似乎很明顯的是，那些接受了這個保護系統的人，並沒有幻想著要在某些國家內部，創造出一個將自己視為有別於該國普通組織的永久外國住民群體。」（Macartney, *op. cit.*, p. 277）。

18 「保護少數族群的體制之所以設計出來，是為了替那些就弱勢民族而言領土問題注定無法圓滿解決的案例，提供一個補償。」（Joseph Roucek, *The Minority Principle as a Problem of Political Science*, Prague, 1928, p. 29）麻煩在於，領土解決辦法的不完滿不僅僅是少數族群安置的問題，而且也是後繼國家自身的建立問題，因為在這個地區，沒有什麼領土不是同時被多個弱勢民族所宣稱擁有的。

19 在捷克斯洛伐克總統Eduard Beneš的聲明中，我們可以發現這種想法轉變的幾乎是象徵性的證據，而該國是一戰後唯一曾具有遵守少數族群條約之良善意願的國家。在二戰爆發後不久，Beneš就開始轉而支持人口遷移政策，這最終導致德意志少數族群的被驅逐，也增添了另一個不斷增多的流離失所者群體。關於Beneš的立場，參見Oscar I. Janowsky, *Nationalities and National Minorities*, New York, 1945, pp. 136 ff.

20 「在世界大戰之後，無國問題才開始凸顯。在戰前，在某些國家，尤其是在美國存在一些條款，根據這種條款，一旦已歸化者不再與接受他的國家維持真實連結，那麼歸化就會被撤銷。一個因此失去國籍的人就會成為無國之人。在戰爭期間，主要的歐洲國家發現有必要修改它們的國籍法，以便掌握撤銷歸化的權力。」（John Hope Simpson, *The Refugee Problem*, Institute of International Affairs, Oxford, 1939, p. 231）。由於撤銷歸化而產生的無國人數很少；然而他們創建了一個便利的先例，自此以降，在戰爭期間，已歸化公民就都會照例成為第一批的無國之人。大規模的撤銷規劃行為，例如由納粹德國在一九三三年針對所有已歸化的具有猶太血統的德國人所做的處理，總是會在剝奪出身即獲公民身份的同類型居民的國籍之前，而立法使通過簡單的命令就有可能剝奪國籍，例如比利時與其西方民主國家在三〇年代所作的，通常則會在實際的大規模剝奪國籍之前；希臘政府針對亞美尼亞難民的措施就是很好的例子：在四萬五千名亞美尼亞難民中有一千人在一九二三年到一九二八年間歸化。在一九二八年後，一項規定要歸化所有年齡低於二十二歲的難民的法規被懸擱，而在一九三六年，所有歸化就都被政府撤銷了（參見Simpson, *op. cit.*, p. 41）。

21 在蘇聯政體不承認一百五十萬俄羅斯人之後二十五年，據估計有至少三十五萬到四十五萬人仍舊處於無國狀態；這是一個不小的比例，我們要考慮到自最初的遷徙以來已經歷了一整個世代，其中有相當一部分人已移民海外，另一大部分人通過婚姻在不同國家獲得了公民身份（參見Simpson, *op. cit.*, p. 559; Eugene M. Kulischer, *The Displacement of Population in Europe*, Montreal, 1943; Winifred N. Hadsel, "Can Europe's Refugees Find New Homes?" in *Foreign Policy Reports*, August, 1943, Vol. X, no. 10.）。美國的確將無國移民放置在與其他外籍人士同等的位置

上，但這之所以可能，僅僅是因為它是個典型的移民國家，它總是將新來者視為自身未來的公民，而不考慮他們先前的民族忠誠。

22 *American Friends Service Bulletin* (General Relief Bulletin, March, 1943) 刊出了關於一個在西班牙的實地工人的困擾報導，這名工人所遭遇的問題是，他「出生在德國柏林，但是因其波蘭雙親而具有波蘭血統，從而被遣返，但是他宣稱自己具有烏克蘭國籍，卻又因被遣返而被俄國政府所宣稱為公民，並在紅軍中服務」。

23 Lawrence Preuss, "La Dénationalisation imposée pour des motifs politiques," in *Revue Internationale Française du Droit des Gens*, 1937, Vol. IV, Nos. 1, 2, 5.

24 一九二六年義大利針對「濫用的移民」的一項法規，似乎預示著針對反法西斯難民的剝奪國籍措施；然而在一九二九年之後，剝奪國籍政策被廢除了，而國外的法西斯組織被引入。在法國的四萬名義大利人民聯盟成員中，至少有一萬人是真正的反法西斯難民，但只有三千人沒有護照。參見 Simpson, *op. cit.*, pp. 122 ff.

25 最早出現的這類法規乃是一九一五年的法國戰時措施，它所涉及的僅僅是具有敵國血統且仍保留其原初國籍的已歸化公民；葡萄牙在一九一六年推出的法令則走得更遠，它會自動剝奪所有父方為德國人者的國籍。比利時則在一九二二年頒布了一項法令，它取消了所有曾在戰爭期間犯下反國家罪的人的歸化，並在一九三四年通過一項新法令予以重申，後者以當時極為模糊的方式談論那些「嚴重違背我們的公民義務」的人。在義大利，自一九二六年之後，所有「不值得擁有義大利公民資格」的人、或是危害公共秩序的人，都有可能被剝奪國籍。埃及與土耳其各自在一九二六年、一九二八年頒布了法規，其規定成為社會秩序之威脅的人就會被剝奪國籍。

法國用剝奪國籍來恐嚇那些行為與法國利益相衝突的新公民（一九二七年）。奧地利則在一九三三年就可以剝奪任何在國外參與反奧地利行動的公民的奧地利國籍。最終德國在一九三三年密切依循著自一九二一年來的各種俄羅斯國籍法規，宣稱所有「滯留在外」者都可以被任意剝奪德國國籍。

25a 這段引文取自親衛隊高級突擊隊隊長Dannecker的一項命令，日期為一九四三年三月十日，並提及「一九四二年要從法國驅逐五千名猶太人」。這份文件（其影本保存在巴黎猶太檔案中心）是紐倫堡檔案的一部分，No. RF 1216。保加利亞的猶太人被實施了同樣的措施。參照 *ibidem* the relevant memorandum by L. R. Wagner, dated April 3, 1943, Document NG 4180.

26 S. Lawford Childs (*op. cit.*) 為國際聯盟的條款中並不包含「為政治難民頒發的許可證，以及對流亡者的慰藉」，而感到悲哀。聯合國最近一次嘗試至少為一小群無國者（所謂法律上的無國之人）改善其法律地位的行為，不過是個姿態：也就是說，聚集起來自至少二十個國家的代表，卻不確保參與這樣的會議能帶來什麼樣的義務。甚至在這樣的形勢下，會議是否能召開都變得高度可疑。新的報導參見New York *Times*, October 17, 1954, p. 9.

27 唯一捍衛難民權的少數團體，是那些其具體目標就是保護人權的團體。其中最重要的是在法國發起的人權聯盟，它在所有民主制的歐洲國家都有分支機構，它的做法讓人覺得問題仍僅僅是拯救因其政治信念與活動而被迫害的個人。這種設定在百萬俄羅斯難民的案例中就已經迫不得要領，而在猶太人與亞美尼亞人的案例中就變得更加荒謬了。聯盟既沒有在意識形態上、也沒有在行政管理上做好處理新問題的準備。由於它不想面對新的處境，因此它錯誤地承擔起許多慈善機構更適合履行的功能，後者已由難民自己在同胞的幫助下建立了不少。

當人權淪為一個尤其低效的慈善組織的對象時，人權概念不免也就更有點名譽掃地了。

28 法律界做出了五花八門的努力，其結果只是通過指出無國之人與難民之間的差異而簡化了問題：比如他們主張「無國者地位的特徵由失去國籍的事實構成，而難民的地位則由喪失外交保護這一點決定」（Simpson, *op. cit.*, p. 232）；這種觀點通常會被一個事實所擊敗，這就是「所有難民就實踐目的而言都是無國之人」（Simpson, *op. cit.*, p. 4）。

29 R. Yewdall Jermings對這種普遍期待曾做出了最具諷刺性的勾勒，“Some International Aspects of the Refugee Question” in *British Yearbook of International Law*, 1939：「難民的地位當然並非永久。目標在於，無論是通過遣送回國還是在避難國家歸化，他都應該盡快擺脫這種地位。」

30 俄羅斯人在各方面都是無國之民中的貴族，唯有他們以及同化於俄羅斯人地位的亞美尼亞人，被官方認可為「無國之人」，並置於國際聯盟的保護之下，還發給旅行護照。

31 Childs, *op. cit.* 之所以要在速度上進行如此不顧一切的嘗試，其原因在於所有政府都恐懼，甚至連最微小的積極姿態「都恐怕會鼓勵各個國家擺脫掉它們不想要的人民，而許多本可以留在本國的人即便在嚴酷的不可能條件下也會移民」（Louise W. Holborn, “The Legal Status of Political Refugees, 1920–38,” in *American Journal of International Law*, 1938）。也可參見Georges Mauco (in *Esprit*, 7e année, No. 82, July, 1939, p. 590)：「將德國難民同化為那些被南森國際難民辦公室關照的其他難民地位，這自然對德國難民自身而言是最簡單也最好的解方。但是政府並不想要拓展那些已經授予新難民類別的特別待遇，它害怕這會使其數量無限制地增加。」

32 在一九三八年的德國與奧地利，有六十萬猶太人處於潛在的無國狀態，此外還必須再加上羅馬尼亞與波蘭的猶太人：羅馬尼亞聯邦少數族權委員會主席 Dragomir 教授，在當時也剛對世界宣稱即將修改所有羅馬尼亞猶太人的公民資格，而波蘭外交部長 Beck 則發表官方聲明，宣稱波蘭有一百萬猶太人，實在太多了。參見 Simpson, *op. cit.*, p. 235.

33 我們很難確定先出現的是何者，是民族國家不情願讓難民歸化（隨著難民的到來，歸化措施變得越來越嚴格，而剝奪國籍措施則變得越來越普及），還是難民不願意接受另一種公民身份。在像波蘭這樣擁有少數族群的國家中，難民（羅馬尼亞人與烏克蘭人）無論多麼渴求波蘭公民資格，都有著同化為少數族群的明確傾向（See Simpson, *op. cit.*, p. 364.）。

俄羅斯難民的行為則頗具特色。南森護照描述將其持有者描述為「具俄羅斯血統的人」，因為「人們不敢告訴俄羅斯移民他們是沒有民族身份或民族身份可疑的」（參見 Marc Vichniac, "Le Statut International des Apatrides," in *Recueil des Cours de l'Académie de Droit International*, Vol. XXXIII, 1933.）。為所有無國人士提供統　身份證件的嘗試，遭到了南森護照持有者們的尖銳反對，後者宣稱他們的護照「標誌著對其特殊地位的法律認可」（參見 Jermings, *op. cit.*）。在世界大戰爆發之前，甚至連德國難民都遠遠不想要被整合到廣大無國人士之中，而是更青睞帶有民族身份殘餘的「來自德國的難民」這一描述。比起歐洲國家對同化難民之難處的抱怨，更讓人信服的那些來自海外的聲明，後者同意前者的地方在於「在所有歐洲移民中，最不容易同化的就是來自南歐、東歐與中歐的移民」（參見 "Canada and the Doctrine of Peaceful Changes," edited by H. F. Angus in *International Studies*

Conference: Demographic Questions: Peaceful Changes, 1937, pp. 75–76.)。

34 Jermings, *op. cit.*

35 荷蘭當局（一九三八年五月七日）的一封通告明確將每個難民都視為一個「不受歡迎的異鄉人」，並將難民界定為一個「在環境壓力下離開自己國家的異鄉人」。參見“L'Emigration, Problème Révolutionnaire,” in *Esprit,* 7e année, No. 82, July, 1939, p. 602.

36 Lawrence Preuss (*op. cit.*) 將非法行為的擴散描述如下：「剝奪國籍的政府最初做出的非法行為…將進行驅逐的國家置於違反國際法的境地，因為其當局冒犯了無國之民被驅往的國家的法律。反過來說，後一個國家也無法擺脫該難民，除非侵犯第三個國家的法律…〔無國之人發現自己面臨如下選項〕：不是違反居留國的法律，就是違反所驅往的國家的法律」。John Fischer Williams爵士（“Denationalisation,” in *British Year Book of International Law,* VII, 1927）由此歸結出，剝奪國籍與國際法對立；一九三〇年在海牙召開了旨在將國際人權予以法律化的會議，期間只有芬蘭政府主張「剝奪國籍不應構成一項懲罰……而且也不應該在通過驅逐來擺脫不受歡迎者的行為中被宣判。」

37 Childs (*op. cit.*) 得出了一個悲傷的結論：「接受難民的真正困難在於，如果他變得糟糕……那麼我們就也沒有辦法擺脫他。」進而他提議建立「過渡中心」（即便是國外的難民也可以送去的地方），以遣返為宗旨來取代家園。

38 近東的兩個大規模歸化的案例顯屬例外：一個涉及來自土耳其的希臘難民，希臘政府在一九二二年將他們全體予以歸化，因為這實際上是希臘少數族群的遣返，而非外籍公民的遣返；另一個例子則是來自土耳其的亞美尼

亞難民在敘利亞、黎巴嫩及其他前土耳其國家中的獲益，這是一個近東在不久前才與之分享共同公民資格的群體。

39 一旦有一波難民潮發現其本民族成員已在該移民國定居時，那些在此定居已久者的同化就會發生某種倒退；這正是發生在法國的亞美尼亞人與義大利人，以及在各個地方發生的猶太人的情形。因為他們的幫助與團結只有通過訴諸他們與新來者所共同擁有的原初民族身份，才能夠被動員起來。對著被難民淹沒卻沒有辦法也沒有意願給予他們直接幫助或工作權利的國家來說，這關乎它們的直接利益。在所有這類案例中，舊有群體的民族情感被證明是「成功難民機構中的主要因素之一」（Simpson, *op. cit.*, pp. 45–46），但是通過訴諸這樣的民族良知與團結，在接收難民的國家中未同化外籍人士的數量自然也就有所增加。舉個特別讓人感興趣的例子，只要一萬名義大利難民就足以無限期延遲幾乎一百萬的法國義大利移民的同化進程。

40 法國政府的做法為其他西方國家所依循，它在三〇年代不斷為已歸化公民增加限制：他們自歸化後十年內會被從某些職業排除，他們沒有政治權利等等。

41 Simpson, *op. cit.*, p. 289.

42 在實際層面，比起驅逐命令、取消工作許可或是送入拘留營的命令，對他進行任何宣判，其後果都更為輕微。當軍方要求居留所有日裔美國人時，一個身處監獄的美國西岸日裔美國人將不會要被迫以過低價錢清理其資產；他將在他所在的地方維持自身權利，並有一名律師關照其利益；如果他幸運地獲得了較長的刑期的話，那麼他或許會正當而和平地返回其先前的事業與職業，哪怕是專業盜竊的勾當。他的徒刑保障了他的憲法權利，

這是一旦公民資格成疑，就沒有什麼東西能夠予以保障的。

43 事實上，同樣的菁英構成原則也每每在極權集中營中發揮作用，在那裡，「貴族階層」大多由罪犯以及一些「天才人物」組成，也就是藝人與藝術家們，這顯示出這些全體的社會地位多麼緊密關聯。

44 比如在法國，有案可查的事實是，警方發出的驅逐命令遠比僅僅由內政部發出的嚴重得多，而且內政部長很少能取消警方的驅逐命令，而相反的程序則通常僅僅是個行賄的問題。在憲法上，警察是隸屬於內政部的權威之下的。

44a 在一九三八年二月，帝國內政部提交了一份「關於獲得與喪失德國國籍的草案」，它遠遠超出了紐倫堡法案。它提出，所有「猶太人的、猶太混血的或是雙親有一方具異國血統」的兒童（他們無論如何都無法成為帝國公民），不再會被授予國籍，「即便其父親是生來就擁有德國國籍者亦不例外」。就司法部長於一九三九年七月十九日表達的觀點來看，這些措施已不再僅僅涉及反猶法案，他建議「在法律中應盡可能避免提到猶太人、混血猶太人這樣的詞彙，它們應該有『具有異國血統者』或是『非德意志或非德國血統者』來取代」。在策劃納粹德國無國人口的這一場巨幅擴增中，有一個有趣的特徵，它涉及的是棄兒，他們明確被視為無國者，直到「其種族性徵被調查出來」。在此，每一個體生來就因其國籍而受到保護的不可剝奪權利就被蓄意扭轉了：每個個體生來就是無權利者，亦即無國者，除非接下來得到其他明確的答案。

關於這項法案的草案，其中包括所有部長及威瑪最高領導層的意見，都可以在紐約的意第緒科學研究中心的檔案中找到（G-75）。

45 有關猶太人在籌劃少數族群條約過程中所起的作用，參見Macartney, *op. cit.*, pp. 4, 213, 281 and passim; David Erdstein, *Le Statut juridique des Minorités en Europe*, Paris, 1932, pp. 11 ff.; Oscar J. Janowsky, *op. cit.*

46 這絕不僅僅是納粹德國的一個觀念而已，即便只有一個納粹作家敢於這樣表述：「的確，甚至就算不再存在猶太人問題，難民問題也會繼續存在；但是由於猶太人佔了難民的很大比重，所以難民問題就變得簡單許多。」（Kabermann, "Das Internationale Flüchtlingsproblem," in *Zeitschrift für Politik*, Bd. 29, Heft 3, 1939）

47 在民族權利上抱持的這種排他式自信有一個不幸的例子，就是在二戰前居住在義大利提洛兒的德意志少數族群中，有將近百分之七十五人贊成離開家園，並重新安居在德國；而斯洛維尼亞的一個德意志人島嶼則自願被遣返，他們自十四世紀以來或自戰爭結束以來就居住在那裡了；一個義大利難民營的猶太難民則一直拒絕了義大利政府所提供的大規模同化政策。對於兩次世界大戰之間歐洲各民族的經驗，如果把它誤解為狂熱民族情感的一個例子，將是個嚴重的錯誤；其實這些人是覺得如果不被一個他們生來就擁有的政府保護，就不能確保其基本權利。參見Eugene M. Kulisher, *op. cit.*

48 開放給新移民的少數重整機會，幾乎都建立在其民族身份之上：比如西班牙難民就在墨西哥頗受歡迎。美國在二〇年代初採納一種根據本國已接受的每個民族人口來制定的定額系統，也就是說根據其在總人口中的比例來接受相應的人口。

49 當美國政府在二戰期間為所有受到德法休戰協議的引渡條款威脅的德國難民提供避難權保護時，我們就會很明顯地看到，就迫害政府來看的清白無辜是如何危險。條件當然是，申請者需要證明他做出過一些反對納粹體制

的行為。德國難民中能夠符合這種條件的比例很低，而且很奇怪的是，他們也並不是遭受最嚴重危險的人。

50 即便是在極權恐怖的狀況下，集中營有時仍是思想與討論之自由殘存的唯一地方。參見David Rousset, *Les Jours de Notre Mort,* Paris, 1947, *passim,* 關於討論自由，參見Buchenwald, and Anton Ciliga, *The Russian Enigma*, London, 1940, p. 200, 而「自由群島」、「心靈自由」則在某些蘇聯拘留所盛行。

51 Edmund Burke, *Reflections on the Revolution in France*, 1790, edited by E. J. Payne, Everyman's Library.

52 Robespierre, *Speeches*, 1927. Speech of April 24, 1793.

53 Introduction by Payne to Burke, *op. cit.*

54 這種從人性中驅逐出的現代行為，產生了比古代與中世紀的放逐習俗更激進的後果。放逐當然是「早期法律所能施加的最嚇人的命運」，它將被放逐者的生命置於他所遭遇的任何人的擺佈之下；隨著法律執行的有效系統的建立，放逐已經消失，並最終被國與國之間的引渡條約所取代。它曾主要作為警力的替代，其任務就是強制引渡罪犯。中世紀早期似乎就已經充分意識到包含在「剝奪公民權」之中的危險。在羅馬帝國晚期，革出教會意味著剝奪教會中的身份，但是仍為喪失教會成員資格的人保留他在其他所有方面的自由。只有在墨洛溫王朝時代，剝奪教會身份與剝奪公民權才變成同一件事，而在當時革出教會「在一般的實際操作中，僅限於暫時將成員權利撤銷或懸置，之後就會恢復」。參見「放逐」與「革出教會」的條目，參見*Encyclopedia of Social Sciences*. 也參見“Friedlosigkeit” in the *Schweizer Lexikon.*

國家圖書館出版品預行編目資料

極權主義的起源 / 漢娜・鄂蘭(Hannah Arendt) 著 ; 李雨鍾 譯. --
初版. -- 臺北市 : 商周出版 : 英屬蓋曼群島商家庭傳媒股份有限公司
城邦分公司發行, 民111.11
面： 公分
譯自：The Origins of Totalitarianism
ISBN 978-626-318-424-4（平裝）
1. CST: 極權政治 2. CST: 帝國主義
571.76 111014552

極權主義的起源（第二部：帝國主義）（三冊不分售）

原著書名 / The Origins of Totalitarianism
作者 / 漢娜・鄂蘭（Hannah Arendt）
譯者 / 李雨鍾
企畫選書 / 梁燕樵
責任編輯 / 梁燕樵

版權 / 黃淑敏、林易萱
行銷業務 / 周佑潔、周丹蘋、賴正祐
總經理 / 彭之琬
事業群總經理 / 黃淑貞
發行人 / 何飛鵬
法律顧問 / 元禾法律事務所 王子文律師
出版 / 商周出版
臺北市中山區民生東路二段141號9樓
電話：(02) 2500-7008 傳真：(02) 2500-7759
E-mail：bwp.service@cite.com.tw
發行 / 英屬蓋曼群島商家庭傳媒股份有限公司城邦分公司
臺北市中山區民生東路二段141號2樓
書虫客服服務專線：(02) 2500-7718・(02) 2500-7719
24小時傳眞服務：(02) 2500-1990・(02) 2500-1991
服務時間：週一至週五09:30-12:00・13:30-17:00
郵撥帳號：19863813 戶名：書虫股份有限公司
E-mail：service@readingclub.com.tw
歡迎光臨城邦讀書花園 網址：www.cite.com.tw
香港發行所 / 城邦（香港）出版集團有限公司
香港灣仔駱克道193號東超商業中心1樓
電話：(852) 2508-6231 傳眞：(852) 2578-9337
E-mail：hkcite@biznetvigator.com
馬新發行所 / 城邦(馬新)出版集團 Cité (M) Sdn. Bhd.
41, Jalan Radin Anum, Bandar Baru Sri Petaling,
57000 Kuala Lumpur, Malaysia
電話：(603) 9057-8822 傳眞：(603) 9057-6622
E-mail：cite@cite.com.my

封面設計 / 萬勝安
排版 / 新鑫電腦排版工作室
印刷 / 韋懋印刷事業有限公司
經銷商 / 聯合發行股份有限公司
電話：(02) 2917-8022 傳眞：(02) 2911-0053
地址：新北市231新店區寶橋路235巷6弄6號2樓

■2022年（民111）11月初版1刷
定價 1200元（三冊不分售）

Printed in Taiwan
城邦讀書花園
www.cite.com.tw

ISBN 978-626-318-424-4